Iserlohn
Altena
Arnsberg
Balve
Lüdenscheid
Plettenbg
Attendorn
Meinerzhagen
Wipperfurth
Hückeswagen
Gumersbach
Neustadt
Olpe
Bilstein
Welschennest
Hilchenbach
Berleburg
Winterberg
Hallenberg
Hatzfeld
Laasphe
Biedenkopf
Siegen
Waldbroel
Nd.Schelden
Kirchen
Betzdf
Wissen
Eidorf
Blankenberg
Altenkirchen
Marienberg
Hachenbg
Burbach
Haiger
Dillenburg
Herborn
Driedf
Mengerskirchen
Marburg
Wetzlar
Braunfels
Selters
Walmerod
Hadamar
Weilburg
Neuwied
Bendf
Vallendar
Montabaur
Ehrenbreitstein
COBLENZ
Limburg
Diez
Ems
Nassau
Usingen
Friedberg
Camberg
Stolzenfels
Ob.Lahnstein
Braubach
Boppard
Nastätten
Sternberg
Idstein
Langen Schwalbach
Homburg
Königstein
Lorelei
Ob.Wesel
Caub
St.Goar
Weilmünster
Nauheim
Vetzbg.
Königsbg.
Leun
Salzburger Kopf
Schlader
Freudenbg.
Bracherfeld
Rade v.W.
Schwelm
Hagen
Schmallenberg
Grevenbrück
Fredeburg

CHRISTIAN LINDER

Die Burg in den Wolken

CHRISTIAN LINDER

Die Burg in den Wolken

Blicke ins Rheintal und anderswohin

Reiseerzählungen
Mit Fotografien von Pia Keul

Erste Auflage 2001

Gesetzt aus der Golden Cockerel
Satz: Greiner & Reichel, Köln
Druck und Verarbeitung: Clausen & Bosse, Leck
Printed in Germany
ISBN 3-7701-5827-X

Dieses Leben ist ein Spital, wo jeder Kranke von dem Wunsch besessen ist, das Bett zu wechseln. Der eine möchte dem Ofen gegenüber leiden, und der andere glaubt, am Fenster würde er genesen. Mir scheint, immer dort, wo ich nicht bin, wäre ich glücklich, und wo wir unseren Aufenthalt nehmen können, ist eine Frage, über die ich mich unaufhörlich mit meiner Seele unterrede.

Charles Baudelaire

Der Sieg wird vor allem darin bestehen, daß man eine gute Fernsicht hat, alles aus der Nähe sieht und alles einen neuen Namen trägt.

Guillaume Apollinaire

Inhalt

Die Burg in den Wolken
Ein Lokaltermin mit August Sander im Siebengebirge

Das Frühstück im altehrwürdigen Café Nottebrock in Bad Honnef war gut und reichte für den Tag. Eine ruhige Sonntagmorgenstimmung begleitete uns, als wir später im Stadtteil Rhöndorf durch einen schmalen, von einem kleinen Bach und schon halb in den Wald hinein gebauten Häusern idyllisch begrenzten Anliegerweg Richtung Siebengebirge gingen. Hinter dem Waldfriedhof, auf dem Konrad Adenauer beerdigt liegt, endet die Teerstraße, deren Name als Ziel des weiterführenden Waldwegs die Löwenburg ausweist. Eine Lageskizze am Eingang des Siebengebirges zeigt andere mögliche Ausflugsziele und signalisiert, daß man sich auf den gepflegten, 200 km langen Wanderwegen des Naturparks nicht verlaufen kann. Wenn wir unser Ziel erreichen wollten, mußten wir es aber geradezu darauf anlegen, uns zu verlaufen, denn wir wollten auf die Wolkenburg, den einzigen der sieben Berge, zu dessen Gipfel es weder in Reiseführern noch auf Hinweisschildern eine offizielle Wegbeschreibung gibt. Geheimnisvoll-mysteriös war uns die Wolkenburg schon erschienen, als wir abends zuvor wieder einmal die Fotos August Sanders angeschaut hatten, der nicht nur Innenansichten des Siebengebirges, sondern auch seine Silhouette aus allen Perspektiven fotografiert hat, vom anderen Rheinufer, vom Rolandsbogen aus, oder vom Westerwald. Von ferne war das Ziel auch klar auszumachen; direkt neben dem Drachenfels gelegen, wirkt die Wolkenburg mit ihren dicht bewachsenen, dunklen Waldhängen in dem weich modellierten, wie eine lange und sanfte Welle dahinflutenden Ensemble des Siebengebirges als einer der imposantesten Berge. Aber je näher man sich die Sanderschen Fotos vor Augen führt, um so entfernter erscheint das Siebengebirge, als »ein sonderbares Gespinst von Raum und Zeit« und »einmalige Erscheinung einer Ferne, so nah sie sein mag«, wie schon Walter Benjamin Anfang der 30er Jahre seinen Eindruck festgehalten hat. Als ob diese Landschaft mit dem gemütlich klingenden Namen Siebengebirge, in der zwar einmal Drachenblut geflossen sein soll, aber auch die sieben Zwerge Schneewittchen beschützten und die schon lange ein trauter deutscher Märchenwald ohne Schrecken gewor-

Blick vom Rolandsbogen auf das Siebengebirge, fotografiert von August Sander, 1929/1930.

den ist, gleichwohl noch ein Geheimnis birgt, für das vielleicht der Name steht, von dem sich August Sander so angezogen fühlte: Wolkenburg. Manchmal, wenn der Nebel oder auch nur der vom Rhein aufsteigende Wasserdunst die Gipfel des Siebengebirges mit einem Schleier überzieht, kann man wirklich auf den Gedanken kommen, es handele sich um ein riesiges, in die Wolken hineinreichendes Bergmassiv. Dabei ist die Wolkenburg gerade mal 324 Meter hoch.

Seit den 20er Jahren war die Wolkenburg August Sanders Lieblingsort im Siebengebirge. Hier sind einige der später weltberühmten Fotos entstanden, die einen weiten Blick ins Rheintal zeigen, das unter mächtigen Wolkenbildungen liegt und aus der Vogelperspektive entfernt und klein wie eine Spielzeuglandschaft wirkt – Bilder der Stille und fast der Leere, denn es sind vor allem die Wolken, die die Bilder strukturieren, diese, wie wir uns sofort vorstellen können, lautlos dahinziehenden Wolken, die uns, angesichts des Lebens- und Zivilisationslärms, vom Schweigen des Universums erzählen. Aber wie findet man den Ort, wo Sander fotografiert hat, wenn kein Weg dorthin führt? Von außen eine klar überschaubare Landschaft, sieht man mitten im Siebengebirge zunächst wirklich nur noch Bäume und tappt ein bißchen orientierungslos durch

den dunklen Wald. Unterwegs zwar immer wieder Hinweisschilder zum Ölberg, zum Breiberg, zum Lohrberg oder zur Löwenburg, einmal ein Ausblick auf den Petersberg in der Ferne, am Hotelpalast und Gästehaus der Bundesregierung weht die schwarz-rot-goldene Flagge im Wind, dann ist es plötzlich auch nicht mehr weit bis zum Drachenfels, doch die Wolkenburg bleibt unsichtbar. Da folgen wir dem Hinweis Sanders, wie er in den 20er Jahren die Wolkenburg entdeckt hat, nämlich indem er vom Weg abging und die Berghänge hochkletterte. In Sorge, daß man die manchmal steilen Abhänge vermutlich leichter hinauf- als wieder herunterkommen kann, und das Bild vor Augen, wie Sander sicher unter Mühen seine schwere Plattenkamera und die Glasnegative den Berg hinaufschleppte, steigen wir, manchmal auf allen Vieren, durch dichtes Gestrüpp und über umgestürzte Bäume oder auch unter ihnen hindurch auf die Wolkenburg. Auf halber Höhe eine kleine Ebene mit einer schnurgeraden Kastanienallee darauf als Zeugnis, daß hier früher einmal Menschen wohnten und der Natur ihren Ausdruck hinzufügen wollten. Weiter bergauf auf dem unsichtbaren Weg kündigen einzelne dicke Felsbrocken ein riesiges Steinfeld auf dem Gipfel des Berges an, wahrscheinlich Überreste der Burg, die hier einmal gestanden hat. Drei, vier Schritte

noch, dann stehen wir am Rand des Plateaus der Wolkenburg und werden für die Strapaze des Aufstiegs belohnt mit dem August-Sander-Blick. Unter uns im Sonnenlicht Bad Honnef, das rheinische Nizza, wie Alexander von Humboldt die Stadt genannt hat, gegenüber Bad Godesberg mit der Godesburg, und durch das in der Ferne von den Ausläufern des Westerwalds und den Bergen der Eifel begrenzte Bild schlängelt sich der Rhein, in dem die Insel Nonnenwerth wie ein Floß zu schwimmen scheint. Nur die Türme des Kölner Doms können wir an diesem Tag nicht sehen. Bei völlig klarer Sicht sind sie aber in der Ferne auszumachen, hat August Sander versichert. »Ein Panorama von unglaublicher Schönheit«, berichtete er über seinen ersten Aufenthalt auf der Wolkenburg. »In die hier herrschende Ruhe drang das ewige Rauschen des Rheinstromes zu mir herauf. Die Stimmung dieses Morgens war zauberhaft und fast unbeschreiblich. An welcher Stelle ich auch stand oder umherschaute, entzückte mich immer wieder ein anderes und fesselnderes Bild. Nachdem ich mich in etwa orientiert hatte, begann ich zu arbeiten ... Was gut im Licht lag, hielt ich in einer Aufnahme fest; ich war ganz gegenwärtig. Die Vergangenheit dieser Berge kam mir kaum in den Sinn, und es schien mir ebensowenig glaubhaft, daß hier vor etwa tausend Jahren eine Burg gestanden, Rüstungen geglänzt, Turniere, Minnespiel und Gesang stattgefunden haben sollten. Alles ist leider von Menschenhand zerstört worden, um so mehr aber hat sich die Natur hier ausgebreitet und sich eine üppige Vegetation entwickelt. Vom Sturm entwurzelte Bäume lagen drunter und drüber, und zwischen dieser Wildnis blühten überall Orchis in allen Farben.«

Siebzig Jahre später sieht es auf der Wolkenburg noch genauso aus. Ein kleiner Trampelpfad auf dem Plateau läßt aber erkennen, daß mancher von der Besonderheit dieses Ortes weiß und ihn als solchen schätzt. Da ist sogar eine kleine, von Steinen eingefaßte Feuerstelle, die wie eine Kultstätte wirkt, gedacht für die Feier eines Gefühls von Freiheit, wie es August Sander hier gespürt hat, für das Erlebnis, die Welt von diesem Hochsitz aus so privilegiert betrachten und ihr gegenübertreten zu können. Der Kölner Erzbischof Friedrich I. von Schwarzenburg wird auch gewußt haben, warum er auf diesem Berg 1118 eine Burg errichten ließ, in der er gewohnt hat und auch gestorben ist – die Nonnen im Kloster auf der Insel Nonnenwerth, die der Erzbischof von seiner Burg aus gut im

Blick hatte, gedenken noch heute jährlich seines Todestages am 25. Oktober 1131, denn die Gründung des Klosters war eine Initiative Friedrich I. Den Namen Wolkenburg wird man damals fast wie selbstverständlich gefunden haben, weil man hier oben wirklich das Gefühl hat, die Wolken greifen zu können. Die Romantiker haben die alte Neigung, auf Bergen zu wohnen oder sich zumindest an Bergen anzusiedeln, zum ursprünglichen Charakter der Deutschen gerechnet. »Eine erhabene und edle Neigung«, fand Friedrich Schlegel. »Schon ein Blick von der Höhe, ein Atemzug auf freien Bergen, versetzt uns in eine andere leichtere Welt ... Aber wie ganz anders muß es erst sein, immer da zu wohnen und zu sein, wo wir jetzt einmal an seltenen Tagen mühsam hinaufsteigen, um doch auch einmal zu fühlen, wie einem zu Mute sein muß, der da lebt und in Freiheit atmet; immer die Erde vor sich zu sehen in ihrem reichen Schmuck, in allen Zeiten des Tages und des Jahres, wo alles sich deutlicher und merkwürdiger zeigt, das Ziehen der Wolken, das Aufblühen des Frühlings, mondhelle Nacht, ja selbst Ungewitter und die weißen Felder des Winters. Für mich sind nur die Gegenden schön, welche man gewöhnlich rauh und wild nennt; denn nur diese erregen den Gedanken der Natur.«

Wahrscheinlich hatte Schlegel, der Emphator, sich anregen lassen durch die Lektüre eines anderen, kurz vorher erschienenen Buches, von Clemens Brentanos Roman *Godwi*. Mit Hinweis, daß jeder einzelne seine eigene Natur habe, vor der er gleich einem höheren Bilde stehe, welches »mit Rührung auf seine Geschichte« zurücksehe, schrieb Brentano, berauscht nach einer Reise durchs Rheintal mit einem langen Aufenthalt im Siebengebirge, er habe noch keine Landschaft gesehen, die ihm so wohl getan habe wie diese, am Rhein: »Ich saß höher als der höchste Berg der Gegend, auf der Spitze eines jungen Baumes, den eine mutige Hand in die höchsten Trümmer eines zerstörten Turmes gepflanzt hatte, über Untiefen von Wald, die wie Katarakte und stürmende Heere unter meinem Blicke auf und nieder stürzten, brauste der herrliche Fluß des üppigen Friedens und der trotzigen Ruhe. Ringsum weit die Städte und Flecken hingesäet, viele tausend Blicke auf meinen Standpunkt gerichtet, in tiefer Einsamkeit. Vor- und Nachwelt um mich aufgelöst in ein unendliches Gefühl des Daseins. Ich hatte ein trauriges Herz voll verschmähter Liebe da hinaufgetragen, so recht gar nichts da oben erwartet und ging

mit einer sehr breiten Resignation durch den Wald. Aber der Mensch ist so enge in sich selbst gefangen, daß er sich meistens selbst verzehrt, wo er die Welt verzehren sollte.«

Gerade weil von der Wolkenburg außer einigen Steinen und dem Namen, nach dem der Berg heute noch benannt ist, nichts übrig geblieben ist, noch nicht einmal ihr Grundriß ist überliefert, kann man sich auf dem Berg eine Burg in den Wolken bauen. Die Burg, die Sander sich baute, war sein Werk, wobei sein Selbstbewußtsein durchaus genährt war von öffentlicher Anerkennung. Denn als er Ende der 20er, Anfang der 30er Jahre auf der Wolkenburg stand und sich Realisierungsmöglichkeiten für sein Werk ausdachte, war er bereits einer der berühmtesten Fotografen der Weimarer Republik, dessen 1929 erschienenes Porträtbuch *Antlitz der Zeit* nicht nur von Walter Benjamin emphatisch begrüßt worden war – man werde sich daran gewöhnen müssen, darauf angesehen zu werden, woher man komme, insofern sei Sanders Buch »mehr als ein Bildbuch: ein Übungsatlas«. Auch in Thomas Mann und Kurt Tucholsky fand Sander Fürsprecher, und Alfred Döblin schrieb ihm für sein Porträtbuch sogar ein Vorwort: »Man hat vor sich eine Art Kulturgeschichte, besser Soziologie«, heißt es darin. »Wie man Soziologie schreibt, ohne zu schreiben, sondern indem man Bilder gibt, Bilder von Gesichtern und nicht etwa Trachten, das schafft der Blick dieses Photographen, sein Geist, seine Beobachtung, sein Wissen und nicht zuletzt sein enormes photografisches Können. Wie es eine vergleichende Anatomie gibt, aus der man erst zu einer Auffassung der Natur und der Geschichte der Organe kommt, so hat dieser Photograph vergleichende Fotografie getrieben und damit einen wissenschaftlichen Standpunkt oberhalb der Detailphotographen gewonnen.«

Das klingt nach einer überlegenen Position, als habe Sander bei der Arbeit sich auch selber immer genau im Blick gehabt. Die Kunst seiner Wahrnehmung bestand zwar darin, daß er uns allen mit ihr ein Kompliment machte, indem er in seinen Porträtfotos die Menschen nicht mit seinem Blick vergewaltigte, sondern den ihnen eigenen Ausdruck hervorbrachte und das Repräsentative ihres individuellen Schicksals im Kollektivschicksal deutlich machte – darauf beruht die emotionale Autorität der Sanderschen Fotos, ohne daß ihnen ein autoritärer Charakter innewohnt. Aber nun kann ein Foto, das das Typische einer Lebensbewegung in einem bestimmten Moment festhält, nicht darüber hinwegtäuschen, daß jedes Leben keine Ganzheit, sondern Stückwerk ist, und als Stückwerk mußte auch Sander sein eigenes Leben empfinden. Auf der Wolkenburg hat er sich zwar seine Träume und Wünsche herbeizitiert, dort hat er aber auch erlebt das Wartenmüssen in den Pausen seines Lebens, die Langeweile und die Möglichkeiten des Scheiterns, die im privaten wie im öffentlichen Leben enthalten waren – um diese Phasen dann aber doch immer wieder verlassen und durchdringen zu können zu den besonderen Erkenntnischancen, die in seinem Leben ebenso enthalten waren und die er in seiner langen Arbeit gegen alle Widerstände entwickeln und produktiv machen konnte, indem er seinen Blick auf die Welt modellierte. Dabei muß dieser Blick schon von früh an auch in einer großen inneren Gewißheit geruht haben, denn vergleicht man Fotografien Sanders aus der Zeit zu Beginn des 20. Jahrhunderts mit Fotografien, die fünfzig Jahre später entstanden sind, wird man kaum einen Unterschied feststellen, sondern immer auf die ureigene Handschrift von Sanders Leben stoßen, die in seine Fotografien eingetragen ist. Zwar hat Sander, wie jedermann, sein Leben mit Welt angereichert durch das Erlernen von Techniken und die Aufnahme der verschiedenartigsten Informationen, aber die frühe Faszination, die Sander als 18jähriger erlebte, hatte er nie verloren. Damals arbeitete er – drittältester Sohn einer kinderreichen Bergmannsfamilie – im Siegerland unter Tage, als ein Industriefotograf die Grube dokumentieren sollte und Sander ihm half, die Ausrüstung auf eine kleine Anhöhe zu schleppen. Zur Belohnung durfte er »auf die Mattscheibe« schauen: »Ich war so erstaunt über die Schönheit der Landschaft«, erzählte Sander später, »der Himmel mit ganz herrlichen Wolken bedeckt, dazu wurde die Bewegung der Menschen, der Landschaft und der Eisenbahn sichtbar ... Von diesem Augenblick an wuchs meine Begeisterung für die Fotografie, die mich bis heute noch nicht losgelassen hat.« Das klingt, wie Olivier Lugon bemerkt hat, als habe erst der Blick durch »die Mattscheibe« Sander ermöglicht, die Besonderheiten seiner alltäglichen Umgebung zum ersten Mal wahrzunehmen. Seit jenem Erlebnis stand für Sander fest: Er wollte Fotograf werden. Den Widerstand seiner Familie konnte er überwinden, ein Onkel schenkte ihm eine erste Kamera, ein Schuppen neben dem Elternhaus diente als erste Dunkelkammer. Erste Porträtfotos entstanden, »Sonntags«-Arbeiten, denn bis

1896 blieb Sander Bergmann. Während des Militärdienstes 1896 bis 1898 lernte er einen Kasernenfotografen kennen und ließ sich von ihm nach Ende der Militärzeit als Gesellen ausbilden. Es folgten Wanderjahre mit Aufenthalten unter anderem in Magdeburg, Halle, Leipzig und Berlin. 1901 wurde er Geschäftsführer eines Fotoateliers in Linz an der Donau, 1902 Heirat, ab 1903 erste Ausstellungen in Linz und anderswo, auch erste Preise. 1910 – der damals dreijährige Sohn Gunther war an einer in Linz grassierenden Polio-Epidemie erkrankt – zog Sander mit seiner Familie nach Köln und machte sich bald darauf selbständig. Damals reifte in ihm der Plan, den er schon als ganz junger Fotograf entwickelt hatte: in einem »Kulturwerk in Lichtbildern Menschen des XX. Jahrhunderts« zu porträtieren. Ein gigantisches Projekt, angelegt auf 45 Bände, die rund 2500 Porträts enthalten sollten – der Band *Antlitz der Zeit* war eine erste grobe Skizze des Projekts. Mit diesem Plan im Kopf bestieg Sander die Wolkenburg. Hier oben unter den Wolken hatte er Kontakt mit seinen Imaginationen und Größenvorstellungen. Wo sonst als auf dieser Burg in den Wolken kann man auf die Idee kommen, die Sander 1931 in einem Rundfunkvortrag vorstellte, nämlich von Observatorien auf der ganzen Welt über mehrere Jahrzehnte eine fotografische Himmelskarte erstellen zu lassen, um die »rund dreißig Millionen Sterne mit Hilfe von zwanzigtausend Teilaufnahmen des Himmelsgewölbes zu erfassen«. Die Idee erläuterte er durchaus im Zusammenhang seiner eigenen Arbeit als Porträt- und Landschaftsfotograf, denn auch er, ein monomanischer Sammler und Ordner, wollte aus allen Einzelpartikeln ein neues Gesamtbild der Welt zusammensetzen. Ein Spezialist für Monoperspektiven, versuchte er diese zu totalisieren, wissend, daß jedes Detail immer auch das Ganze enthält. So entwarf er in seinen Rundfunkvorträgen seine Vorstellung von der »Fotografie als Weltsprache« und definierte das »Wesen der gesamten Fotografie« als »dokumentarisch«: »Bei der dokumentarischen Fotografie kommt es weniger auf die Erfüllung der ästhetischen Regel in der äußeren Form und Komposition an, sondern auf die Bedeutung des Dargestellten. Trotzdem lassen sich beide Prinzipien, die Ästhetik mit der dokumentarischen Treue, in ihrer Anwendung auf verschiedenen Gebieten verbinden ... So besteht der Auftrag der modernen Fotografie darin, die wissenschaftliche und die sogenannte künstlerische Fotografie zu einer einheitlichen fotografischen Darstellung zu bringen.«

Für die eigene Arbeit kündigte Sander in den Rundfunkvorträgen an, daß er, nachdem er die »Physiognomik« des Menschen geschildert habe, nun übergehe zu den Gestaltungen und Werken des Menschen und mit der Landschaft beginne: »Auch ihr drückt der Mensch seinen Stempel auf, so daß sie sich ebenfalls wie die Sprache aus den Bedürfnissen heraus entwickelt; er verändert dadurch oft das biologisch Gewordene. Auch in der Landschaft erkennen wir wiederum den menschlichen Geist einer Zeit, den wir vermittels des photographischen Apparates erfassen können. Ähnlich verhält es sich mit der Architektur und Industrie, sowie mit allen menschlichen Werken im Großen und Kleinen. Die durch die gemeinsame Sprache begrenzte Landschaft vermittelt das physiognomische Zeitbild einer Nation. Erweitern wir unser Gesichtsfeld, so kommen wir auf diesem Wege zu einer Zusammenfassung, ähnlich wie die Sternwarte ein Gesamtbild des Weltalls gab, zu einem Gesamtzeitbild der Erdbewohner, welches von ungemeiner Bedeutung für die Erkenntnis der Entwicklung der gesamten Menschheit wäre.«

Ein selbstbewußtes, kühnes, fast tollkühnes Projekt. Doch statt Walter Benjamins Prophezeiung, »über Nacht« könne Werken wie dem von Sander »eine unvermutete Aktualität« zuwachsen, geschah »über Nacht« etwas anderes: Sanders Sohn Erich wurde 1936 als Mitglied der Sozialistischen Arbeiterpartei denunziert und zu zehn Jahren Haft im Gefängnis Siegburg verurteilt. Kurz darauf beschlagnahmten die Nationalsozialisten auch Sanders Buch *Antlitz der Zeit*, ließen die Restauflage einstampfen und die Druckstöcke vernichten. »Mein Vater war aufgebracht«, berichtete später der andere Sohn Gunther. »Seine Empörung legte sich erst wieder, als er auf einer Wanderung durch das Siebengebirge, wo er Landschaftsaufnahmen machen wollte, Distanz gewann. Diese innere Emigration tat ihm gut. Im Augenblick bestand keine Möglichkeit für ihn, seiner eigenen Arbeit nachzugehen, also suchte er sich eine neue Aufgabe. Er hatte im Siebengebirge ein herrliches Fleckchen Erde gefunden, das ganz unberührt war. An windgeschützter Stelle übernachtete er in einem Schlafsack, tagsüber suchte er nach Motiven oder las.«

Diese Äußerung ist lange als Beleg dafür genommen worden, Sander habe sich in der »inneren Emigration« während der Nazizeit der Landschaftsfotografie zugewandt. Zwar sind in dieser Zeit tatsächlich mehr Landschaftsfotos als früher entstanden, aber Sanders Interesse für die

Landschaftsfotografie war schon immer entwickelt. »Mensch und Landschaft« gehörten für ihn zusammen. Deshalb nahm er auch Anfang der 30er Jahre das Angebot an, in einer kleinen Publikationsreihe verschiedene Regionen wie die Eifel, den Niederrhein, die Saar, die Mosel und auch das Siebengebirge vorzustellen, wobei Sander nicht nur die Fotos lieferte, sondern auch gleich selber den Begleittext schrieb. Ein Universalist im Goetheschen Sinne, der die Beschreibung seines ersten Aufenthalts auf der Wolkenburg schon unter das Goethewort »Natur in sich, sich in Natur zu hegen« gestellt hatte, machte er sich zu Fuß und auch mit dem Fahrrad auf den Weg durchs Siebengebirge und interessierte sich, auf der Suche nach der »Physiognomie der Landschaft«, für alles, für ihre in der Welt der Märchen und Sagen gespiegelte Geschichte ebenso wie für ihre Geologie und Pflanzenwelt, und nahm alles zusammen in seinen Blick auf. Von den im Siebengebirge gefundenen Quarzitsteinen kam er sofort auf die darin gefundenen Pflanzenreste zu sprechen, aus denen er sich ein Bild von früheren klimatischen Verhältnissen machte. »Die in den Gesteinen vorkommenden Abdrücke von Blättern gehören größtenteils hochentwickelten Waldbäumen an«, wußte Sander, »die durchaus auf ein sehr feuchtes und mildes Seeklima schließen lassen, und zwar mußte dieses einen subtropischen Charakter haben, denn hier gedieh der edle Lorbeer und die schlank aufstrebende Zypresse, und neben der Frucht des nützlichen Johannisbeerbaumes reiften süße Mandeln und persische Walnüsse. In den Auen des Siebengebirges gedeiht heute noch ein Strauch, der den Kenner der heimischen Pflanzenwelt merkwürdig fremdartig anmutet mit seinen harten, glänzenden, wie aus Blech geschnittenen Blättern. Das ist die Stechpalme, die in allem mehr an die Vegetation Italiens und an das Mittelländische Meer erinnert, denn an eine deutsche Flußau.«

So gründlich recherchierte Sander, um zu zeigen, daß »Mensch, Landschaft und Kultur im Siebengebirge ein harmonisches Ganzes bilden, wobei aber der landschaftliche Charakter weitgehend in den Vordergrund tritt.« Daß die Physiognomie des Siebengebirges überhaupt erhalten geblieben ist und nicht, wie Sander schrieb, »durch Ausnutzung und Abtragung seiner Bodenschätze manche Bergkuppe abgeflacht, durch Steinbrüche neue Täler geschaffen« wurden und »statt der sieben Berge nur noch ein Plateau oder ein großer Steinbruch vorhanden ist«, verdankt sich den ersten, 1827 einsetzenden Naturschutzbemühungen in Preußen, dessen Provinz das Rheinland damals war. Als Widerstand gegen die Nutzung alter und Gründung neuer Steinbrüche, die zum Beispiel 1828 zum Einsturz eines Teils der Drachenfelsruine führte, gründeten engagierte Bürger 1869 den heute noch bestehenden, rührigen »Verein zur Verschönerung des Siebengebirges«, der, sogar mit kaiserlichen Hoheitsrechten ausgestattet, die Einrichtung des ersten Naturschutzgebietes in Deutschlands schließlich durchsetzte. Deshalb ist die Aura der Landschaft heute nicht anders, als Sander sie erlebt hat. Seine Fotos zeigen neben großen Panoramabildern auch Detailstudien. »An einem Sommermittag ruhend einem Gebirgszug am Horizont oder einem Zweig folgend, der seinen Schatten auf den Betrachter wirft, bis der Augenblick oder die Stunde Teil an ihrer Erscheinung hat – das heißt die Aura dieser Berge, dieses Zweiges atmen«, bemerkte Walter Benjamin. Unterwegs zwischen der Wolkenburg und der Klosterruine im Heisterbachtal, »dem Garten des Siebengebirges«, zwischen dem »ersoffenen Steinbruch« des Himbergsees und der Löwenburg, die erst nach Sanders Zeit als Ruine –

mit einem einsam stehenden, weithin sichtbaren Baum darin – wiederaufgebaut wurde und heute wenigstens in ihren Umrissen wieder erahnbar ist – so mächtig wird sich früher auch die Wolkenburg erhoben haben –, fügte Sander die inneren Bewegungen dieser Landschaft zusammen, getreu seiner Devise, die er auch bei seinen Porträtstudien anwandte: daß »nicht allein das Gesicht, sondern auch die Bewegungen eines Menschen zu seiner Charakteristik gehören« und es »immer wieder Sache des Photographen« sei, »diese charakteristische Bewegung zu stabilisieren oder aufzufangen.« Nun war das Bild gerade von dieser Landschaft am Rhein zu der Zeit, als Sander in ihr unterwegs war, noch sehr geprägt von einem alten Mythos. 1930 schrieb Siegfried Kracauer in seinem Essay *Die Fotografie*, daß die Landschaft auf alten Fotografien wie ein Kostüm wirke. »Denn was im Bild erhalten wird, sind nicht die Züge, die das freigesetzte Bewußtsein meint. Die Darstellung trifft Zusammenhänge, aus denen es ausgezogen ist, ohne es zugeben zu wollen. Je mehr das Bewußtsein sich den natürlichen Bindungen entzieht, desto mehr verringert sich die Natur. Auf alten Stichen von photographischer Treue zeigen sich die Rheinhügel als Berge. Durch die technische Entwicklung sind sie inzwischen zu winzigen Hängen herabgesetzt worden, und der Größenwahn jener ergrauten Ansichten ist ein wenig lächerlich.« Vor dem Hintergrund dieser Kracauer-Einsicht hat Wolfgang Kemp im Vorwort zu Sanders Buch *Rheinlandschaften* den Schluß gezogen, Sander sei offenbar nie dem Mythos begegnet, der die Gegend einst überlagerte und zu seinen Zeiten und heute noch künstlich, aber immer gleich genährt werde. Er gerate auch nicht unversehens und unbewußt in seine Fangarme. Allenfalls den Blick auf den Drachenfels könne man als Tribut an die in diesen Breiten herrschende Optik bezeichnen. »Aber sonst: kaum daß sich eine Konfrontation mit fixierten ›Ansichten‹ andeutet«, meint Kemp. »Das Bewußtsein, im Sinne Kracauers, das sich in diesen Szenerien einnistete, scheint schon vor dem Fotografen ausgezogen zu sein. Er hat es nicht vertrieben. Aber er kann es auch nicht mehr fassen und zurückgewinnen. Was die Reisenden hier einst sahen, läßt sich nicht wieder sehen. Auch nicht durch das Klischee ahnen. Dort ist der Horizont der Dinge, um mit Ernst Bloch zu sprechen, eh schon zerbrochen. In der Landschaftsfotografie Sanders erscheint er aufgerichtet, aber nicht im herkömmlichen Sinne, und es steht auch kein Mensch mehr davor wie bei Friedrich. Sander setzt die Berge nicht zu Hügeln, sondern ernennt sie zu solchen, indem er zeigt, was den Berg ausmacht: nicht die Perspektive, sondern Steine. Das läuft ... auf seinen Hang zum Wissenschaftlichen hinaus.«

Trotz seiner Vorliebe für die »exakte Landschaftsfotografie«, die er in seinen Rundfunkvorträgen beschworen hatte, vernachlässigte Sander die lyrische Stimmung einer Landschaft keineswegs. Die Wolken hatten es ihm angetan. Als sein Enkel Gerhard einmal mit ihm unterwegs war, in der Nähe der Ortschaft Leuscheid im Westerwald, wollte Sander eine Landschaftsaufnahme machen. Schon dreimal hatte der Enkel den Großvater zu diesem Ort begleitet, dreimal hatten sie die Kamera aufgebaut, die Optik eingestellt und gewartet. Wieder mußte der Enkel warten. »Warum warten wir denn jetzt wieder so lange?« fragte der Junge den Großvater. »Die Wolken sind nicht am richtigen Platz«, antwortete er, »wir müssen warten.« »Wie lange noch?« fragte der Junge. »Wenn der Wind richtig ist, kommt da hinten in zehn Minuten eine Wolke«, antwortete August Sander. Nach einer halben Stunde Wartezeit war dann endlich die Wolke da, die er für sein Foto gebrauchen konnte. Manchmal, wenn Sander, der sogar stundenlang auf bestimmte Wolkenformationen warten konnte, diese Formationen gleichwohl nicht ins Bild bekam, montierte er sie später einfach in die Fotografien hinein. In seinem Bemühen, stets ein komplexes Ganzes herzustellen, blendete Sander, typisch für ihn, in seinem Gesamtbild vom Siebengebirge sogar bis in die Schöpfungsgeschichte zurück, wenn er das »Emportauchen« des Gebirges »aus den Wasserfluten des Meeres« erklärte. Auch der letzte Blick des Siebengebirgs-Buches ging wieder zum Meer. »Wie in einem Prisma leuchtet in der Siebengebirgslandschaft der ganze Zauber und aller Reichtum des gebirgigen Rheintals noch einmal auf«, schrieb Sander, »und von seinen letzten Terrassen geht es hinunter in die fruchtbarste Ebene Deutschlands. In geruhsamer Mächtigkeit wird der Rhein fortan seinen Weg nehmen, fern jedem drängenden Ungestüm, ledig jedes Zwanges in einem engen Felsenbett, ernster er selbst, ernster die Uferlandschaften, die in breiten Flächen langsam sich ins Holländische verlieren, langsam dem Meere sich anpassen.«

Das war noch einmal der Blick von der Wolkenburg. Als er ihn beschrieb, konnte er nicht ahnen, daß sein Lieblingsort ein paar Jahre spä-

August Sander: *Selbstporträt auf der Wolkenburg*, 1941.

ter auch zu seinem Fluchtort und einsamen Versteck werden würde. Es gibt ein Foto, das August Sander auf der Wolkenburg zeigt, 1941, ein Selbstporträt, mit Selbstauslöser aufgenommen. Auf einen Ast wie auf einen Spazierstock gestützt, steht er da unter einem Baum, hinter ihm das Rheintal mit der Insel Nonnenwerth, darüber ein dichtbewölkter Himmel. Sanders Gesicht im Profil; er schaut Richtung Bonn und Bad Godesberg. Vor ihm auf einem Stein eine Flasche Mineralwasser und Essenssachen für die Brotzeit. Doch daß er es sich an diesem Tag auf der Wolkenburg gemütlich gemacht hat und seinem Drang nach Ruhe nachgeben konnte, dagegen spricht seine Kleidung: Das Foto zeigt ihn im Mantel und mit Hut. Wie sehr er gleichwohl das Siebengebirge als Fluchtort brauchte, um die Bedrängnis durch die Nationalsozialisten zu überstehen und mit dem Gefühl fertig zu werden, an den Rand seiner Zeit gedrängt worden zu sein, als deren Porträtist er sich doch sah, kann man aus den Fotos dieser Jahre lesen. Auch an ganz besonderen Tagen reiste er von seinem Wohnort Köln ins Siebengebirge und stieg auf die Wolkenburg. Den Silvestertag 1936 verbrachte er dort, das an dem Tag entstandene Foto nannte er »Nebelbild auf der Wolkenburg« und datierte es genau: »31.12.1936.« Auch am 24. Dezember 1938 war er wieder auf »seinem« Berg. Die an diesem Tag entstandenen Fotos zeigen einen Winterwald mit unbegangenen Schneeflächen. Welch ein Ausdruck für seine Einsamkeit und Isolation an diesem Heiligabend! Da fühlte er sich vermutlich als der dokumentarische Anwalt der Zeit, deren Physiognomie und Geheimnis er mit seinen Fotos entschlüsseln wollte, völlig aus seiner Zeit herausgerissen, unfähig, noch eine emotionale Identität mit ihr herzustellen und ein Gefühl von Kontinuität in seinem Sehen und Denken aufrechtzuerhalten. So wie Sander sein Werk angelegt hat als Beispiel für das Repräsentative eines individuellen Schicksals im Kollektivschicksal, so kann man die späte Szene auf der Wolkenburg auch deuten als repräsentativ für sein eigenes individuelles Schicksal im Kollektivschicksal – und durch solche Verwerfungen und Verschiebungen und Zwänge, sich immer wieder neu einstellen zu müssen und dabei zu riskieren, sich auch zu verlieren, wird natürlich jedes fremde Leben immer erst interessant. Damals, auf der Wolkenburg, hatte Sander sicher das Gefühl, daß ihm sein Lebensprojekt aus der Hand geschlagen worden war. Als 1944 sein Sohn Erich im Siegburger Gefängnis starb, war er um allen Sinn der

August Sander: *Nebelbild auf der Wolkenburg*, 31.12.1936.

Zeit beraubt. An Arbeit war nicht zu denken. Er konnte nur versuchen, seine bisherige Arbeit in Sicherheit zu bringen, nach Kuchhausen im Westerwald, wo er bei einer Bauernfamilie unterkam und wohin er auch einen großen und wichtigen Teil seiner Negative auslagern konnte. Die Gedanken blieben aber bei der Wolkenburg, auf der er sich selber sein großes Lebenswerk versprochen hatte. In seinem Nachlaß fand sich ein Gedicht, handsigniert und mit der Datierung »Frühling 1944«. »Wenn am Abend sich von meinem Berg / die Nebel niedersenken«, heißt es darin, »... beginnet wieder eine schöne Zeit!« Natürlich wird Sander damals nicht einmal ahnungsweise gewußt haben, daß sein Werk ab 1951, mit einer von L. Fritz Gruber eingerichteten großen Ausstellung auf der *photo-*

kina, wieder öffentlich präsent sein würde und ein Jahr später, nach dem Besuch von Edward Steichen, dem Direktor der fotografischen Abteilung des New Yorker Museum of Modern Art, der einige Fotos Sanders in die legendäre Ausstellung *The Family of Man* aufnahm, der Weltruhm kam.

Bevor es dunkel wurde, suchten wir uns einen Weg zurück. Einige Spaziergänger auf den offiziellen Wegen weit unter uns blieben erstaunt stehen, als wir über ihnen wie aus heiterem Himmel auftauchten und im Zickzackkurs die steilen Abhänge hinunterstürzten. Auf dem Heimweg bildeten wir uns ein, von Entgegenkommenden immer wieder angestarrt zu werden, als ob ein Leuchten in unseren Gesichtern stand. Wir hatten die Burg in den Wolken gesehen.

Der tote Friedhof von Drove
Auf den Spuren Heinrich Bölls in der Eifel

Der Traum von abendlichen Spaziergängen auf einsamen Landstraßen war das Zeichen für den Aufbruch. Über Düren fuhren wir durch die sattgrüne und durch weite Rapsfelder immer wieder auch gelb eingefärbte Wiesen- und Hügellandschaft der Voreifel nach Nideggen, der alten Herzogstadt, die sich mit ihren Wahrzeichen, der hoch auf einem Buntsandsteinfelsen gelegenen Burgruine und den mittelalterlichen Stadttoren, »Tor zur Nordeifel« nennt. Freitagmittag, die Stadt ruht noch einmal aus vor dem erwarteten Ansturm der Wochenendurlauber, und im Burghof, auf der Terrasse des in einem erhaltenen und renovierten Teil der Burg untergebrachten Restaurants sitzt man unter wunderbaren alten Bäumen um diese Zeit manchmal ganz allein. Mit der Speisekarte wird, auf einem einliegendem Blatt, auch gleich die Geschichte der Burg zur Lektüre angeboten, von ihrem Baubeginn 1177 an immer wieder durch Kriege zerstört, wieder aufgebaut und wieder zerstört; unter den klangvollen Namen der wechselnden Herrscher und Gefangenen findet sich der Kölner Erzbischof Konrad von Hochstaden, der 1242 neun Monate auf der Burg in Haft saß, bis er, nach seiner Freilassung und nachdem er einige Zeit später den Grundstein zum Bau des Kölner Doms gelegt hatte, als ehemaliger Gefangener sogar Herr über Burg Nideggen wurde, weil sie in Besitz der Kölner Kirche kam – deren Domspitze heute bei klarem Wetter von der Burg aus zu sehen ist. Interessanter sind die Lücken zwischen den Jahreszahlen in dem historischen Abriß, die davon erzählen, wie die Leute in der kargen und abgelegenen Eifel ihr Leben gefristet haben und oft auch um ihr Leben betrogen worden sind. Karg ist die Landschaft immer noch, abgelegen schon lange nicht mehr. Unter dem Dach des Bergfrieds wurde in den letzten zwei Jahren Elektronik installiert, mit der die Kreissparkasse ihre Daten überträgt und die auch das Netz eines privaten Telefonanbieters unterstützt. Wir wollen aber an diesem Wochenende nicht online sein, und war es früher ein begehrtes und beneidetes Privileg, unterwegs telefonisch erreichbar zu sein, genießen wir jetzt das Privileg, nicht erreichbar zu sein, und schalten das Handy aus.

Als karge Landschaft mit dem Flair des einst Abgelegenen ist die Eifel in den letzten Jahren geradezu in Mode gekommen. So wie manchmal eine regionale Küche populär werden kann, so ist hier eine regionale Literatur aufgeblüht, Eifel-Krimis, die ein beträchtlich wirksames touristisches Werbemittel geworden sind; in fast jedem Buchladen in der Eifel liegt mindestens ein Exemplar aus. Besonders Jacques Berndorf hat mit seinen Schmökern dazu beigetragen, daß mancher Leser ein differenziertes Bild von der Eifel gewonnen hat und vielleicht sogar hingefahren ist. Einen seiner neueren Krimis haben wir mitgenommen, in Erinnerung an die Lektüre seiner ersten Bücher *Eifel-Blues* oder *Eifel-Gold*, in denen Berndorf im Rahmen der ihm möglichen Trivialliteratur einige atmosphärisch dichte Beschreibungen der Landschaft und der aktuellen Gegenwart gelungen sind. Ausgerechnet in der »abgelegenen« Eifel läßt Berndorf seinen unbotmäßigen, idealisierten Journalisten Siggi Baumeister, der für ein Magazin »da oben in Hamburg« arbeitet, in die brutalsten Verbrechen hineinstolpern. In dem Roman *Eifel-Blues* sind drei Tote in der Nähe eines Bundeswehrdepots gefunden worden, die Angelegenheit soll vertuscht werden, sowohl der Bundesnachrichtendienst als auch der Militärische Abschirmdienst versuchen Baumeisters Recherchen zu verhindern, indem Baumeister gleich zu Beginn zusammengeschlagen wird. »Diese Geschichte ist so neblig, unwirklich«, sagt eine Frau, die Baumeister bei seiner Arbeit hilft. »Da werden drei Leute erschossen, und du wirst halbtot geprügelt – und offiziell ist das alles nicht passiert. Haben wir denn überhaupt eine Chance?« »Vielleicht haben wir keine Chance auf eine richtige Lösung«, antwortet Baumeister, »aber wir haben die Chance, zu beschreiben, wie verdeckt diese Brutalität abläuft. Das ist unsere Geschichte.«

Der andere Teil der Geschichte erzählt von der Eifel, vom Licht dort und vom Wetter, von der Schweigsamkeit der Menschen. Die Eifel sei zwar sehr schön, läßt Berndorf seine Romanfigur Baumeister sagen, aber sie sei eben auch ein karges Land, ohne jeden Rummel. Und wenn in der Eifel ein Verbrechen passiere, redeten die Leute, weil es nicht viel Abwechslung gebe. In dieser Landschaft ist Baumeister in seinem Jeep unterwegs, hört seine Lieblingsmusiken und pflegt in seinen inneren Monologen seine Privatmythologien, sucht immer wieder aber auch Kontakt zu anderen Menschen. Menschen, die ihm gefallen – das sind meistens Außenseiter, die, wie Baumeister sagen würde, »ihren eigenen Stiefel leben«. Zum Beispiel in dem Roman *Eifel-Blues* ein Schäfer, den Baumeister aufsucht, weil er Zeuge des Verbrechens war. Der Schäfer ist ein Aussteiger, früherer Lehrer mit den Fächern Kunstgeschichte und Musik, der da draußen in der Einsamkeit der Eifellandschaft auf der Klarinette spielt – für sich selber, aber auch für die Herde, denn die sei dann ruhig. Er möge doch, bittet Baumeister den Schäfer, einmal Frank Sinatras »My way« auf der Klarinette spielen, »das wäre jetzt schön, ich bin so schön wütend.« Allerdings, die Wut ist längst verraucht, und der vom Erfolg überforderte Berndorf läßt in einem seiner letzten Romane den (real existierenden) Pressesprecher der Deutschen Welle Ralf Siepmann Baumeister anrufen, und der nimmt den (von einem Pressesprecher!) angebotenen Job an, mit dem Hinweis, für Geld tue er fast alles, und mit schönen Grüßen an den (ebenfalls real existierenden, früheren) Intendanten Dieter Weirich. Da ist aus dem aufrechten, kritischen, kämpferischen Baumeister eine journalistische Nutte geworden. Dazu paßt, daß man aus den neuen Büchern Berndorfs auch über die Eifel nichts Neues mehr erfährt.

Am Nachmittag hat sich der in der ursprünglichen mittelalterlichen Form und Größe erhaltene Marktplatz in Nideggen gefüllt, ein schöner Frühsommertag, die Menschen sitzen vor den Cafés, überall auch geparkte Motorräder – an solchen Wochenenden sind die kurvenreichen

Eifelstraßen eine beliebte Rennstrecke. Die Ansichtskarten im kleinen Souvenir- und Zeitungsladen am Markt bieten zum Beispiel eine Bootsfahrt auf dem nahen Rursee an, dem größten See Westdeutschlands, oder einen Spaziergang durch die unterhalb Nideggens gelegenen Wälder nach dem kleinen Ort Abenden, unterwegs könnte man vielleicht den hier lebenden Schriftsteller Dieter Kühn treffen; der 480 Meter hoch gelegene Ort Schmidt wäre ein anderes Ziel, mit der Besichtigung der Pieta eines unbekannten Eifeler Künstlers aus dem 14. Jahrhundert in der Pfarrkirche oder dem Blick in die Jülicher Börde, ins Rheinland und weit hinein in die Eifelwälder; auch Harscheidt mit seiner erhaltenen fränkischen Hofanlage wäre nah, oder das Kalltal. Aber dann nutzen wir Nideggen doch nicht als Tor zur an diesem Wochenende wahrscheinlich touristisch voll erschlossenen Nordeifel, sondern treten zwei, drei Schritte zurück und bleiben in der stillen Voreifel.

Von Kreuzau führt eine kleine Straße durch einen Wald den Berg hinauf nach Langenbroich. Kaum hat man den Ort betreten, befindet man sich in der Heinrich-Böll-Straße. Mit einem Schild meinen die Langenbroicher hinweisen zu müssen: »Heinrich Böll, Schriftsteller, Nobelpreisträger, 1917-1985.« Merkwürdigerweise verschweigt das Schild, daß Heinrich Böll in Langenbroich seit 1965 ein Landhaus hatte, in das er sich in seinen letzten Lebensjahren immer häufiger zurückzog und in dem er auch gestorben ist. Das Haus steht heute verfolgten ausländischen Autoren zur Verfügung. Das Tor ist offen, Wäsche flattert auf der Leine, Menschen sind nicht zu sehen. Überhaupt wirkt das Dorf wie ausgestorben. Auf einer Wiese am Dorfrand treffen wir dann doch einen Bauern, der an seinem Traktor hantiert; er wird einer der wenigen übriggebliebenen Landwirte sein, denn die meisten Häuser sind moderne Villen, Wohnsitz von reichen Leuten aus Aachen, Düren oder dem eine Autostunde entfernten Köln. Vor fünfundzwanzig Jahren gab es hier noch mehr Bauernhöfe. Das ist die Erinnerung an einen denkwürdigen Tag, als Langenbroich für einige Stunden im Licht der Weltöffentlichkeit stand. Es war der 13. Februar 1974. Damals tickerte um 12.32 Uhr über die Fernschreiber die Eilmeldung der Deutschen Presseagentur, daß die sowjetischen Behörden Alexander Solschenizyn ausgebürgert und in ein Flugzeug nach Deutschland gesetzt hatten; der Autor von *Archipel GULAG* sei nun auf dem Weg vom Frankfurter Flughafen zu seinem Freund Heinrich Böll

nach Langenbroich in der Eifel. Es ergab sich – ich verdiente mein Studium mit Artikeln für den *Kölner Stadt-Anzeiger* –, daß ich damals zu dem journalistischen Troß gehörte, der ab 14 Uhr Langenbroich belagerte. Es war wie eine Freilichtveranstaltung: Die Langenbroicher waren natürlich auch alle auf der Straße oder hingen in den Fenstern, einige sogar auf den Dächern, Kaffee wurde serviert, und man freundete sich schnell an und saß später in der Küche eines Bauern, der – es gab keine Notebooks – eine alte klapprige Schreibmaschine hervorgekramt hatte, mit einem abgenutzten Farbband, so daß die Schrift auf dem Papier mühselig zu entziffern war. Alte Zeiten. Wenn heute irgendwo auf der Welt eine interfamiliäre Barbarei stattfindet, fahren gleich zu Beginn des Spektakels mit Elektronik vollgestopfte Lkws vor – notfalls mitten aufs Schlachtfeld –, die Antennen werden ausgefahren und die Bilder via Satellit live nach Atlanta oder Hamburg übertragen. Angesichts solcher gängig gewordenen strategischen Besetzung des Bildschirms arbeitete man vor fünfundzwanzig Jahren geradezu altertümlich. Weil es auch noch keine Handys gab, kochte aufgrund fehlender Außeninformationen die Gerüchteküche. Denn wer nicht kam, war Solschenizyn. Als gegen 18 Uhr ein aus

Hamburg eingeflogener Kameramann erzählte, er habe auf dem Hamburger Flughafen Henri Nannen mit sechs seiner *Stern*-Redakteure getroffen, ebenfalls auf dem Weg nach Köln, wahrscheinlich werde das Flugzeug mit Solschenizyn dorthin umgeleitet und bestimmt gebe der Autor dem *Stern* jetzt bereits ein Exclusivinterview, verließen einige Journalisten – »möglich« erschien alles und der *Stern* genoß damals hohes Ansehen – Langenbroich sofort Richtung Köln. Die ausharrten, und das mögen zweihundert Journalisten gewesen sein, erlebten dann doch die Ankunft Solschenizyns, gegen 19.30 Uhr. Böll eilte aus dem Haus, der Bürgermeister stand zum Händeschütteln bereit, und die Langenbroicher klatschten zusammen mit den Journalisten Solschenizyn zu, der, in einem blauen Mantel, Anzug ohne Krawatte, das Hemd bis zum obersten Knopf geschlossen und einen Strauß Blumen in der Hand, keineswegs einen niedergeschlagenen Eindruck machte; im Gegenteil, ein Mann ungebeugt und stolz, er wußte, wer er war, er kannte seine Bücher und

Foto: Deutsche Presseagentur.

wußte um deren historische Dimension. Die Fernsehbilder von der Ankunft – die damals vor der Ausstrahlung erst durch einen Motorradfahrer nach Köln gebracht werden mußten – gingen um die Welt, genauso wie das Foto von Böll und Solschenizyn, wie sie am andern Tag Arm in Arm auf der Wiese hinter dem Böllschen Haus spazierengingen.

Langenbroich muß für Böll ein idealer Arbeitsort gewesen sein. Daß er sich für die Voreifel entschieden hatte, hing vielleicht – sentimental, wie Böll sein konnte – auch damit zusammen, daß aus dieser Gegend seine Mutter stammte, der er viel verdankte und deren höchste Erwartungen in ihn er zu erfüllen versuchte, indem er später sogar den Blick

Heinrich Böll mit seiner Frau Annemarie im Garten ihres Hauses in Langenbroich, fotografiert 1971 von Heinz Held.

seiner Mutter auf die Welt schreibend instrumentalisierte. Einer der geheimnisvoll-verschwiegenen poetischen Orte seiner Literatur ist die sieben Kilometer lange Landstraße, die den kleinen Ort Golzheim mit Düren verbindet; wenn Böll von Köln nach Langenbroich fuhr, nahm er manchmal diesen Weg und suchte auf der Straße seine Mutter als zehnjähriges Mädchen, das im Jahr 1887 mit einer leeren Waschschüssel von Düren nach Golzheim und einer mit Rübenkraut gefüllten Schüssel zurück nach Düren unterwegs war. Was er suchte, war nicht das Unvergängliche, sondern »das Gegenwärtige will ich, das vergangen ist. Nicht das Erzählte, nicht einmal das Wahre und schon gar nicht das Ewige. Ich will die Gegenwart der Vergangenen.« In Langenbroich hatte Böll auch Freunde gefunden, zum Beispiel den katholischen Priester Herbert Falken, der zugleich ein bekannter Maler ist und mit Böll lange Kunstgespräche führte; Falken war es auch, der den aus der katholischen Kirche ausgetretenen Freund Böll nach langen und komplizierten Verhandlungen mit dem Kölner Generalvikariat gleichwohl kirchlich beerdigt hat.

So gern Böll in Langenbroich gelebt und gearbeitet hat, so ist er ebenso gern und oft von hier aus zu Spaziergängen in die Eifel aufgebrochen. Einen seiner folgenreichsten Spaziergänge in ein Nachbardorf unternahm er Ende 1982, damals schon sehr krank und niedergeschlagen durch den Krebstod seines Sohnes Raimund. Diesen Spaziergang muß man sich vorstellen wie eine von Samuel Beckett erfundene und von Heinrich Böll gespielte Szene. Sie beginnt so: Ein Mann, krank, gehbehindert, entdeckt während eines Spaziergangs in einem Dorf in der Eifel einen Gedenkstein, der an eine Synagoge und an das Schicksal der Juden, die hier gelebt haben, erinnert. Er geht zu dem kleinen, am Rande des Dorfes gelegenen jüdischen Friedhof. Das Eingangstor ist durch ein Vorhängeschloß gesichert; den Schlüssel können sich die drei, vier Besucher, die einmal im Jahr kommen, beim Ortsvorsteher abholen. Das Schloß, fällt dem Mann auf, ist verrostet und leicht zu knacken. Noch einfacher aber wäre es, durch das gelichtete Gebüsch um den Friedhof herum einzudringen. Er nimmt diesen Weg ... Der Friedhof ist so groß wie ein halber Fußballplatz; viel freie Wiesenfläche, reservierter Platz, der nicht mehr gebraucht wurde und vermutlich nie mehr gebraucht wird – die letzte Beerdigung fand hier 1940 statt, danach lebten keine Juden mehr im Dorf. Die meisten Gräber sind in gutem Zustand, sechs Grabsteine tragen hebräische Inschriften, an sieben sind sie ausgekratzt, an einem verwittert, von einem anderen Gedenkstein steht nur noch der Sockel. Fast ein idyllischer Ort, denkt der Mann, gelegen in einer Mulde zwischen Wald und Feldern, durch die ein Bach fließt, der dem Ort den Namen gab: Drove. Seitdem der Verkehr nach Nideggen, Heimbach, Schleiden in die Eifel hinein an dem Ort vorbeiführt, ist es ruhig hier. Ob das »scheinbare Paradox« vom »toten Friedhof« erlaubt sei, fragt sich der Mann: »Die Friedhöfe leben ja mit uns«, wird er später schreiben, »wir mit ihnen, wir gehen zu Beerdigungen, besuchen Gräber, Erde wird aufgeworfen, zugeschüttet, Gräber verfallen, werden neu vergeben; und wenn ein Friedhof voll belegt ist und als solcher geschlossen wird, wird er gewöhnlich in einen Park verwandelt, in dem man spazierengeht, auf Bänken sitzen kann, zwischen den Gräbern. Der Friedhof von Drove ist ein toter Friedhof. Er wird verschlossen bleiben ... Kaum vorzustellen, daß da noch einer beerdigt werden könnte – oder möchte. Die wenigen, die in der Emigration überlebt haben, werden sich wohl kaum aus den Vereinigten Staaten, aus England oder Israel nach Drove überführen lassen wollen. Ob ihre Kinder einmal dorthin pilgern werden, die Gräber der Vorfahren besuchen, das Platt hören, das diese gesprochen haben, durch die Wälder und Felder gehen, wo ihre Vorfahren spazieren gegangen sind, und die Häuser ausfindig machen, in denen sie gewohnt haben? Wenn die älteren Damen, die gelegentlich aus Israel und England herüberkommen, um ihre Familiengräber zu besuchen, nicht mehr leben, wird wohl kaum jemand noch den Judenfriedhof von Drove besuchen; nur die Gärtner, die ihn im Auftrag der Gemeinde pflegen ...«

Die Zeit ist auf diesem toten Friedhof stehengeblieben. Ganz am Ortsrand von Drove gelegen, hört man nur die Geräusche des Windes und den Gesang der Vögel. Entfernt auf einer Wiese sind ein Mann und eine Frau mit ihren Pferden beschäftigt und schauen uns aber neugierig zu, wie wir – das Tor ist immer noch durch ein verrostetes Schloß gesichert – durch das gelichtete Gebüsch den Friedhof betreten. Böll auf diesem idyllischen, toten Friedhof in einem abgelegenen Eifeldorf – natürlich fällt einem dazu sofort ein anderes Bild ein, es zeigt ihn, wie er auf seiner Krücke vor dem amerikanischen Raketenlager Mutlangen gegen die Aufstellung neuer Raketen protestierte, umgeben von Gleichgesinnten. Diese Szene auf dem Friedhof in Drove ist ein viel einsameres Bild.

Böll befand sich damals in einer Abwärtskurve seines Lebens, in einer Stimmung von resigniertem Abschiednehmen. Für mich hat's keinen Sinn mehr, hat er gedacht und später auch in seinem postum erschienenen Roman *Frauen vor Flußlandschaft* öffentlich kundgetan, indem er, noch einmal, wie in seinem ganzen Werk, den Frauen seine Sympathie geschenkt hat, die den Krieg um den Profit und den eigenen Vorteil nicht mehr mitmachen. Diese ganze Raffgier, hat Böll gedacht, diese Korruption, diese falsche Vitalität, dieses Aufgeblasene, diese Heuchelei, dieses Den-anderen-Ausstechen, diese Geldanbeterei, diese verlogene Kirche, diese ganze frisierte, verseuchte Konsum- und Scheinwelt – damit mochte er nichts mehr zu tun haben. Er wollte sich dagegen nicht mehr wehren. Das war für ihn alles schon viel zu kaputt. Da war nichts mehr zu retten. Von dem, was ihm einmal heilig war, woran er geglaubt und wofür er gekämpft hatte, war nichts mehr übriggeblieben. In dieser synthetischen Welt ohne Erinnerung war für ihn alles dem Untergang geweiht. Er ziehe sich jetzt zurück, verkündete er mit der Geste seines letzten Buches, was zähle, seien nur noch »die Meinen an allen Orten, wo immer sie sein mögen«. Am Ende seines langen Marsches in die Bundesrepublik, an den er sich 1972 in seiner Dankrede zur Verleihung des Literaturnobelpreises erinnert hatte – »Gewalt, Zerstörung, Schmerz, Mißverständnisse liegen auf dem Weg, den einer daherkommt, aus den Schichten vergangener Vergänglichkeit in eine vergängliche Gegenwart« –, war er in einem abgelegenen Eifeldorf auf einem toten jüdischen Friedhof angekommen, er war krank und erschöpft, und später hat man mit Blick auf die *Frauen vor Flußlandschaft* von seinem Alterswerk gesprochen. Aber was ist das für eine seltsame Kategorie: ein Alterswerk? Und was heißt das überhaupt: ein Werk zu Ende schreiben? Ein Werk zu Ende schreiben – so etwas vollzieht sich natürlich nicht in der einfachen Fortschrittsvorstellung von Anfang und Ende; denn wie man die Ereignisse und Abläufe eines Lebens meistens nicht auf eine Gerade bringen kann, so ist auch die Vorstellung falsch, daß ein literarisches Werk sich immer weiterentwickeln kann. Ein solches Werk hat wie jedes Leben seine Kurven und auch seine Abwärtskurven, die manchmal sogar spannender sein können als die sogenannten Höhepunkte. Der alte kranke Böll, versunken in seine Erinnerungen – man könnte den Titel dieser Szene noch einmal bei Beckett ausleihen: Endspiel. Es war Heinrich Bölls Endspiel. Aber hat er nicht – was Reinhard Baumgart als erstem aufgefallen ist – von früh an ein Alterswerk geschaffen, das er selbst, nach einem Buchtitel aus den 60er Jahren, unter das Motto *Entfernung von der Truppe* gestellt hat? Ist Bölls ganzes Werk nicht ein Alterswerk in dem Sinne, daß es sich bei allem, was er geschrieben hat, den Romanen, den Erzählungen, den Hörspielen, den Essays, um Endspiele handelt, oder genauer, um hier seinen Begriff der »Fortschreibung« zu verwenden: um ein einziges langes Endspiel, in dem alles eng miteinander verknüpft ist, eine fortreichende Wortmusik? Noch einmal ein Bekenntnis zur Trümmerliteratur, indem er, wissend, daß die Vertreibung mit der Vertreibung der Juden begann, diesen toten versunkenen Friedhof verteidigte, diese verfallenen Grabmäler mit den schon fast unleserlich gewordenen Inschriften. Was für ein sprechendes Bild: ein verschlossener Friedhof als Ausdruck eines leeren und kalten Vergessens, gegen das sich Böll immer gewehrt hat. So machte er sich noch einmal auf die Suche nach der Erinnerung und recherchierte drei Monate lang die Geschichte der Juden von Drove, indem er auch mit überlebenden Zeugen sprach, und schrieb die Geschichte auf, gewidmet »dem Gedenken unseres verstorbenen Sohnes Raimund, dem ich nie erklären konnte, was auch mir unerklärlich blieb«. Gegen seine Niedergeschlagenheit verschrieb er sich die beste Medizin, die er kannte: Arbeit. Und – man mag es zunächst nicht glauben, wenn man sich die Szene auf dem Friedhof vor Augen führt – er hat in Drove noch einmal eine späte Genugtuung erfahren. In den vielen Gesprächen, die er mit Überlebenden, Juden und Nichtjuden, führte, war ihm nämlich eines gewiß geworden: Drove war nicht judenfeindlich, der Terror kam nicht aus dem Dorf, er wurde von außen hineingetragen.

Es bleibt gleichwohl ein eigenartiges Bild. Wenn man sich überlegt, was 1983 alles in Deutschland und in der Welt passiert ist, und sich dann vorstellt, daß Böll zu der Zeit in Küchen und Wohnzimmern von Drove saß, nachdem er auf einem toten Friedhof spazierengegangen war ... Es ist ja nun nicht alltäglich, daß ein Literaturnobelpreisträger mit einem Tonband unterm Arm nach Drove kommt und sich die Geschichte der Juden des Ortes erzählen läßt – und dann auch noch ohne jede Öffentlichkeit. Normalerweise stellt man sich das so vor: ein verschlossener Friedhof, zehn surrende Kameras nehmen auf, wie der Nobelpreisträger durchs Gebüsch eindringt, später Gedränge in den Drover Küchen und Wohnzimmern, alle Mikrophone sind geöffnet, die Drover schauen ein wenig verunsichert ... Nein, es war ganz anders, eine einsame Demonstration: Es gibt kein Foto, das Böll auf dem Judenfriedhof zeigt, und die Bänder, auf denen er die Gespräche in Drove aufgezeichnet hat – um später wörtlich zitieren zu können, ansonsten verließ er sich auf sein gutes Gedächtnis –, müssen als verschollen gelten, und die Recherche war auch kein finanzierter Auftrag eines Mediengiganten wie des *Westdeutschen Rundfunks* oder des *Spiegel*, sondern geschrieben wurde der kleine, gut zwanzigseitige Text für die Festschrift zum 25jährigen Bestehen der »Germania Judaica«.

Als ich ein gutes Jahrzehnt nach Bölls Tod die Drover Zeugen, die Böll befragt hat, besuche – einige von ihnen leben allerdings auch schon nicht mehr –, ist die Erinnerung an Böll noch ganz lebendig. Bevor sie ihn persönlich kennenlernten, hatten alle ein vorgeprägtes Bild von ihm. Gerade in der Eifel ist das nie vergessen worden: Böll hatte in Langenbroich nicht nur Alexander Solschenizyn nach dessen Ausbürgerung erstes Asyl gewährt; mitunter kam auch anderer Besuch, so 1972, als im Rahmen der Terroristenfahndung Polizeibeamte bei ihm klingelten und ihn baten, seine Gäste vorzustellen. »Wie schade«, schrieb der damalige Bundespräsident Gustav W. Heinemann, als er von der Aktion hörte, in einem Brief an Böll, daß er und seine Frau damals nicht zu Bölls Gästen gehört hätten: »Leider haben Sie uns zu diesem Staatsakt nicht rechtzeitig eingeladen. Das wäre doch großartig gewesen ...« Kein Wunder, daß angesichts dieser öffentlichen Bilder die Drover eine ganz andere Erwartung hatten, als sie Böll persönlich kennenlernten – wie zum Beispiel das Ehepaar Richter: »Ich hatte den ja ganz anders eingeschätzt, durch die damalige Propaganda: er sei ein totaler Linker; aber nachher war ich überrascht: das ist so ein feiner Mann gewesen, ein richtiger Vatertyp«, sagt Johann Richter. Böll, erinnert sich auch seine Frau, »war ein sympathischer, liebenswürdiger, angenehmer Mann, vor dem habe ich meine Hochachtung gehabt, er ist wirklich ein feiner Mann gewesen – und sehr ernst. Ein Lachen hatte er nie auf den Lippen.«

Im Gegenteil, er habe einen immer mit traurigen Augen angeschaut, haben mir alle übereinstimmend berichtet, die Geschichte der Juden sei ihm sehr nahegegangen, er habe sich die Geschichten meist sehr still angehört, habe überhaupt wenig gesagt, nur manchmal habe er Zwischenfragen gestellt. Bölls Neffe Viktor Böll, der an den Gesprächen in Drove teilnahm, hat diese Erinnerung bestätigt: »Böll war jemand, der nicht in die Leute eindringen wollte, sondern sich eher behutsam ihren Erinnerungen und den Phänomenen annähern wollte. Es kam ihm im wesentlichen darauf an, zu zeigen: die Juden in der Eifel oder in diesem speziellen Eifeldorf Drove waren ja völlig integriert, und dann ist von außen der Keil da hineingetrieben worden zwischen der jüdischen Bevölkerung und den anderen Bürgern.«

Noch von Drove aus – er hatte gerade das Judendenkmal entdeckt – rief Böll in der Gemeindeverwaltung Kreuzau an, die für Drove wie auch für Langenbroich zuständig ist, und ließ sich mit Peter Schumacher verbinden – Jahre zuvor hatte er ihn einmal kurz kennengelernt, als sein

Haus unter Denkmalschutz gestellt werden sollte und Schumacher den Vorgang bearbeitete. Und an diese kurze Begegnung erinnerte sich Böll – das war der Auftritt des Romanciers, der keine Nebenfigur in seinem Leben und Schreiben aus den Augen verliert. Schumacher wird den Anruf nie vergessen. Böll kam gleich zur Sache, ohne Einleitung, wie unter alten Bekannten. Ungefähr so: »Guten Tag, Herr Schumacher, hier ist Böll. Sagen Sie mal, wer hat wann den Judengedenkstein in Drove aufstellen lassen und was hat es mit diesem abgeschlossenen Judenfriedhof auf sich?« Kurz darauf fand Böll in seiner Post einen Brief des Fabrikarbeiters Karl Schröteler, den Schumacher im Gemeindearchiv aufgestöbert hatte. In diesem Brief vom November 1960 hatte Schröteler an den Gemeinderat von Kreuzau geschrieben, man möge doch endlich in Drove »unserer armen gemarterten Juden gedenken«. Er erinnerte, daß in diesem Jahr ein neues Friedhofskreuz und auch ein neues Ehrenmal für die im Krieg gefallenen Drover errichtet worden war, und bat, auch für Drover Juden einen Gedenkstein zu setzen, mit denen »wir älteren Drover«, wie Schröteler schrieb, auf der Schulbank gehockt und gespielt hätten. Ihm sei nie so recht wohl gewesen, kommentierte Böll später diesen Brief, wenn man allzuhäufig nur das Fehlen der Intellektuellen, der Ärzte, Wissenschaftler, Autoren, Künstler jüdischer Herkunft beklagt habe, den Verlust fürs »deutsche Geistesleben«. Nicht nur dieser Verlust sei zu beklagen. In dem einfachen Brief von Karl Schröteler an die Gemeinde Kreuzau würden keine Koryphäen beklagt, sondern verlorene, verschwundene Schulkameraden, werde zerstörte Nachbarschaft beklagt, eine Nachbarschaft, die jahrhundertealt gewesen sei. Zerstörte Nachbarschaft, Heimatvertreibung – da war Böll wieder auf sein ureigenes Thema gestoßen, und dieses Thema hat er dann am Beispiel der Drover Juden recherchiert. Er hat zum Beispiel eine Anzeige in einer israelischen Tageszeitung aufgegeben mit der Bitte, alle überlebenden Drover Juden möchten sich bei ihm melden; die Kontakte reichten später bis ins Vorzimmer des damaligen israelischen Ministerpräsidenten Menachim Begin, dort saß nämlich auch eine Droverin. Oder er hat den Leiter des Stadt- und Kreisarchivs Düren gebeten, ihm mittelalterliche Akten aus dem Düsseldorfer Staatsarchiv zu transkribieren. Im Laufe seiner Recherchen stieß er dann auch auf Klaus H. S. Schultes Dokumentation zur *Geschichte der Juden am linken Niederrhein* und fand darin die Namen sämtlicher deportierten Juden aus Drove und hat die Namen der Toten noch einmal ausgesprochen.

In Drove, wie auch anderswo, lebten die Juden mit ihren Friedhöfen, erzählte man Böll: »Sie richteten sich da ein, wo sie bleiben wollten und eine Bleibe hatten, wo sie gar nicht angenommen, integriert werden mußten, weil sie längst angenommen und integriert waren; weil sie längst dazugehörten. Es war ihr Dorf, sie waren Deutsche, so klug und so dumm wie ihre Nachbarn, sprachen deren Platt, fühlten sich nicht endlich, sondern längst zu Hause, hatten Verwandte in den Nachbardörfern, spielten Karten mit den Dorfbewohnern, turnten mit ihnen und spielten Fußball, nahmen an Kriegen teil, wurden verwundet, fielen, hatten ihre Vorurtei-

le, ihre Urteile ... Ihr Leben in den Dörfern war selbstverständlich, selbstverständlich auch der Umgang mit den nichtjüdischen Mitbürgern. Man kaufte sein Brot bei Leiser, ließ sich dort den Sonntagskuchen backen, kaufte Fleisch bei Schwarz-Treu oder Kaufmann und natürlich auch bei dem nichtjüdischen Metzger Nolden und die Farben und Tapeten bei Daniels. Da gab es sicher auch den einen oder anderen, der verbotenerweise mal nicht koscher, der Schweinefleisch essen wollte – die kamen heimlich zum Metzger Nolden und ließen sich's schmecken ... Kein Zweifel ist möglich: Aus dem Dorf kam der Terror nicht, fand dort kaum Unterstützung, wurde eher gemildert, umgangen. Warnungen wurden verbreitet, geflüstert, und als es nach der ›Reichskristallnacht‹ gefährlich wurde, noch mit Juden umzugehen, ›wußte man, auf wen man sich verlassen konnte‹. Das wußte man auch noch, als die Juden im Kaufmannschen Haus bis zur Deportation konzentriert wurden; es wurde für sie eingekauft, Verstecke wurden abgemacht, obwohl Verhör und Prügel vom eigenmächtigen und staatsmächtigen Terroristenführer H. drohten, der im Nachbardorf residierte.«

Es war wahrscheinlich diese nachbarschaftliche Solidarität, die Böll, den Drovern zuhörend, gutgetan hat. Peter Schumacher, der Böll die Kontakte vermittelte und neben Viktor Böll auch an allen Gesprächen teilnahm, hatte diesen Eindruck: »Böll war gelassen, aber sehr schwermütig«, erinnert er sich. »In Drove empfand er eine Wärme, und die hat er sehr gerne aufgenommen. Zu wissen, daß die Juden in Drove wohlwollend aufgenommen wurden, das war ihm eine Genugtuung. Er war nach jedem Interview erleichtert, es hat ihm gutgetan, er fühlte sich wohl.«

Was in Drove in der Nazizeit passiert ist, war natürlich so schrecklich wie anderswo auch. Die »Reichskristallnacht« war das Schockerlebnis für die Drover. Johann Richter, der alle Drover Juden gekannt hat und mit ihnen befreundet war, erinnert sich noch heute so daran, als sei es gestern passiert. Dabei hat er den Brand der Synagoge in der Nacht selber gar nicht mitbekommen – er wohnte damals mit seiner Familie außerhalb des Dorfzentrums: »Wir haben von alledem nichts gemerkt«, erzählt Johann Richter; »Zu dem Zeitpunkt war ich in Düren beschäftigt, mußte mit dem Fahrrad nach Düren fahren, und komme in Düren an, in der Schützenstraße, die völlig blockiert war von der Feuerwehr, da war ein großer Brand, und dort treffe ich meinen Vetter und frage: Was ist denn hier los? Ja, sagt er, die Synagoge brennt. Weißt du nichts von Drove diese Nacht, fragt er. Ich sagte: Was war denn in Drove? Die Synagoge ist dort auch abgebrannt, sagt er ... Und zwar sind das Leute aus Kreuzau gewesen, die von dem Ortsgruppenleiter Schmitz geschickt worden waren, die haben das gemacht. Die Drover wollten löschen – und sind weggeschickt worden.«

Tilmann Hoff, der damals zur Drover Feuerwehr gehörte und heute im Nachbarort Winden lebt, spürt man heute noch die Erregung über das Erlebnis an: »Sie müssen sich überlegen: morgens um vier Uhr geht die Sirene. Mir gegenüber wohnt der Brandmeister, ich gehe raus und frage: Wo brennt es? Er sagt: Ihr müßt antreten am Feuerwehrhaus. Befehl ist Befehl. Ich ziehe mich an, Helm auf, und zu acht gehen wir zur Synagoge. Da kommen die vier aus Kreuzau ... Wir sagen: Löschzug angetreten, vollzählig ... Die sagen: Jetzt geht ihr Stroh holen, Heu holen ... Ich denke: Was kommt dabei heraus ... Stroh holen, Heu holen? Die sagen: Wir haben Benzin bei uns ... Ich denke: was wollen die? Und dann sagten sie: ›Wir brennen die Synagoge ab‹ ... Da bin ich vorgetreten und habe gesagt: ›Ich mache das nicht mit. Ich bin in der Feuerwehr, um Brand zu löschen, nicht um Brand zu legen‹ ... Das habe ich wörtlich gesagt ... Und die anderen sieben hinter mir: nach Hause ... Am andern Tag, während der Mittagspause, fahr ich wieder nach Drove, komme dort an und ... ach, ach, ach ... hier noch ein Flämmchen, dort noch ein Flämmchen ... die Drover standen alle herum und waren am Heulen ... Da verschlägt's dir die Stimme, wenn du so etwas siehst ...«

Es verschlägt Tilmann Hoff heute noch die Stimme. So wie er und die anderen Zeugen mir die Geschichte noch einmal erzählt haben, so haben sie sie auch Böll erzählt, mit der manchmal immer noch bebenden Stimme, übrigens auch mit fast denselben Worten, die schon Böll zitiert hat – die Bilder haben sich tief eingegraben. Die Drover haben Böll alles erzählt. Zum Beispiel die Geschichte Robert Dahls, dessen Tochter einmal im Jahr aus England nach Drove kommt, um das Grab der Familie zu besuchen: »Ihr Vater, Robert Dahl, war ein beliebter Mitbürger in Drove, Vorsitzender und Förderer des Sportvereins ›Columbia‹. 1935, als er starb, war er 52 Jahre alt, Kriegsteilnehmer 1914-1918. An seiner Beerdigung nahm noch das ganze Dorf teil, obwohl die Teilnahme verboten war. Integration und Normalität lassen sich wohl kaum besser ausdrücken. Das ganze Dorf verehrte Robert Dahl. Kein Sportler im Dorf, dem er nicht zur Anschaffung seiner Kluft beigetragen und nach Fußballspielen mehrere Bier spendiert hatte. An der Beerdigung nahmen auch die Drover teil, die schon in der SA waren. Sie wurden registriert, bestraft, einige in Ausbildungslager ins ferne Pommern beordert ...«

Oder sie erzählten ihm von dem Pfarrer Johannes Kreitz, der seine Ministranten in die Drover Synagoge führte und ihnen Einrichtung und Ritus durch den Kantor Leo Kaufmann erklären ließ, der die jüdischen Mitbürger auch in seine Kirche einlud und gemeinsam mit ihnen und seiner Gemeinde das Laubhüttenfest feierte. Ein außergewöhnlicher Mann, fand Böll, und entdeckte im Laufe seiner Recherche Notizen von Kreitz, die er privat in seinem Tagebuch notiert, aber auch in der Kirchenzeitung öffentlich gemacht hatte. So stand am 5. März 1933, am Tag der Reichstagswahl, als, wie Böll erinnerte, im ganzen Reich die Nazis gegen Kommunisten, Juden, Sozialdemokraten und Zentrumsleute wüteten, in der Drover Kirchenzeitung zu lesen: »Für das Jahr 1788 ist in Drover Akten (Judenakten in meinem Privatbesitz) das Aufstellen einer Laubhütte beim Israeliten Levy Isaak im Drover Oberdorf bezeugt. Ein Peter Nolden aus Drove-Oberdorf hatte 1788 den Juden bei der Aufstellung seiner Laubhütte tätlich angegriffen. Der Mitherr von Drove, Ricker, befahl genaueste Untersuchung und Bestrafung.« »Schon heute wird kaum noch einer, im Jahr 2000 keiner mehr begreifen, daß es ein Akt des Widerstandes war, im März 1933 in einer Kirchenzeitung eine solche Notiz zu veröffentlichen«, kommentierte Böll. »Da sollte im Jahr 1788 einer bestraft werden, weil er einen Juden beim Errichten der Laubhütte ›tätlich‹ behindert hatte? Und das wurde publiziert in dem Jahr, in dem die an die Macht kamen, deren Pläne zur Judenvernichtung aktenkundig waren? Fünf Jahre später, am 10. November 1938, zerschlug man in Drove der jüdischen Jungfer Röschen Holländer ihren kümmerlichen Hauswarenladen, fegte die Regale leer, zerschmiß das Geschirr und scheuchte das dreiundsechzigjährige alte Mädchen, das nicht wußte, was da und warum es geschah, in die obere Etage ihres Häuschens (Hauptstraße, jetzt Drovestraße) 110. Das blieb nicht nur ungestraft, es geschah auf Befehl, wie die Brandstiftung in der Drover Synagoge.«

Wie die anderen Drover Nichtjuden wußten auch Johann Richter und seine Frau damals nicht, was geschah: »Man ahnte ja nichts. Man wußte ja nicht, wo werden die hingebracht? Was machen die mit den Leuten? Das wußte keiner. Es hieß, die würden wegtransportiert nach Israel«, sagt Frau Richter. »Es hieß dann auch: die kommen in ein Lager, die müssen im Osten Straßen bauen«, sagt Johann Richter. »Hat aber keiner weiter darüber nachgedacht. Alte Frauen können doch keine Straßen bauen, kleine Kinder auch nicht. Jeder hatte mit sich selbst zu tun. Jede Nacht war Luftalarm, da waren wir im Keller.«

Von den meisten Drover Juden, die deportiert wurden, hat man nie wieder etwas gehört. Nur von einem gelangte noch ein Lebenszeichen nach Drove – und das brachte ausgerechnet Tilmann Hoff mit, der sich seinerzeit geweigert hatte, zum Mitbrandstifter der Synagoge zu werden. Hoff war als Soldat in Rußland verwundet worden und befand sich auf der Rückreise, der Zug hielt lange, gut sechs Stunden, in Kiew, weil andere Züge auf dem Weg zur Front Vorfahrt hatten, und dann, erzählte er Böll, erkannte er auf dem Bahnhof Isidor Leiser, den Drover Bäcker, bei dem man immer Brot und Brötchen gekauft hatte. So wie Hoff mir die Geschichte erzählt, so wird er sie Böll erzählt haben, in dieser inneren Aufgewühltheit: »Ich bin 1941 Soldat geworden ... und wurde verwundet durch einen Splitter im Rücken, mußte zurück nach Deutschland ... Es war in Kiew. Da war ein Posten, der ging an den Waggons immer auf und ab ... Ich schaute über die Gleise, da lag drüben jemand in einer Ecke, ich dachte: da kratzt wahrscheinlich wieder jemand ab, so etwas mußt du mitmachen ... Saß ich da und guckte und guckte und guckte mir die Augen aus und dachte: Sakrament noch mal ... Ich ging zu dem Posten und sagte ihm: Kannst Du mal bis oben an die Lokomotive gehen? ... Was hast Du denn, fragte er. Ich vermute, sagte ich, daß ich da jemanden kenne ... Er ging auch. Ich ging zu demjenigen hin und sagte: Isidor. Derjenige zuckte zusammen und sagte: Tilmann ... Dann war die Stimme weg. Abgeschnitten. Tot ... Ich werde das nie vergessen, und ich habe auch lange darunter gelitten ... Wie die große Welt doch so klein ist ... daß so etwas möglich ist ... es klingt wie ein Märchen, aber so etwas kann man nicht erfinden.«

Ich habe mir oft vorgestellt, was Böll empfunden hat, als er den Geschichten der Drover zuhörte. Daß er sich wohl gefühlt hat, wie Peter Schumacher erzählt, glaube ich auch. Tilmann Hoff, wie er sich in Rage redet gegen den Krieg und überhaupt gegen das Militär – Böll hatte, was ein Schriftsteller selten hat, das Glück, während seiner Recherche in der Wirklichkeit Personen zu begegnen, die sonst seine Romane bevölkern. So wie Böll eines der großen Gedächtnisse dieses Jahrhunderts war, so hat auch Tilmann Hoff nichts vergessen von dem, was er erlebt beziehungsweise was man ihm erzählt hat. Andere Zeugen waren schweigsamer, Juden, die überlebt haben. »Wie deutsch die Juden waren, wie konservativ auch, dafür bürgt ihre Lebensweise, noch die Lebensweise der Überlebenden«, schrieb Böll. »Sie wohnen, wie andere Deutsche in diesen Jahrzehnten wohnen, sind eingerichtet wie diese, denken politisch wie die Mehrzahl der Deutschen, konservativ. Doch da gibt es einen, einen gewaltigen Unterschied: Sie fühlen sich nicht so sicher wie die Deutschen, die sich möglicherweise von außen, nie von innen bedroht fühlen können – auch die am stärksten ausländerfeindlichen Deutschen können sich nicht ernsthaft physisch von Ausländern bedroht fühlen! Aber die überlebenden Juden aus dieser beschriebenen Region wissen noch gut, daß es auch damals nur eine Minderheit war, die sie bedrohte, vertrieb und ihre Verwandten dem Tod auslieferte, und jede antisemitische Drohung, auch wenn sie von einer heutigen Minderheit ausgeht, bedeutet deshalb für sie mehr, als wir alle wahrhaben wollen, auch die Politiker, die Erhebungen über den latenten Antisemitismus wohlweislich unter Verschluß halten. Und natürlich kennt man sie noch, die Nazis, die überlebten, und denen es so schlecht nie ergangen ist und heute nicht geht. Namen werden kaum genannt, nur Initialen, nur selten schlüpft ein Name heraus, ein Ort, wo der oder jener wohnt. Einige der Überlebenden sind schweigsam, manche fast stumm, starr – der Schrecken sitzt ihnen noch in den Gliedern – nach 50 Jahren noch – und jede, auch die kleinste antisemitische Aktion oder Äußerung, und mag sie auch als ganz und gar ›untypisch‹ dargestellt werden, weckt die Angst, die da keiner ›ausreden‹ oder ›wegargumentieren‹ kann. Die Erinnerung ist zu stark, die Häuser, in denen sie und die, die ermordet wurden, gewohnt haben, stehen noch – die Friedhöfe sind tot. In Gey, wo alle deutschen Inschriften auf den Gräbern herausgehämmert, herausgekratzt wurden – da läßt sich nichts wiedergutmachen, und selbst Erinnerungen an Freundlichkeit und Freundschaft machen keinen Boden, auf dem man leben könnte. Die Erinnerungen an die jüdischen Mitbürger sterben mit denen aus, die sie noch gekannt haben. Es gibt noch Verbindungen zwi-

schen alten Schulfreunden und überlebenden Emigranten, Briefe werden gewechselt, Besuche, aber selbst die jüngsten der Ausgewanderten nähern sich den Siebzig; und keiner der Überlebenden lebt in dem Dorf, in dem er geboren und groß geworden, zur Schule gegangen ist. Ist verlorene gute Nachbarschaft möglicherweise ein schwerer Verlust, schmerzlicher zu ertragen als verlorene schlechte Nachbarschaft? Immerhin, da hatte einer wirklich Freunde, mit denen er zu Kirmessen und Tanzereien zog, ein jüdischer Onkel war Schützenkönig, seiner Gastlichkeit wegen berühmt – und da wurden Freunde plötzlich vorsichtig, distanzierten sich, mieden den Umgang, und selbst wenn man weiß, daß da ein Herr H. jeden zu sich bestellte, der ›zu lange mit einem Juden gesprochen hatte‹, Prügel und Schlimmeres androhte: Freunde und Kumpel zu verlieren, das ist vielleicht eine schmerzlichere Erfahrung als Freunde zu verlassen. Heimatvertrieben ist ein ernstes Wort. Ich verstehe die Dame, die aus Drove stammt, als junges Mädchen emigrierte, jetzt in den USA lebt und die nichts, nichts mehr hören will von Deutschland und aus Deutschland. Sie war eine Deutsche, Hauptperson einer wahnwitzigen Begebenheit, die uns von allen gleichlautend erzählt wurde. Sie war blond und wohlanzusehen, an Dürener Kinos wurde sie per Foto als ›Idealtyp‹ des ›Deutschen Mädels‹ propagiert, und als sie einmal, blond wie sie war, auf dem Dürener Markt sich mit dem ›extrem jüdisch aussehenden‹, aber ›rein arischen‹ Küster Winter aus Drove unterhielt, wurde sie von einem vorübergehenden Nazi angeschnauzt, wieso sie als deutsches Mädel mit einem Juden reden könne. Winter, dieser ›extrem jüdisch aussehende‹ Küster aus Drove, ist dann später auf Kreta gefallen. Der mörderische Wahnsinn des Rassismus läßt sich wohl kaum deutlicher darstellen als an dieser Begebenheit.«

Ein anderer jüdischer Emigrant ist nach Drove zurückgekommen: »Er kam als junger Offizier der US-Armee im Frühjahr 1945 nach Drove zurück, wo er geboren, zur Schule gegangen war. Ich will hier nicht in Fiktion verfallen und ›auszumalen‹ versuchen, was er empfunden haben mag, als er sein Elternhaus wiedersah, in dem die Deportierten zusammengepfercht gewesen waren, bevor sie verschleppt wurden, auch seine Eltern; den Friedhof mag er besucht haben, in dem acht Verstorbene seines Namens beerdigt waren. Er sprach noch den Dialekt der Gegend, besuchte Bekannte und suchte auch den einen Drover auf, der an der Brandstiftung der Synagoge beteiligt gewesen war, zwang ihn, sich zu bekennen, bedrohte ihn – und ließ ihn laufen.«

Eine Person wie aus einem Böllschen Roman muß auch Mechthilde Klinkenberg gewesen sein, die inzwischen verstorben ist; nach dem Gespräch mit ihr wollte Böll ihr sogar einen Orden verleihen. Für Peter Schuhmacher ist die Begegnung zwischen ihr und Böll unvergeßlich: »Es war ein kalter Morgen, Heinrich Böll war wieder sehr deprimiert durch den Tod seines Sohnes, und die Frau Klinkenberg nahm uns ganz herzlich auf, wir setzten uns nebeneinander auf ein altes Sofa, und sie hat uns dann aus ihrem Leben erzählt ... Ich werde das nie in meinem Leben vergessen, obwohl ich es nicht mit Worten wiedergeben kann: Wir saßen auf dem Sofa bei der Frau Klinkenberg, und dann lehnte Böll sich zurück, sah die Frau an, atmete manchmal tief durch ...« – »Ich weiß nicht, ob es ihr Freude machen würde ... anbieten sollte man ihn ihr: einen Orden für ›Tapferkeit vor dem Feind‹ und Treue bis zum letzten Augenblick«, schrieb Böll. »Sie wohnt, jetzt 82jährig, in Drove in einem kleinen Haus am Waldrand, dort, wo der Weg nach Soller führt. Von dort stammt sie, ein Bauernmädchen, das 1916 als Fünfzehnjährige in den Haushalt des Jakob und der Mathilde Daniel kam. Dort hat sie alles miterlebt, von 1933 bis 1941: die Brandstiftung an der Synagoge, die Drohung, daß der ›Hahn‹ auch noch drankomme, die Vertreibung der jüdischen Familien aus ihren Häusern, das Zusammenpferchen im Kaufmannschen Haus, den Abtransport, bei dem sie sich von dem Ehepaar Daniel verabschiedete. Sie war Hausangestellte bei Daniels von 1916 bis 1919, mußte, als ihre Mutter starb, zurück nach Hause, kam wieder zu Daniels von 1922 bis 1925 und noch einmal von 1927 bis 1932, bis zu ihrer Hochzeit – eine alte Frau, die geblieben ist, was sie als junges Mädchen und junge Frau schon war: herzlich, direkt, energisch. Sie hat es gut gehabt bei den Daniels, aß mit am Tisch, außer am Sabbat, wußte Milch- und Fleischding voneinander zu unterscheiden. Sonntags fuhr man nach Köln, nahm sie und auch ihren Verlobten mit, dann wurde bei ›Früh‹ am Dom gegessen, und anschließend ging's ins ›Kölner Hänneschen-Theater‹. Sie weiß mehr, als sie sagt, die dörfliche Verschwiegenheit ist bei ihr gut aufgehoben; doch gelegentlich ... bricht es aus ihr heraus: Zorn und Trauer über das Schicksal der Drover Juden. Sie nahm auch damals kein Blatt vor den Mund und blieb doch ungeschoren, beschimpfte den Gemeindediener, als er beim Abtransport der Juden triumphierte, fragte den Bürgermeister nach den Danielschen Wiesen, verteidigte den Büfettschrank – den Herr Daniel ihr geschenkt hatte, ›damit die Nazis ihn nicht bekommen‹. Der Schrank steht noch da, in ihrem Wohnzimmer, massiv, Eiche, schwarz gebeizt, wie er zu einer bürgerlichen Aussteuer um das Jahr 1914 herum gehörte. Wahrscheinlich nicht das einzige Möbelstück aus jüdischem Besitz, das noch in Drove existiert. Sie besorgte auch die Einkäufe, als die Juden im Kaufmannschen Haus zusammengepfercht waren. Von Pfarrer Kreitz wußte sie zu berichten, daß er nach jedem Krankenbesuch einen Schein unters Kissen schob, und beim Metzger Nolden gab's was ›extra‹ für die Juden! Eine außergewöhnliche Frau, ›einfach‹, wohnt da am Waldrand, wo Spaziergänger, die nichts ahnen können, an ihrem Haus vorbeigehen ...«

Wie das alles in einem judenfreundlichen Dorf wie Drove passieren konnte, das ist Böll unerklärlich geblieben. Viktor Böll erinnert sich an die Gespräche über die Gespräche, im Auto, auf dem Rückweg: »Dann hat man sich darüber unterhalten, was an Phänomenen zu beobachten war, was ganz einfach und immer wiederkehrend war: daß es sich wirklich um eine integrierte Gemeinschaft handelte, wo die Religion keine Rolle spielte; man wußte zwar: das sind Juden und das sind Christen, aber das spielte im dörflichen Leben überhaupt keine Rolle. Das war der Versuch, sich zu erklären: wie entsteht so eine fürchterliche Macht, die mit den tatsächlichen Lebensweisen überhaupt nichts zu tun hat, und warum kann sie so zerstörerisch wirken? Darum drehten sich immer die Gespräche, und man hatte auch keine Antwort ... Das hängt mit dem Phänomen des Nationalsozialismus zusammen oder mit dem Rechtsradikalismus, wie er sich in unseren Tagen zeigt ... Es ist unerklärlich, und es war auch Böll unerklärlich, wie die Widmung seines Textes zeigt ...«

So ganz unerklärlich war und ist das natürlich nicht. Es gibt zahlreiche Erklärungsmodelle, die auch einigermaßen plausibel sind. Die Gesellschaft in ihrer gegenwärtigen Gestalt, hat zum Beispiel Theodor W. Adorno gemeint, beruhe nicht auf Anziehung, auf Attraktion, sondern auf der Verfolgung des je eigenen Interesses gegen die Interessen aller anderen. Das habe im Charakter der Menschen bis in ihr Innerstes hinein sich niedergeschlagen. Was dem widerspreche, der Herdentrieb der sogenannten lonely crowd, der einsamen Menge, sei eine Reaktion darauf, ein Sich-Zusammenrotten von Erkalteten, die die eigene Kälte nicht ertragen, sie aber auch nicht ändern können. Jeder Mensch heute, ohne Ausnahme, fühle sich zu wenig geliebt, weil jeder zu wenig lieben könne. Unfähigkeit zur Identifikation sei fraglos die wichtigste psychologische Bedingung dafür gewesen, daß so etwas wie Auschwitz sich inmitten von einigermaßen gesitteten und zivilisierten Menschen habe abspielen können. Aber hat Böll nicht genau gegen das protestiert, was Adorno in diesem Wort Kälte zusammengezogen hat? Bekommt da nicht das, was Böll selber seine »Fortschrittsfeindlichkeit« genannt hat, eine eminent fortschrittliche politische Dimension? Die Juden, schrieb er, seien verschleppt worden in diese große Neuerung der modernen Geschichte: den industrialisierten Mord. Wenn man es genau betrachte, sei die Vernichtung der Juden in Europa und Deutschland eine ungeheuer fort-

schrittliche Sache gewesen: »Diese exakte Verwaltungsarbeit, die dazugehörte, war eigentlich eine Vorwegnahme des Computers ... Wie das funktioniert hat ... von der letzten Armbanduhr eines jüdischen Mädchens in Osnabrück oder Köln-Ehrenfeld bis zur Ermordung in Auschwitz, das kann man auch als fortschrittlich bezeichnen, weil es so geklappt hat, so im Grunde rationell war mit einem irrationalen Hintergrund. In diesem Sinne bin ich permanent fortschrittsfeindlich.«

Hinter der Frage nach der Erklärbarkeit oder Unerklärbarkeit steht natürlich noch eine andere Frage: Wann und wo muß der Widerstand anfangen? Böll in Mutlangen – das war nackter Widerstand. Böll auf diesem toten jüdischen Friedhof in der Eifel – das war Erinnerungsarbeit als

Widerstandsarbeit. Es gebe sehr viele kluge, sehr gescheite, schreibgewandte junge Leute, hat er einmal gesagt, die auf eine beunruhigende Weise informiert, die gebildet seien, Zusammenhänge erkennen würden, über den dritten punischen Krieg so gut Bescheid wüßten wie über Faulkner; er frage sich nur, wo ihr Widerstand anfange oder anfangen würde. Diesen Mut zum Widerstand habe ich gefunden in dem kleinen Text über die Juden von Drove. Wirklich: eine einsame Demonstration. Beckett hätte die Szene erfinden können: vor einem verschlossenen Tor zu stehen und sich Eingang zu verschaffen und dann auf etwas zu stoßen, was Geschichte ist ... Nur daß Böll die Szene nicht spielen konnte. Er hat sie gelebt.

Wir haben den Friedhof verlassen und stehen auf der Straße, zwei, drei Fotos noch, da nähert sich, von Drove kommend, auf beunruhigende Weise langsam fahrend ein Landrover. Der Fahrer schaut uns beim Vorbeifahren mißtrauisch an, hält nach zweihundert Metern an einer Waldlichtung, wendet, kommt zurück, hält, öffnet das Fenster, lacht jetzt und sagt: »Dann ist ja alles gut ...« Der Mann und die Frau auf der Wiese, die mit ihren Pferden beschäftigt waren und uns beim Betreten des Friedhofs beobachtet haben, werden ihn alarmiert haben. Es kämen so selten Besucher zu dem Friedhof, erzählt der Landrover-Fahrer, und leider seien darunter auch schon Grabschänder gewesen. Wie schön, daß die Drover Obacht geben, wir verabschieden uns herzlich und machen uns auf den Weg nach Embken.

Unterwegs an diesem frühen Abend auf der kleinen Landstraße, kein Verkehr, in der Ferne nur manchmal einige Gehöfte, allein wieder mit den Geräuschen des Windes und dem leise abklingenden Gesang der Vögel, über uns eine riesige Formation dunkler Wolken, die sich zu einer Gewitterfront zusammenziehen, ist Deutschland nah und fern zugleich. Gespräch darüber, warum Heinrich Böll, zu Lebzeiten neben Jean-Paul Sartre der mächtigste Schriftsteller Europas, bald fünfzehn Jahre nach seinem Tod mit seinem Werk fast völlig aus den öffentlichen Diskussionen verschwunden ist. Fünfzig Jahre Bundesrepublik, und in den Feiern tauchte sein Name allenfalls als Fußnote auf. Vielleicht sind seine Bücher, die eine andere Lesart der bundesrepublikanischen Geschichte vorgeschlagen haben, zu nahe an der Gegenwart der letzten fünfzig Jahre entlanggeschrieben, als daß spätere Generationen sich darin wiedererkennen könnten, weil sie auch mit dem Mief der alten Republik, den Bölls Bücher notgedrungen mittransportierten, nichts mehr zu tun haben wollen. Ganz im Sinne Robert Musils als Schriftsteller ein Anwalt der Zeit gegen die Zeit, hat Böll in seinen späten Lebensjahren, was zu seiner Depression beitrug, erlebt, wie er den imaginären Kontakt mit seiner Zeit zunehmend verlor. Sein Lebensdrama war, daß seine eigene innere Lebensbewegung den geschichtlichen Wandel der Nachkriegszeit nicht mehr begleiten konnte, sondern Böll versuchte vielmehr, sich dagegen abzusetzen und in der Reservatio zu leben. Ein Repräsentant der Nachkriegszeit, der in der Reservatio gelebt hat – das erklärt aber natürlich auch Bölls – im Laufe der Zeit mehr und mehr und zuletzt fast nur noch mit der Wirkung seiner Person und nicht mehr seines Werks verbundenen – Sprengkraft, zugleich jedoch auch seine Zerrissenheit und seine Widersprüche und nicht zuletzt die Selbstentfremdung, in die er hineingetrieben wurde. Was mag er empfunden haben, als er in Langenbroich die Monologe und Dialoge seines letzten Romans *Frauen vor Flußlandschaft* montierte und von den Hügeln der Voreifel, in der Ferne auf die Spitze des Kölner Doms und die Silhouette des Siebengebirges schauend, zugleich zurückblickte auf den Rhein? Heimat? »Wenn dieses merkwürdige Land je so etwas wie ein Herz gehabt hat, lag's da, wo der Rhein fließt«, wußte Böll noch 1972 in Stockholm. Aber der Mythos Rhein hatte seine Ausstrahlung und Kraft teilweise verloren und war für ihn am Ende längst auch schon ein Grab geworden. »Was mag sich da alles vermischen im grünen Schleim: Totenköpfe und schwarz-weiß-rot betroddelte Degen, Ehre, abgeworfen in Schrecksekunden der Geschichte, als grinsende Neger focken German Nazis suchten«, sinniert eine Frau abends auf einer Bank am Rhein. »Ach, ihr sieben Zwerge hinter den sieben Bergen, was könntet ihr alles erzählen?« Eine andere Frau kann ihre Lebenserfahrung nur noch in einem Satz zusammenfassen, den sie in der Schule gelernt hat: »Wo immer die Welt am schönsten war, da war sie öd und leer.«

Auf dem Bahnhof von Embken ist der Zug nach Aachen Nord angekündigt. Er wird nicht ankommen. Die Gleise sind entfernt, den Bahnhof vermietet die Stadt Nideggen als Grillhütte. Ein schönes Dorf, in den 80er Jahren mit einem Goldpreis ausgezeichnet in dem Wettbewerb »Unser Dorf soll schöner werden«; aber von dieser Schönheit haben nur die Embkener etwas, da kaum ein Fremder sich in den von allen in die

Eifel führenden Hauptstraßen isoliert liegenden Ort verirrt. Man lebt unter sich. Ein öffentliches Wohnzimmer gibt es immerhin, den »Paländer Hof«, an einem kleinen Bach gelegen, der sich durch das Dorf schlängelt. Am Tresen Statements zur Weltpolitik und der Dorfklatsch. Einer arbeitet auf dem Fliegerhorst in Nörvenich, einer bei der Telekom in Düren, ein anderer besitzt einen Antiquitätenladen auf einer nahen Burg, und die beiden im Dorf noch arbeitenden Bauern kommen gerade so zurecht. Noch einmal fällt uns Böll ein mit seinem Hinweis, daß in jedem kleinen Dorf die Welt ganz ist, nicht im Sinne von heil, sondern vollständig – in ihrer Problematik, Zerbrechlichkeit und Verletzlichkeit. Die Probleme, die sich das kleine Fritzchen als die Probleme der großen

Leute in der weiten Welt vorstelle, meinte Böll, seien meistens Probleme der Langeweile, oft künstliche Probleme, oder oberflächliche, und sie würden meistens oberflächlich – durch Geld nämlich – gelöst, oder durch Gewalt. Insofern sei das Regionale oder sogar das Lokale das eigentliche Internationale. Ein letztes Bier noch, denn in Embken gibt es keine Zimmer zu mieten, wir müssen noch den Berg hinauf in den nächsten Ort, wo in dem kleinen Gasthof das Zimmer nach altem Brauch »Fremdenzimmer« heißt. Das angekündigte Gewitter entlädt sich und wird begleitet und dann abgelöst von einem Landregen, der bei geöffnetem Fenster leise aufs Dach trommelt und in den Schlaf. Ach, manchmal genügen ja drei Tage in einer fremden Nähe oder nahen Fremde, um auszuatmen.

Vom Geheimnis der Stille in dieser lärmenden Welt
Auf der Insel Nonnenwerth im Rhein

Die Besucherin kam am Nachmittag des 4. August auf die Insel und erregte sofort Aufsehen, weil sie ihren Namen nicht preisgeben wollte. Zu der Art, das Geheimnis und die Besonderheit ihrer Person zu inszenieren, gehörten ein herausfordernder, selbstbewußter Blick auf die Welt, ein schon aufgrund ihres französischen Akzents auffälliger individueller Gebrauch der Sprache und eine fast den Eindruck von Schweben erweckende Leichtigkeit in ihren Bewegungen, die durch die pariserische Eleganz ihrer Kleidung unterstrichen wurde. Als am nächsten Morgen bekannt wurde, daß nachts noch ein weiterer geheimnisvoller männlicher Besucher eingetroffen und unmittelbar zu der »Dame« ins Zimmer gegangen war, überschlug sich die Neugier der Inselbewohner. Bis mittags mußten sie allerdings warten, ehe sich das Geheimnis um die beiden Fremden teilweise aufklärte. Da erzählte nämlich ein Feriengast nach einem Spaziergang, die »Dame« sitze »im Wäldchen, und mir deucht, der Herr, der neben ihr sitzt, ist Franz Liszt«.

Es war Franz Liszt, der an diesem Augusttag des Jahres 1841 auf der Rheininsel Nonnenwerth einen mehrmonatigen Arbeitsurlaub begann, der ihm so guttat, daß er auch in den beiden folgenden Jahren wiederkam. Für 1842 und 1843 ist erwiesen, daß er mit seiner Lebensgefährtin, der Gräfin Marie d'Agoult und seinen Kindern Cosima – der späteren Frau Richard Wagners – und Blandine die Sommermonate auf Nonnenwerth verbrachte. Aber wer war die Frau in seiner Begleitung bei seinem ersten Aufenthalt 1841? War es George Sand? Das vermuteten damals alle auf der Insel, und das wird bis heute auch von allen Biographen Liszts behauptet. Es gibt ein Tagebuch der Baronin Margarethe von Cordier, in dem der Aufenthalt Liszts und seiner Begleiterin festgehalten ist. »In mir steht es fest«, notierte Margarethe von Cordier, »es ist die Sand, nur sie allein kann alles das sein, was ich sehe und höre, die Wahl der Bücher, alles, und die ganze Gegend sagt dasselbe, und so ganz und gar denke ich sie mir bis auf die Toilette.« Ein anderer Feriengast, die Baronin Marie von Cettritz, hat in zahlreichen Briefen ebenfalls diese Sommermonate dokumentiert, wie Margarethe von Cordier überwältigt von der Attraktion, die Liszts Anwesenheit auf der Insel darstellte und die sich bald im Rheintal zwischen Bonn und Koblenz herumsprach und zahlreiche Neugierige auf die Insel lockte – Liszt war als Komponist und Pianist damals schon eine europäische Berühmtheit. Ein langer, mit Musik, Tanz und großen Festessen gestalteter Sommertraum, der sich bis in den Herbst zog und mit der Feier zu Liszts 30. Geburtstag am 22. Oktober endete. Im Lauf der Zeit freundete sich Marie von Cettritz mit der für George Sand gehaltenen »Dame« an und war nicht wenig überrascht, als diese erzählte, »daß sie sehr guten Punsch machen könne, sie habe ihn von der George Sand gelernt«. Dann war die geheimnisvolle Dame also doch nicht George Sand?

Es spricht einiges dafür, daß Liszts Lebensgefährtin Marie d'Agoult auch schon in diesem Sommer 1841 mit auf der Insel war. Liszt hatte Nonnenwerth 1840 während einer Tournee durchs Rheinland entdeckt und Marie d'Agoult eine Zeichnung geschickt mit dem Vorschlag, die Ferien dort gemeinsam zu verbringen. Auf der zwei Kilometer langen und zweihundert Meter breiten Insel befindet sich als einziges Gebäude ein 1126 gegründetes Nonnenkloster, das zu Liszts Zeit, nachdem die Preußen die Insel öffentlich hatten versteigern lassen und die Schwestern Nonnenwerth verlassen mußten, als Hotel geführt wurde. Ein wunderbar abgeschiedener Ort, wird Liszt Marie d'Agoult wahrscheinlich vorgeschwärmt haben, eine Insel mitten in Deutschland und als romantische Idylle mit Blick auf den Rolandsbogen am einen Ufer und das Siebengebirge mit dem Drachenfels am anderen Ufer geeignet, um während des Arbeitsurlaubs eine Balance zu finden zwischen Leben und Kunst. Denn als Folge von Liszts gefeierten Konzertreisen durch Europa, bei denen ihm vor allem die Frauen zu Füßen lagen, war die Beziehung derart spannungsvoll geladen und strapaziert, daß Marie d'Agoult sogar erwog, sich von Liszt zu trennen. Es war Liebe, was die beiden verband, aber die beiden waren auch, wie – die nun wirkliche – George Sand gemeint hat, »Sklaven der Liebe«. Da war der Ferienaufenthalt auf Nonnenwerth von Liszt sicher geplant als Versuch, die Beziehung mit Marie d'Agoult wieder zu »beruhigen« und in Sicherheit zu bringen. »Er kann nur schreiben, komponieren, wenn sie da ist, er sitzt neben ihr, singt oder spielt ihr die eben niedergeschriebenen Noten vor«, berichtete Marie von Cettritz in einem

Brief. Angeregt von dem Ort, komponierte Liszt, nach einem Text von Felix Lichnowsky, das Stück *Die Zelle von Nonnenwerth*, eine leichte, liebesverspielte Melodie, durch die sich aber auch ein dunkler Ton hindurchzieht, die Melancholie, und in der alles enthalten scheint, was Liszt auf der kleinen Insel im Rhein empfunden, gedacht und erlebt hat, nämlich Willkommen und Abschied in einem, über Tage, Wochen, Monate, Jahre – denn nach dem letzten gemeinsamen Aufenthalt auf Nonnenwerth im Jahr 1843 trennten sich Liszt und die Gräfin d'Agoult.

Wie erreicht man den poetischen Ort? Je nachdem aus welcher Richtung man kommt, steigt man am Bahnhof von Bonn-Bad Godesberg oder Remagen in den Bus der Linie 852, der nach guten zwanzig Minuten direkt vor Nonnenwerth hält. »Unbefugten ist der Zutritt zur Insel verboten«, steht auf einem Schild, und der Fährmann hat auch strikte Order, die Einhaltung des Verbots zu sichern. Als Hotel hielt sich das Kloster in den 40er Jahren des vorigen Jahrhunderts nur kurze Zeit, so daß die Schwestern zurückkehren konnten und das Klosterleben weiterging. Im Kloster untergebracht war nach 1945 auch ein Mädcheninternat, das Ende der 70er Jahre aufgelöst wurde. Statt dessen richteten die Franziskanerinnen, die das – ursprünglich von Benediktinerinnen gegründete – Kloster führen, ein privates, staatlich anerkanntes Gymnasium für Jungen und Mädchen ein; 700 Schülerinnen und Schüler kommen heute täglich auf die Insel und werden von 55 Lehrern unterrichtet. Aber die Schwestern vermieten auch Zimmer, und wenn man sich ordentlich angemeldet und eine Anmeldebestätigung bekommen hat, heißt einen der Fährmann willkommen. Zwei-, dreimal gibt er Gas, dann gleitet die Fähre fast lautlos zur Insel, die in dieser Jahreszeit umgeben ist von einer grünen Mauer aus dicht stehenden hohen Bäumen und von außen, weil nur der Barockturm der Kirche zu sehen ist, geheimnisvoll-verwunschen wirkt. An einem Wochenende, wenn keine Schüler auf der Insel sind, ist es wunderbar still hier, und es stellt sich bald das Gefühl ein, die Insel als Traumort nutzen zu können, abgeschnitten von der Welt, aber als Ort, wo alles Wichtige beisammen sein und sich zeigen müßte. Dahinter steht vielleicht der Wunsch, Zeit zu haben und sie auf dieser Insel langsamer vergehen lassen zu können, als dies unter den gewohnten praktischen Zwängen des Alltags möglich ist, auch bewußter und vielleicht sogar im Widerstand gegen die Formen, die einem von der Gesellschaft

fürs praktische Leben angeboten werden. Viele traditionelle gesellschaftliche Verkehrsformen und psychische Überlebensregeln sind auf der Insel auch außer Kraft gesetzt, vor allem die beliebte gängige Identitätsversicherung nach der Devise »Ich kaufe, also bin ich«. Für den, der tagsüber keine Ausflüge ins Rheintal unternimmt und die Insel folglich nicht nur als Nachtquartier nutzt, sondern die ganze Zeit auf ihr verbringt, dürfte Nonnenwerth der einzige Ferienort in Deutschland sein, wo es keine Möglichkeit zum Geldausgeben gibt, abgesehen von den 51 Mark pro Tag und pro Person für die Unterkunft inklusive Vollpension (mit frischen Brötchen zum Frühstück, die der Fährmann morgens auf die Insel bringt). Die fehlende Möglichkeit, an der Konsumgesellschaft teilzunehmen, mag manchen allerdings verunsichern. Auf dieser kleinen Insel, die man nach der letzten Fährverbindung um 20 Uhr wirklich als einen Ort wie abgeschnitten von der Welt empfindet, ist man immer wieder auf sich selbst verwiesen und muß ganz aus sich heraus leben, nicht nur physisch, sondern auch psychisch-geistig zum Fußgängerdasein verurteilt. Wenn man das kleine Territorium der Insel abschreitet und begreift, daß die Welt nur nach außen projizierte Innenwelt ist, kann man die Erfahrung nachvollziehen, von der Jules Renard in seinem *Journal* gesprochen hat: daß »wir uns immer nur um uns selber drehen können, unser eigenes kleines enges Dasein betrachten, wo es zuweilen so dunkel ist«. Gegen solche aus einer typischen Inselerfahrung herrührende Beunruhigung, die möglicherweise in ein niederziehendes Erschrecken sich ausweiten kann, haben die Benediktinerinnen 1704 eine »Geistliche Richtschnur des Lebens und Sterbens« entwickelt und sie in einem »Haushaltsbuch« als Vorspruch notiert: »Wie du glaubst, so lebst, wie du lebst, so stirbst du. Wie du stirbst, so fährst, wie du fährst, so bleibst du. Im Himmel zur Freud, in Hölle zum Leid, an beiden Orten in Ewigkeit«, heißt es da. »Deswegen: Glaub nicht alles, was du hörst, tu nicht alles, was du magst, sag nicht alles, was du weißt, begehr nicht alles, was du siehst, brauch nicht alles, was du hast, zeig nicht alles, was du kennst.« Der Text schließt: »Richte nicht mich und die meine. Sorg vor dich und die deine. Siehe auf dich und nicht auf mich. Tue nicht unrecht und hüte dich.«

In anderer Hinsicht beunruhigt durch die Lektüre einer Zeitungsnachricht während der Hinreise, der Microsoft-Gründer Bill Gates habe die Parole ausgegeben, ab dem Jahr 2000 dürfe auf keinem Schreibtisch mehr ein Blatt Papier liegen, schleppte ich meine schwere Reisetasche voller Bücher auf die Insel, deren fast tausendjährige Geschichte als Lebensort aufbewahrt ist, weil sie Schrift geworden ist. Vielleicht ist gerade diese abgeschiedene stille Klosterinsel der ideale Ort, um, bevor alles in den Reißwolf kommt, noch einmal innezuhalten und sich zu vergewissern, ob im Wort, im Ursprung des Wortes, in der Literatur als der letzten Schriftlichkeit des Urerlebnisses der Schöpfung sich etwas bewahren läßt, was in allen elektronischen, digitalisierten Sprachen nicht aufzuheben ist. Ist das Geheimnis der Stille auf dieser Rheininsel nicht vergleichbar mit dem Geheimnis, von dem alle Literatur spricht und das nicht nur in den weißen Leerstellen zwischen den Wörtern, sondern auch in den dunklen Schattenbereichen, die die Wörter zeichnen, verborgen ist, das Verschwiegene und noch nicht Gesagte, vielleicht auch das Unsagbare? Was wäre, wenn dieses kleine Mysterium der geschriebenen und gedruckten Aussage von der Erde verschwände? Der französische Philosoph Maurice Blanchot hat vermutet, daß am Tag, »da dieses Licht erlischt«, sich »zur Verblüffung des gesunden Menschenverstandes nicht durch Schweigen, sondern durch die Verdrängung des Schweigens … das Zeitalter ohne Wort ankündigen wird. Nichts Schwerwiegendes, nichts Lärmendes, zur Not ein Gemurmel, das dem wirren Getöse, unter dem wir zu leiden wähnen, nichts hinzufügen würde … Ein literarisches Werk ist für jeden, der einzudringen versteht, ein ergiebiges Weilen in der Stille, eine feste Schutzwehr … Wenn in diesem imaginären Tibet, wo niemand mehr an den heiligen Zeichen zu erkennen wäre, alle Literatur aufhörte zu reden, so litten wir Mangel an Schweigen.«

Daß die Zeit auf Nonnenwerth ein wenig stehengeblieben ist, spürt man sofort, wenn man die Insel betritt. Die Satellitenschüssel auf dem Klosterdach signalisiert zwar, daß man an die modernen Informationsquellen angeschlossen ist, auch weil die Schüler damit umzugehen lernen müssen, aber äußerlich hat sich seit Liszts Aufenthalt kaum etwas geändert; lediglich die Fahrstühle im Klostergebäude und das elektrische Licht sind hinzugekommen. Früher war die Insel nachts in Kerzenlicht getaucht. Der Amerikaner James Fenimore Cooper, Autor der *Lederstrumpf*-Romane und einer aus der Schar der illustren Inselgäste während der Hotelzeit des Klosters, schrieb in einem Brief nach Hause: »Wir sind

auf einer Insel im Rhein halben Wegs zwischen Köln und Koblenz in einem verlassenen Benediktinerkloster eingemietet. Ich schreibe dir diese Zeilen aus dem ehemaligen Refektorium ..., während der Rhein seufzend unter meinem Fenster vorbeifließt und der Drachenfels sich ganz im bleichen Mondlicht zeigt. Unsere Insel ... bedeckt etwa 100 Acres und bildet ... eine richtige Wildnis, bizarr geformt und mit Weiden bestanden. Wir haben einfache Kerzen, aus Talg und Binsenmark hergestellt, die hier, wo man 50 Kerzen benötigte, ein so eigenartiges und schattenreiches Halbdunkel hervorrufen, daß ich mich nicht erinnern kann, bei vielleicht einer Ausnahme, auf unserer ganzen Pilgerfahrt eine ›romantischere‹ Stimmung erlebt zu haben.«

Die Wildnis, die Cooper sah, ist nur noch auf der Nord- und Südspitze von Nonnenwerth erhalten, man braucht feste Schuhe, um sich über große Steinfelder dorthin durchzukämpfen. Auf beiden Inselspitzen ist der diluviale Ursprung der Insel erahnbar, entstanden aus einer Flußverwilderung, die am Rheinkilometer 637, gegenüber von Unkel, wo der Fluß 260 Meter breit ist, begann und in der Talweitung bei Bad Honnef mit einer Flußbreite von 885 Meter endete und Nonnenwerth entstehen ließ, angelegt aus Geröll und Geschiebemassen unterhalb eines Felssporns, der sich vom Basalthang am Rolandsbogen bis ins Flußbett fortsetzt. Zur Zeit der Gründung des Klosters hatte die Insel eine Größe von 120 Morgen, heute umfaßt sie noch circa 70 Morgen – der Rest des Landes wurde in den letzten tausend Jahren fortgespült durch Eisgang und Hochwasser. Auf dem größten Teil der Insel ist die Wildnis heute einer blühenden, gepflegten Parklandschaft gewichen, mit Spazierwegen und vielen Bänken unterwegs, und man fühlt sich erinnert an die alte Gründungszeit, als Nonnenwerth noch »Liebfraueninsel« hieß, »Insula Beatae Mariae Virginis«, geweiht der heiligen Jungfrau Maria als Patronin der klösterlichen Gemeinschaft, während die Kirche von Anfang an dem heiligen Clemens geweiht war. Das Kloster ist im Laufe der Jahrhunderte mehrmals abgebrannt und immer wieder neu aufgebaut worden. Nach dem letzten Brand im Jahr 1723 hat die damalige Äbtissin, auch wegen der ständigen Hochwassergefahr, die ganze Insel einen Meter zwanzig aufschütten lassen – eine erstaunliche Leistung für die damalige Zeit –, danach baute der Koblenzer Architekt Nikolaus Lauxen das Kloster im spätbarock-klassizistischen Stil neu auf, so wie wir es heute noch sehen. Auch der Name der Insel hat eine bewegte Geschichte hinter sich, wie Schwester Michaele erzählt, die seit über 40 Jahren auf der Insel lebt und die Bibliothek leitet. Bei Gründung des Klosters hieß die Insel noch Ruleicheswerd, in anderen Schreibweisen auch Rulingiswerd und Ruleckeswerd. »Der Name ist keltischen Ursprungs«, erzählt Schwester Michaele. »Viele Inseln haben in ihrem Namen diese Bezeichnung ›Werd‹, ›Werde‹«, ›Werth‹, wie Grafenwerth, die Halbinsel nebenan. ›Werth‹ heißt einfach Insel. Und das ›leih‹ in der Mitte könnte auch aus dem Keltischen kommen, Steinfels, Loreley. Und ›Ru‹ steht wahrscheinlich für Rudianus, den keltischen Kriegsgott, so daß man sagen kann: es ist die Insel am Berg des Rudianus. Da dieses Wort ›Ruleicheswerde‹ heidnischen Ursprungs ist, mußte es christianisiert werden, und daraus wurde Rolandswerth. Das war im 13. Jahrhundert. Zur Insel gehörten natürlich Höfe, Weinberge und Wälder, und hier gegenüber, an der B 9, wurde auch schon 1148 ein Hospital gegründet, das sogenannte Nicolas-Hospital, das ebenfalls zur Insel gehörte. Und dann wurden dort im Laufe der Zeit auch andere Häuser gebaut, und es entstand ein kleiner Weiler ... Non-

nenwerth als Name kommt bei uns in den Büchern zum ersten Mal im 17. Jahrhundert vor, verschwindet dann aber wieder. Erst im 19. Jahrhundert, als Nonnenwerth keine Insel der Nonnen mehr war, weil die Schwestern die Insel 1821 verlassen mußten, setzte sich das Wort Nonnenwerth durch.«

Ein langer leichter Spätsommernachmittag in dieser grünen Landschaft voller wunderbarer alter Bäume, ich sitze an einem Tisch auf einer Wiese mit Blick auf das an diesem Tag klar konturierte Siebengebirge, links, über den kleinen Klosterfriedhof hinweg, geht der Blick hinauf zum Rolandsbogen. Ob Bundeskanzler Gerhard Schröder, als er den amerikanischen Präsidenten Bill Clinton auf den Rolandsbogen zum Abendessen einlud, ihm auch die Sage vom Ritter Roland und der schönen Hildegund erzählt hat? Als Hildegund die Nachricht erhielt, Roland sei bei einem Feldzug in Spanien gefallen, legte sie den Schwur ab, lebenslang im Kloster auf Nonnenwerth zu leben. Roland aber lebte und kam zurück, erfuhr die Nachricht von dem Schwur – und zog sich auf die Rolandsburg oberhalb von Nonnenwerth zurück und schaute, wie

Karl Simrock in seiner Ballade geschrieben hat, »zeitlebens zum Tode wund / hinab auf das Kloster im Rhein.«

Der Blick geht auch immer wieder hinüber zum größten und schönsten Baum der Insel, einer Platane, die Liszt zu seinem 30. Geburtstag am 22. Oktober 1841 gepflanzt hat. Ein leichter Wind, dessen Geräusch man nicht hört, bewegt ihre Blätter. Die Bäume auf Nonnenwerth werden schon Liszt in der ihnen eigenen Sprache etwas von der Welt und einem im Verlauf der Zeit immer wieder unerwartet plötzlich drohenden Weltentzug erzählt haben, der für Liszt einherging mit dem drohenden Ende der Beziehung zu Marie d'Agoult. Von Nähe und Ferne, die nicht immer zu unterscheiden sind, von Anfang und Ende und von der Angst, etwas zu Ende bringen zu müssen und es nicht zu Ende bringen zu können, erzählt sein Stück *Die Zelle von Nonnenwerth* auch. Liszt ist mit der Geschichte, die er mit und auf Nonnenwerth erlebt hat – er wollte die Insel kurz sogar einmal kaufen, scheute dann aber vor den Kosten zurück – nie zu Rande gekommen, die Erinnerung an die Insel ist für ihn auch nach oder gerade wegen der – sehr unschön verlaufenen – Trennung von Marie

d'Agoult immer unverlierbar geblieben. Er hat das Stück ständig überarbeitet, es gibt insgesamt neun Versionen, die letzte entstand 1888, also 45 Jahre nach dem letzten Aufenthalt auf Nonnenwerth und dem Abschied von Marie d'Agoult. Als sollte das Stück wirklich sein, was in der Schlußzeile behauptet wird: »Dies, das letzte meiner Lieder, ruft dir: Maria, komme wieder!«

Nach dem Abendessen mit Brot, Käse, Aufschnitt, Tomaten und verschiedenen Teesorten noch ein kurzer Gang zum Inselstrand. Einige Schiffe fahren vorbei, Frachtschiffe und auch einige Ausflugsdampfer auf der Heimfahrt, von Bord erklingen die ewigen Schnulzen, warum es angeblich am Rhein so schön ist. Gegenüber, auf der zu Bad Honnef gehörenden Halbinsel Grafenwerth, genießen an diesem Abend im Biergarten viele Besucher die letzten Spätsommertage. Die Empfindung wird ihnen fremd sein, die Ernst Moritz Arndt, zwischen 1822 und 1850 oft zu Gast auf Nonnenwerth, ausgedrückt hat: daß »nichts ... an schönen Sommertagen über die eigentümlichen Reize einer stillen dichterischen

und schwermütigen Einsamkeit« gehe und »über jene leicht gewobenen Träume einer schwärmenden Phantasie, welche diese des Eilands immer fortmurmelnden Wellen aus der lauschenden Seele hervorspielen«. Einmal das Läuten der Kirchenglocke, ab 21 Uhr ist Nachtruhe auf Nonnenwerth, und von da an dürfen auch die Fahrstühle im Kloster nicht mehr benutzt werden. Allein in meinem Zimmer, umgeben von der Stille der Insel, die in dieser Nacht für andere unerreichbar ist, plötzlich der erschreckende Gedanke, was wäre, wenn das Herz Alarm schlüge. Dann würde wahrscheinlich ein Notplan in Kraft treten und sich herausstellen, daß, weil der Fährmann nicht auf der Insel wohnt, mindestens zwei der auf der Insel lebenden 32 Schwestern die Fahrerlaubnis für die Fähre haben und ein Arzt doch nahe wäre. Zwar beruhigt einen auch sofort wieder das Unterbewußtsein, das so tut, als habe man noch einen unbegrenzten Vorrat an Zeit, aber ein wenig bleibt das Gefühl, ein Zeitreisender zu sein – ohne festen Halt auf einer kleinen abgeschiedenen Insel mitten in Deutschland auf einer kleinen Kugel, die sich durch ein dunkel schweigendes Universum dreht. Es war in dieser Nacht nicht nur ein Gefühl der Unsicherheit. Das Gefühl hatte auch etwas Erquickendes an sich. Als am nächsten Morgen der Fährmann pünktlich die frischen Brötchen auf die Insel brachte, ging das Leben auf alltägliche Weise weiter. Aber zu dem Wissen, daß das Leben weitergeht, gehörte nun auch wieder die lebendige Erfahrung, daß man das Leben zu gestalten und einen Blick für die Welt zu entwickeln versuchen muß in dem Bewußtsein, daß das Lebensgeschehen seine innere Logik hat und die Dinge auch für sich da sind und nicht nur auf uns bezogen. Wahrscheinlich war die Auffrischung dieses Gedankens das Erquickende an dem Aufenthalt auf dieser kleinen, abgeschiedenen, poetischen, stillen Insel im Rhein. Franz Liszt hatte schon recht: »Komm wieder.«

»Ich saß am grünen Strand von Rolandseck ...« Auf der Suche nach einem Mythos an einem verschwundenen Ort

Für eine Weile lebe ich in Rolandseck. Wenn ich das sage, fragt jeder sofort erstaunt: »In Rolandseck? Im Künstlerbahnhof?« Nein, in einer ganz normalen Mietwohnung, in einem Haus, das in den Jahren der Nachkriegszeit gebaut wurde, als man in Rolandseck alle Bausünden beging, die man in der Bundesrepublik begehen konnte. Zwar stehen noch einige der alten Prunkvillen und erzählen einen historischen Roman aus der Zeit, als Rolandseck ein Märchenort war; doch dieser Märchenort ist längst verschwunden, und Rolandseck ist heute nur noch ein unbedeutendes Straßennest, voller Lärm: die vielbefahrene Bundesstraße 9 teilt den Ort, und dazu das Rauschen der Züge auf der ebenfalls vielbefahrenen Bahnlinie Köln-Frankfurt. Was gleichwohl für den Ort als zeitweiligen Arbeitsplatz sprach, war der Blick aus dem Fenster: auf den Rhein, der zehn Meter von meinem Schreibtisch entfernt ruhig dahinfließt und den ich anschaue mit einem Blick, den mir ein blinder, inzwischen toter Dichter aus Argentinien geöffnet hat, Jorge Luis Borges in seinem Gedicht *Laufen oder sein:*

»Fließt der Rhein im Himmel? Gibt es
eine weltumfassende Form des Rheins, ein Urbild,
das unverwundbar von diesem anderen Rhein, der Zeit,
in einem ewigen Jetzt dauert und fortdauert
und Wurzel jenes Rheins ist, der in Deutschland
seinen Lauf fortsetzt, während ich diesen Vers diktiere?
So mutmaßen die Platoniker;
so hat es Wilhelm von Occam nicht gutgeheißen.
Er sagte, Rhein (dessen Stammwort
rinan oder laufen ist) sei nichts anderes
als ein willkürlicher Beinamen der Menschen
für die jahrhundertealte Flucht des Wassers
von den Eismassen bis zum letzten Sandkorn.

Das mag sein. Mögen es andere entscheiden.
Werde ich nur die Wiederholung jener Reihe
weißer Tage und schwarzer Nächte sein,
die liebten, die sangen, die lasen
und Angst und Hoffnung erduldeten,
oder wird es auch einen anderen geben, das geheime Ich,
dessen trügerisches, heute verwischtes Bild
ich im begierigen Spiegel befragt habe?
Vielleicht werde ich auf der anderen Seite des Todes
wissen, ob ich ein Wort gewesen bin oder jemand.«

Aber der Rhein, »der fließt ja da wirklich«, wie es in Heinrich Bölls 1985 postum erschienenem Roman *Frauen vor Flußlandschaft* heißt. Als man mich nach Bölls Tod bat, seinen letzten Roman als Hörspiel einzurichten, habe ich zum ersten Mal diese Landschaft inspiziert und bin Böll nachgegangen. Ein Foto zeigt ihn während einer Recherche für den Roman in Bad Godesberg, und wahrscheinlich wird er auch weitergefahren sein nach Rolandseck, von wo aus man den schönsten Blick auf diese Landschaft hat, auf den sagenumwobenen Rolandsbogen, auf die vor Rolandseck im Fluß liegende kleine Insel Nonnenwerth und auf das Siebengebirge und den Drachenfels am anderen Ufer. Dort sieht man auch einige der alten Ufervillen, in denen seine Frauen ihren Stevenson lesen und sich langsam betrinken. Ihre Männer sind Politiker im nahen Bonn, die meisten allerdings Schmierenpolitiker. Aber es gibt eben auch die Frauen, und sie versuchen sich zu wehren und möchten dieses miese Spiel nicht mehr mitmachen, diesen Krieg um den Profit und den eigenen Vorteil. Heimat? Keine Rede davon. Das einzige, was sie Heimat nennen könnte, sagt eine Frau, das sei der Rhein. Eine andere Frau, Eva Plint, sitzt immer abends um acht auf einer Bank am Rhein: »Nichts zu hören von dort. Stiller noch als sonst die übliche Stille zur stillsten Stunde des Tages. Tagesschau-Zeit, wenn ... die Signale der Wichtigkeit ertönen: Freiheit, Flaute, Flankenschutz ..., Frohsinn, Feindseligkeiten ..., Förderungen, Fußballerwaden, Fürstenhochzeiten ... Vielleicht wäre hier irgendwo der Nibelungenschatz zu finden – rheinabwärts gespült, verkrüppelte Kronen, das bißchen Gold vom Rheinwasser und Geröll längst abgewaschen, von rollenden Kieseln zerbeult, zu etwas wie Karnevalsorden herabge-

schunden, nicht einmal mehr aufputzbar zu Schützenkönigslametta. Oh, Kriemhild und Brunhild, eure Armreife, von Rolling Stones zerdöngelt, haarig von Flußalgen, vielleicht einem Nazi-Emblem benachbart, das ein erschrockener Bürger hastig abwarf, als die amerikanischen Panzer einfuhren. Was mag sich da alles vermischen im grünen Schleim ...?«

Ich solle einmal Ansichtskarten von Rolandseck schicken, bat eine Freundin. In Rolandseck selber bekommt man aber keine Ansichtskarten, denn es gibt, im Gegensatz zu früher, heute keine Touristen mehr, die hier Urlaub machen wollen. Man muß schon in den Nachbarort Oberwinter, dort findet man in dem kleinen Zeitschriften- und Tabakladen der Frau Seibel auf der Hauptstraße zwei, drei Ansichtskarten, die neben Oberwinter auch das heutige Rolandseck zeigen. Zu sehen ist auf den Karten Rolandseck als ein beliebiger Ort, durch keine Sehenswürdigkeit ausgezeichnet. Also muß ich mir die Ansichtskarten selber herstellen. Zum Beispiel der tägliche Blick aus dem Fenster: ein feststehendes Bild, und doch ist dauernd Bewegung darin, reger Schiffsverkehr heute, und auch die Wolken sind ständig in Bewegung – man kann hier ganze Tage allein mit den Wolken verbringen oder den Möwen zuschauen, die über dem Wasser tanzen, als spielten sie mit dem Wind. So wie ein Ort an einem Fluß immer etwas Besonderes ist, so hat man dort auch ein gesteigertes Empfinden für die Natur, die einen Überraschungsangriff nach dem anderen inszeniert, so heftig und imposant, daß ich mich selber als Person manchmal wie ausgelöscht vorkomme. Ich wehre mich natürlich gegen diese Auslöschung, indem ich mir sage, daß das Bild vor meinem Fenster ein Klischee ist und mir die Natur vielleicht sogar eine Illusion vorgaukelt. Wenn ich dieses tägliche Schauspiel vor meinem Fenster aber als Symbol erkenne, dann kann ich den Rhein auch mit dem Blick von Jorge Luis Borges sehen und seine Frage zulassen, ob es eine weltumfassende Form des Rheins gibt. Dann finde ich das Rauschen des

Rheins zum Beispiel auch in dem leisen, anschwellenden Fluten der Musik von Jan Garbarek, darin ist das Klischee und das Pathos, aber auch die innere Weite und das Dunkle des Rheins ... Gerade sehe ich eine Wolke über dem Rhein, die sich aufgebläht hat, aber in ihrem Zentrum ist sie dünn und leicht durchsichtig, und man sieht den hellen blauen Himmel, schimmernd. Jetzt schiebt sie sich auseinander, der helle blaue Kreis in ihrem Zentrum wird größer, und auch an ihren Rändern verschwindet langsam das Grau im Blau des Himmels, bis sich die Wolke ganz aufgelöst hat. In diesem Bild kann ich mich verlieren. Ich kann zwar weiterhin verfügen über meine Vorstellungen und Meinungen und Erinnerungen, aber ich weiß auch, daß ich selber als Person nicht in diesem riesigen blauen Bild bin, obwohl in dem Moment, wo ich dieses Bild reproduziere, es doch zugleich ein Bild und damit ein Bewußtseinsporträt von mir selber ist. Und ich weiß, daß die Zeit, die in dem Bild vorkommt, in dem Moment, wo ich es wahrnehme, auch meine eigene Lebenszeit bedeutet, und daß zu der Zeit, wo ein Bild gemacht wird, auch anderes passiert. So ist jeder Mensch, von einem solchen Überraschungsangriff überwältigt und wie ausgelöscht, in dem Moment wahrscheinlich niemand – und viele. Vielleicht ist ein wirkliches Ich aber immer identisch mit dem, was man im normalen Sprachgebrauch das Nichts nennt – oder die Welt. Daß das wirkliche Ich also nur dann auftaucht, wenn das scheinbare Ich sich total auslöscht, das ist der Gedanke, den mir gerade die Illusion des Naturschauspiels vor meinem Fenster aufdrängt.

Eine wahre Idylle muß das früher gewesen sein, an beiden Ufern. Am anderen Ufer, in Unkel, saß der Dichter Ferdinand Freiligrath: »Und so sitz' ich denn hier in Unkel, habe ein Belvedere hart am Rhein, um das mich ein Fürst beneiden würde ... Die Gegend ist ein Paradies, die Menschen, soweit ich sie kennengelernt habe, sind gut und freundlich, und das Nest ist so still und einsam und dabei durch Dampfer und Flöße und Segler doch so mitten in der Welt, daß mir ungeheuer wohl drin ist ... Drachenfels und Rolandseck schauen durch den Duft der Frühe auf meinen Schreibtisch, der Rhein rauscht mir seinen ersten Morgengruß, und ein Prozessionsnachen mit roter Kirchenfahne gleitet singend unter meinem Fenster den Strom hinab.«

Ja, eine kleine Märchenwelt. Alexander von Humboldt, der Weltrei-

sende, sprach auf seiner Rangliste der schönsten Landschaftsansichten dem Rheintal mit Blick auf den Rolandsbogen und den Drachenfels den siebten Platz zu. Vor Humboldt war ein anderer hierhin gereist, Friedrich Schlegel, und sein Reisebericht, zu Beginn des 18. Jahrhunderts in der von ihm herausgegebenen Zeitschrift *Europa* erschienen, hat die ganze neuere Rheinromantik begründet. Schlegel war damals von Köln angereist. Bei dem »freundlichen« Bonn, schrieb er, fange die »eigentlich schöne Rheingegend an«: »Eine reich geschmückte breite Flur, die sich wie eine große Schlucht zwischen Hügeln und Bergen hinauf zieht ... Überall belebt durch die geschäftigen Ufer, immer neu durch die Windungen des Stroms, und bedeutend verziert durch kühne, am Abhange herausragende Bruchstücke alter Burgen, scheint diese Gegend mehr ein in sich geschlossenes Gemälde und überlegtes Kunststück eines bildenden Geistes zu sein, als einer Hervorbringung des Zufalls zu gleichen. Von der flachen Gegend hinaufwärts macht den Anfang unter den Ruinen, welche den Rhein verherrlichen, der Godesberg: eine der schönsten, nicht wegen der Höhe und Kühnheit, wohl aber wegen der reichen Aussicht und anmutigen Lage. Der etwas ferner gegenüber stehende Drachenfels macht schon die Erwartung rege nach alle den wilden und seltsamen Felsburgen, die den Fluß aufwärts umgrenzen. Man betrachtet solche Ruinen alter Burgen entweder nur mit einer oberflächlichen ästhetischen Rührung, als den unentbehrlichen romantischen Hintergrund für allerlei beliebige moderne Gefühle, oder man sieht darin nur Raubschlösser, welche nach angeordnetem Landfrieden zerstört worden sind und zerstört werden mußten, unstreitig waren das viele, vielleicht die meisten von denen, deren Trümmer man jetzt noch sieht. Aber man sollte nicht immer und überall nur die letzte Entartung mit der Sache selbst verwechseln und so sich selber den Sinn für die herrlichsten Denkmale der Vergangenheit abstumpfen.«

Der Bahnhof von Rolandseck, erbaut Mitte des vorigen Jahrhunderts und eines der großen repräsentativen Zeugnisse der frühen Eisenarchitektur in Deutschland, war lange das Zentrum von Rolandseck. Nach dem Zweiten Weltkrieg, in den 50er, auch noch Anfang der 60er Jahre sollte er dann zwar mehrmals abgerissen werden – weil kaum noch benutzt und ein wenig verfallen –, aber es fehlte jedesmal das Geld für den Abriß; da erschien Mitte der 60er Jahre Johannes Wasmuth und beschaffte das Geld zur Restauration und funktionierte den Bahnhof um, zum Künstlerbahnhof, mit ständigen Ausstellungen, Lesungen, Konzerten, und die Künstler wurden seine Freunde und kamen immer wieder hierhin: Stefan Askenase und Yaltha Menuhin und Swjatoslaw Richter, Marcel Marceau und Hans Richter und Oskar Kokoschka und Antonio Calderara und und und. Züge halten hier heute allerdings nur noch stündlich, Bummelzüge Richtung Köln und Richtung Koblenz. Die anderen Züge rauschen durch, ein ewiges Hin und Her, wobei ich das Geräusch manchmal nicht mehr wahrnehme, nur in diesen Tagen werde ich gezwungen, auf jedes Zuggeräusch zu hören, weil die Arbeiter, die die Bahnstrecke ausbessern, durch laute Fanfarenstöße vor jedem kommenden Zug gewarnt werden.

Mit Hans Peter Kürten sitze ich im Turmzimmer des Bahnhofs, unterm Dach. Kürten war 29 Jahre Bürgermeister von Remagen, zu dem Rolandseck seit der 1969er Gebietsreform gehört, und somit auch zuständig für den Rolandsecker Bahnhof. Damals entstand eine Freund-

schaft mit Johannes Wasmuth. Kürten kümmert sich heute vor allem um den geplanten Bau eines Museums, das, von dem New Yorker Architekten Richard Meier als »Belvedere« entworfen, auf einem Waldstück oberhalb des Bahnhofs gebaut und durch eine kühne Konstruktion mit dem Bahnhof verbunden werden soll. »Der Bahnhof Rolandseck ist zunächst Endbahnhof gewesen und wurde zur Zeit der Hochromantik gebaut«, erzählt Kürten. »In diesem Bereich des Rheins, an der sogenannten Riviera des Rheinlands, hatten sich im 19. Jahrhundert viele reiche Leute niedergelassen, und viele dieser Kölner Patrizier beschlossen, sich im Jahr 1856 eine Privatbahn zu bauen, damit sie rasch in die Kölner Geschäfte kommen konnten. Deshalb war der Bahnhof von vornherein als großer Bahnhof gedacht, als Stätte der festlichen Repräsentation einer selbstbewußten gründerzeitlichen Gesinnung. Es gab große Konzerte. Man traf sich hier. Der Rolandsbogen war ein paar Jahre vorher durch die Initiative von Ferdinand Freiligrath wieder aufgerichtet worden. Man fuhr gerne mit der Bahn hierher. Auch erschloß man sich natürlich über den Bahnhof Rolandseck das Ahrtal. Da wohnten sie nun, die Schnitzlers, Guilleaumes, Mevissens, von Leidens und andere berühmte Reiche. Und immer war es ja schon so, daß die Kunst dorthin ging, wo auch Geld war. So trafen sich am Bahnhof Richard Wagner und Hans von Bülow und wanderten auf den Spuren Uhlands, Heines, Freiligraths und gingen zur Apollinariskirche, die von Zwirner gebaut wurde. Brahms kam des öfteren her und pumpte die Schnitzlers an. Robert Schumann holte sich hier die Ideen für seine sinfonischen Landschaftsmotive. Wohl der belesenste Monarch seiner Epoche, der brasilianische König Pedro II, erschien in Gesellschaft seines Dichterfreundes Victor Hugo. Inkognito diskutierte er mit dem Philosophen Nietzsche über Frankreichs Rassentheoretiker Gobineau, noch bevor Wagner die Disputanten von Rolandseck in Bayreuth offiziell miteinander bekannt machte. Interessant in diesem Zusammenhang, daß Jorge Zulueta Musik, die Nietzsche geschrieben hat, entdeckte und eine Schallplatte herausbrachte. Das Einstudieren der Nietzsche-Musik geschah auf dem Flügel im Bahnhof Rolandseck.«

Es bleibe ihm ewig sonderbar, schrieb Nietzsche über sein Komponieren, wie in der Musik die Unveränderlichkeit des Charakters sich offenbare; was ein Knabe in ihr ausspreche, sei so deutlich die Sprache seiner ganzen Natur, daß auch der Mann daran nichts geändert wünsche – natürlich die Unvollkommenheit der Technik abgerechnet. Nietzsche komponierte in den Jahren 1861 bis 1863 – und nahm das Komponieren in den 70er Jahren kurzzeitig noch einmal auf. In diesen frühen Jahren kam Nietzsche auch nach Rolandseck, von Bonn aus, wo er studierte. Er war damals in einer Studentenverbindung, und die Verbindung machte mit dem Schiff einen Ausflug nach Rolandseck: »Es war einer jener vollkommenen Tage, wie sie, in unserem Klima wenigstens, nur eben diese Spätsommerzeit zu erzeugen vermag: Himmel und Erde im Einklang ruhig nebeneinander hinströmend, wunderbar aus Sonnenwärme, Herbstfrische und blauer Unendlichkeit gemischt. Wir bestiegen ein Dampfschiff, das zu unseren Ehren festlich bewimpelt war … Von beiden Ufern des Rheins ertönte von Zeit zu Zeit ein Signalschuß, durch den, nach unserer Anordnung, ebenso die Rheinanwohner als vor allem unser Wirt in Rolandseck über unser Herankommen benachrichtigt wurde. Ich erzähle nun nichts von dem lärmenden Einzug, vom Landungsplatze aus, durch den aufgeregt-neugierigen Ort hindurch, ebenso wenig von den nicht für Jedermann verständlichen Freuden und Scherzen, die wir uns miteinander gestatteten; ich übergehe ein allmählich bewegter, ja wild werdendes Festessen und eine unglaubliche musikalische Produktion, an der sich, bald durch Einzelvorträge, bald durch Gesamtleistungen die ganze Tafelgesellschaft beteiligen mußte, und die ich, als musikalischer Berater unserer Verbindung, früher einzustudieren und jetzt zu dirigieren hatte. Während des etwas wüsten und immer schneller werdenden Finales hatte ich bereits meinem Freunde einen Wink gegeben, und unmittelbar nach dem geheul-ähnlichen Schlußaccord verschwanden wir beide durch die Türe; hinter uns klappte gewissermaßen ein brüllender Abgrund zu. Plötzlich erquickende, atemlose Stille. Die Schatten lagen schon breiter, die Sonne glühte unbeweglich, aber schon niedergesenkt, und von den grünlich glitzernden Wellen des Rheins her wehte ein leichter Hauch über unsere heißen Gesichter. Unsere Erinnerungsweihe verpflichtete uns nur erst für die späteren Stunden des Tags, und daher hatten wir daran gedacht, die letzten hellen Momente des Tags mit einer unseren einsamen Liebhabereien auszufüllen, an denen wir damals so reich waren. Wir pflegten damals mit Passion Pistolen zu schießen ... Der Diener unserer Verbindung kannte unseren etwas entfernt und hochgelegenen Schießplatz und hatte uns dorthin unsere Pistolen vorangetragen. Dieser Platz befand sich am oberen Saume des Waldes, der die niedrigen Höhenzüge hinter Rolandseck bedeckt, auf einem kleinen Plateau ... Am bewaldeten Abhang, seitwärts von unserem Schießplatz, gab es eine kleine, baumfreie, zum Niedersitzen geeignete Stelle, die einen Durchblick über Bäume und Gestrüpp hinweg nach dem Rheine zu gestattete, so daß gerade die schön gewundenen Linien des Siebengebirges und vor allem der Drachenfels den Horizont gegen die Baumgruppen abgrenzten, während den Mittelpunkt dieses gerundeten Ausschnitts der glitzernde Rhein selbst, die Insel Nonnenwerth im Arme haltend, bildete, das war unsere, durch gemeinsame Träume und Pläne geweihte Stätte, zu der wir uns in späterer Abendstunde zurückziehen wollten, ja sogar mußten, falls wir im Sinne unseres Gesetzes den Tag beschließen mochten.«

»Ich saß am grünen Strand von Rolandseck. Mir war
Als wandle drüben in der Mädchenschar
Auf Nonnenwerth noch immer Rolands Nonne.
Die sieben Berge schliefen müde in der Sonne
Wie Tiere, die Prinzessinnen bewachen.
So wartete ich träumend auf den schweren Nachen.
Von oben kamen Leute, die hinüber wollten.

Ganz sinnlos ließen drei Hannoveranerinnen
Zerpflückte Rosenblätter in den Rheinstrom rinnen.
Er war wie eine Ader deines schönen Leibes ...
Und auf der lichtgefleckten Uferstraße flohn, gehetzt
Von Angst und gar nicht ritterlich, Automobile,
Und Dampfer schwammen würdig und gesetzt
Rheinabwärts – viele, viele ...«

Guillaume Apollinaire, damals Hauslehrer im gegenüberliegenden Bad Honnef, schrieb dieses Gedicht über Rolandseck im Jahr 1912. Damals war der Ort ein einziges Ferienparadies, voller Hotels. Und wenn Apollinaire vom Strand von Rolandseck spricht, so gab es hier damals tatsächlich ein Strandbad – mit weißem Sand, wie mir Klaus Decker erzählt. Wir sitzen am Rhein, in einem Glaspavillon, in dem früher die Gäste des Hotels »Rheingold Bellevue« bewirtet wurden, das Klaus Deckers Familie gehörte; seit Jahrzehnten ist es ein verfallener Palast, und man braucht viel Phantasie, um sich die alte Pracht vorzustellen. Heute ist Seewetter am Rhein, der Wind treibt die Wellen, einige Musikdampfer fahren vorbei, und in diese Musik hinein dröhnen immer wieder die schweren Motoren der kleinen Fähre »Siebengebirge«, die Rolandseck mit Bad Honnef verbindet. Seit über 25 Jahren gehört der in Rolandseck geborene Klaus Decker zur Mannschaft der Fähre, und er hat auch noch die alten, die »lautlosen« Zeiten, wie er sie nennt, erlebt, als die Fähre am Seil lief. »Die Menschen hatten damals noch Zeit, da gab's keine Hetze, man hat sich auf der Fähre unterhalten, hat die Neuigkeiten ausgetauscht, in den Lokalen an den Anlegestellen wurde was getrunken ... Schafherden kamen noch herüber, Viehtransporte, das habe ich noch erlebt als Kind.«

Die Erinnerung an den alten Glanz von Rolandseck ist für Klaus Dekker unverlierbar. Das Hotel »Rheingold Bellevue« war in dieser Glanzzeit eine der besten Anschriften am Rhein. In der Saison arbeiteten 28 Angestellte im Hotel, Kellner, Zimmermädchen, Toilettenfrauen, Diener, die die Gäste mit ihrem Gepäck am Bahnhof oder an den Anlegestellen der Köln-Düsseldorfer Schiffslinie abholten. Selbstverständlich hatte das Hotel auch ein Lese- und Musikzimmer. Die Bundesstraße 9 war damals ein schmaler Weg mit Kopfsteinpflaster, auf dem Klaus Deckers Vater noch Fußball gespielt hat. Es ging alles sehr geruhsam zu. Ein komfortables Leben. Wo heute vier Hochhäuser nebeneinanderstehen, befand sich damals eine einzige Villa mit einem großen Park, mit wunderbaren alten Bäumen. Alte Zeiten. »Der Glanz beruhte erst einmal auf der Architektur«, erzählt Klaus Decker. »Es gab riesige Terrains, die sehr gepflegt waren, Personal spielte seinerzeit auch keine Rolle bei den Besitzverhältnissen, wobei ich jetzt an diese größeren Besitztümer denke des Baron von Schröder oder der Familien Sölling und Leiden ... Man besaß

diese Terrains und hielt sie eben in Ordnung, wie auch die Hotellerie es sich nicht leisten konnte, ihre Anlagen ungepflegt zu lassen ... Dann war die Schiffahrt ja auch romantischer als heute. Die Raddampfer legten hier an ... Es war schon Leben hier. Zum Beispiel kamen viele Engländer hierhin. Rolandseck war ein sehr bekannter Ferienort, wenn man heute sagt: weltbekannt, klingt das vielleicht ein bißchen überheblich, aber seinerzeit hat Rolandseck einen wirklich großen Namen gehabt. Es war toll. Es war ein Märchen. Ein Traum war das.«

Einige der alten Prunkvillen stehen wie gesagt noch, eine heißt heute Villa Rolandseck und liegt direkt gegenüber von Nonnenwerth. Darin untergebracht eines der schönsten Wiener Künstlercafés außerhalb Wiens. Eines Sonntagnachmittags saß ich dort, aß Apfelstrudel und trank Melange – und kaum war der Abend da, befand ich mich im Krieg und stapfte durch vietnamesische Reisfelder, im Jahr 1967, um kurz darauf durch das von der Kulturrevolution erhitzte Peking zu laufen. »Trotz der geschauten Schrecken waren es doch auch wunderbar aufregende Jahre«, erzählte Ferrucio Bassi, der damals, mit Sitz in Hongkong, als Reporter und Kameramann des italienischen Fernsehens RAI für Asien zuständig war. »Er war eigentlich immer im Krieg«, bestätigte seine Frau Rosemarie. Zur Zeit führt Ferrucio Bassi sich die Erlebnisse noch einmal vor Augen und arbeitet an seiner Autobiographie – und zum Schreiben ist die schloßartige Ufervilla natürlich ein herrlicher Ort. Anfang der 90er Jahre gekauft, richteten die Bassis in ihr auch ein europäisches Kulturzentrum ein, mit einer Galerie und einem Skulpturenpark im weitläufigen Garten – und mit dem Wiener Künstlercafé, denn Rosemarie Bassi stammt aus Österreich, aus Persenbeug an der Donau. Vielleicht war es die im Hintergrund laufende Walzermusik, die Ferrucio Bassis Erzählung vom Krieg in Asien an diesem Abend so grell hervortreten ließ.

Ein berühmtes, auch, wie sich herausstellte, geheimnisvolles Haus. So berühmt, daß ein Kabinettsbeschluß in Mainz notwendig war, damit die Villa an die Bassis verkauft werden konnte. Auf alten Stichen sieht man das Haus vor dem Hintergrund eines Weinbergs; der erste Besitzer war ein Weinbauer. Im Jahr 1827 wird es dann zum ersten Mal katasteramtlich erwähnt. Ein Kölner Zuckerfabrikant, ein Herr von Rath, hatte es gekauft und ausgebaut und kam seither mit seiner Familie – Köln war eine Tagesreise mit dem Pferd entfernt – nach Rolandseck in die Sommerfrische. Die Villa ging später durch viele Hände, diente in den 20er Jahren des vorigen Jahrhunderts auch als Hotel und nannte sich »Hotel Rolandsbogen«. Nach 1945 war sie zeitweilig Privatresidenz des sowjetischen Botschafters und später auch Quartier der Botschaft von Zaire. Da Zaire ein armes Land war, blieb den Botschaftsangehörigen nichts anderes übrig, als in kalten Wintermonaten Teile des Treppenhauses zu verheizen, so daß die Villa gar nicht mehr bewohnbar war und viele Jahre leer stand und zu einer Ruine wurde. Bis die Bassis das Haus gründlich renovierten. Heute ist die alte Pracht wieder zu sehen. Schon das Entree: hochherrschaftlich-imposant, das ganze Haus aufwendig gebaut, ornamentgeschmückte Decken aus Eichenholz, mit Figuren verzierte Türen aus kostbaren Hölzern, weite Räume mit riesigen Fensterfronten, aber da das Haus – gut 700 qm groß – früher ein Privathaus war und als solches gebaut wurde, hat es zugleich auch etwas Intimes – der Reichtum wirkt nicht großbürgerlich-protzig, sondern dezent. Und die ausgestellte Kunst gibt dieser dezenten Pracht ein flirrendes Flair, ganz und gar eigener Ausdruck Rosemarie Bassis, die in ihrer Galerie nicht nur junge Talente för-

dert, sondern selber bildende Künstlerin ist, Schülerin von A. P. Gütersloh und Oskar Kokoschka an den Akademien in Wien und Salzburg.

Man kann, oft erprobt nach der Entdeckung, in dem liebevoll eingerichteten Künstlercafé einen langen Nachmittag allein mit einem Buch verbringen, man kann aber auch die gesellige Gastfreundschaft der Bassis genießen. Wie ich an dem Abend nach dem Abstecher in vietnamesische Reisfelder und Spaziergängen durch Peking wieder am Rheinkilometer 640 angekommen war, hörte ich auf einmal, wie die Wände der Villa zu raunen begannen und von den Geheimnissen des Hauses erzählten. Wenn der erste Besitzer ein Weinbauer gewesen sei, dann müsse es doch sicher einen in den Berg hineingebauten riesigen Weinkeller geben, vermutete ich. Den hätten sie nie gefunden, sagte Rosemarie Bassi. Aber ihm sei schon immer manches komisch vorgekommen, fügte Ferrucio Bassi hinzu und erzählte von doppelten Böden und Kellerfenstern, obwohl es zu den Kellern keinen Zugang gebe; die Türen seien zugemauert worden. Auch ließen halboffene Schächte vermuten, daß sich dahinter unterirdische Gänge befänden, von denen man gar nicht wisse, wohin sie führen. Ja, warum sie denn das Haus noch nicht gründlich ausgekundschaftet hätten, fragte ich erstaunt. »Wir haben immer geglaubt, die Russen hätten das Haus schon auf den Kopf gestellt und den alten Schatz gefunden«, antwortete Rosemarie Bassi. Ihr Mann schaute sie nachdenklich an. »Wenn sie ihn aber doch nicht gefunden haben, dann ...« Ich ver-

sprach sofort, das nächste Mal mit Overall und Taschenlampe wiederzukommen und mich an der Schatzsuche zu beteiligen.

Rolandseck heute: am Ortsanfang und Ortsausgang zwei Tankstellen, dann gibt es noch einen kleinen Kaufladen und eine Honda-Werkstatt und eine Werft und ein Matratzengeschäft und ein Küchenstudio und den Verlag Rommerskirchen und eine Autowaschstraße und eine Zweigstelle der Kreissparkasse Ahrweiler und zwei Imbißbuden und eine Pizzeria und ein schnuckliges Restaurant mit französischer Küche, das »Bellevuechen«, untergebracht in einem kleinen, noch intakten Nebentrakt des verfallenen Hotels »Rheingold Bellevue«. Das einzige Hotel, das es heute noch in Rolandseck gibt, ist der »Düsseldorfer Hof«, gebaut aber erst 1959; die meisten Gäste sind Durchreisende und bleiben nur eine Nacht. Man kann sie verstehen ... Obwohl, der Rhein, »der fließt ja da wirklich« – wenn er heute morgen auch verschwunden war. Nur die Musik der tutenden Schiffe im Nebel ließ ihn erahnen. Da war er wirklich zum Heinrich-Böll-Rhein geworden. Gegen Mittag klarte es auf, und da begann es zu regnen. Viele Menschen haben Angst davor, daß die lehmigen Fluten des Rheins wieder ansteigen können und das Hochwasser sie in ihren Wohnungen einsperrt. Böll hat diese Angst vor dem Rhein beschrieben, der so unheimlich und so sanft durch die Träume der Kinder murmele, ein dunkler Gott, der bewiesen haben wolle, daß er noch Opfer fordere: heidnisch, Natur, nichts von Lieblichkeit, werde er breit wie ein Meer, dringe in Wohnungen ein, steige grünlich in den Kellern hoch, quölle aus Kanälen, brülle unter Brückenbögen dahin – Undines gewaltiger Vater. Am frühen Nachmittag hörte es auf zu regnen, und war es morgens kühl gewesen, so war es plötzlich heiß, und der Rhein dampfte. Einige Schiffe, die lange, in diesem Nebel und diesem Unwetter, vor meinem Fenster geankert hatten, setzten ihre Fahrt fort, einige Spaziergänger erschienen auf der Uferpromenade, und am Abend, zur Tagesschau-Zeit, meinte ich sie auch wieder zu sehen dort unten auf der Parkbank, Eva Plint aus Bölls *Frauen vor Flußlandschaft*, versunken in ihre traurigen Träume: »›In den Rhein gehen‹ – ein schöner Ausdruck. Es muß schön da unten sein, im grünen Schlamm durch die Geschichte zu wandern, über dem Meeresboden, um die britischen Inseln herum und in der Bretagne wieder heraus ...« Und jetzt hat ein holländischer Frachter vor meinem

Fenster geankert, das Licht in der Kajüte ist ausgegangen, nur eine grüne und eine rote Positionslampe leuchten noch, und auch ich werde jetzt ruhig schlafen können. Es ist schön zu wissen, daß auf dem Wasser auch Menschen wohnen. Wir beschützen uns diese Nacht gegenseitig.

Es gibt viele Geschichten um den Bahnhof Rolandseck, und des öfteren hat der Bahnhof auch Geschichte erlebt. Im Jahr 1870 war er kurzweilig sogar Sitz des deutschen Generalstabes, erzählt Hans Peter Kürten: »Die Emser Depesche, die den deutsch-französischen Krieg auslöste, war von Otto von Bismarck verfaßt worden. Er sagte im Einverständnis von Roon und Moltke: ›Meine Herren, ich habe das meinige getan, jetzt sind Sie an der Reihe.‹ Bismarck kam nun wenige Tage nach Kriegsbeginn in den Bahnhof Rolandseck, um von seinem berühmten Heerführer Moltke zu erfahren, ob sich denn auch an der Front alles gut entwickele, und im Bahnhof konnte ihm von dem Generalstab gute Kunde erteilt werden … Sicherlich gehört zu den wirklich sonderbaren Geschichten die Tatsache, daß im Bahnhof im Jahr 1917 ein besonderer Zug hielt. Die Februar-Revolution in Rußland war vorbei. In der Schweiz saß Wladimir Iljitsch Uljanov – genannt Lenin – mit seiner Frau und einem Herrn Trotzki. Bei den Deutschen war man sich einig, daß es sicherlich gut sei, wenn die Revolution in Rußland weitere Fortschritte machte, damit dort nicht mehr so viele Soldaten gebunden blieben, daß man in Rußland also einen freien Rücken bekam, um mehr Anstrengungen im Westen und Süden unternehmen zu können. Die oberste Heeresleitung erklärte sich deshalb damit einverstanden, daß Lenin mit seinen Getreuen in einem Sonderzug durch Deutschland reiste, um über Schweden und Finnland Rußland zu erreichen. Da saßen sie, in einem an einen Sonderzug angehängten Güterwagen, der notdürftig mit Tischen und Bänken ausgestattet war. Ein Witzbold, der nicht wußte, was oder wer sich in dem Wagen verbarg, hatte mit Kreide auf die Außenwand geschrieben: ›Vorsicht, hochexplosiv!‹ Wenn er geahnt hätte, wie explosiv der Inhalt war. Am Bahnhof Rolandseck hielt man und schob – zum Teil vom rheinischen Geldadel mit finanziert – Geld in diesen Zug, damit die Revolution finanziert werden konnte ... Vor der sogenannten Machtergreifung des Dritten Reiches wurde hier voraussichtlich eine zweite Revolution finanziert. Hier gab ein in unmittelbarer Nähe des Bahnhofs Rolandseck wohnender Bankier niemand anderem als Herrn Hitler Geld für seine NSDAP. Und wahrscheinlich kam der ausgediente Gefreite mit dem Zug zum Bahnhof Rolandseck, um sich den für seine Wahl dringend notwendigen Scheck zu holen.«

Heute bin ich drei Rheinkilometer aufwärts spazierengegangen, zum sogenannten Unkelstein, am Ortsausgang von Oberwinter gelegen, auf den Spuren Alexander von Humboldts. Humboldt war im September 1789 als zwanzigjähriger Göttinger Student zu seiner ersten Forschungsreise aufgebrochen. Nach einer Zwischenstation in Mainz, wo er George Forster, den hochberühmten und von ihm bewunderten Forschungsreisenden kennenlernen wollte, reiste er weiter zum Rheinkilometer 637, um am Unkelstein für sein erstes Buch zu recherchieren. Es erschien auch bereits kurz nach der Reise, 1790 in der Braunschweiger Schulbuchhandlungsdruckerei gedruckte 126 Seiten, dem »Herrn George Forster, Kurfürstl. Mainzisch. Hofrath und Bibliothekar, mit innigster Freundschaft

und Verehrung« gewidmet. Das Buch, obwohl 1991 noch einmal als Reprint wiederaufgelegt, gilt heute als verschollen. Es heißt *Mineralogische Beobachtungen über einige Basalte am Rhein* und führt den etwas bizarren Untertitel *Mit vorangeschickten, zerstreuten Bemerkungen über den Basalt der ältern und neuern Schriftsteller*. Humboldt griff mit seiner Studie in die damals hitzig geführte Diskussion ein, ob die Basaltsteine vulkanischen oder unvulkanischen Ursprungs seien. Daß er gerade das Basaltvorkommen am Unkelstein als Untersuchungsobjekt genommen hatte, erklärte er damit, der dortige Steinbruch sei »ohnstreitig für den Mineralogen eine der größten Seltenheiten des westlichen Deutschlands ... Zwei berühmte Naturforscher, die Herren de Luc und Collini, haben ihn besucht und beide beschrieben. Der erste versichert, daß er an den Unkeler Basalten erst gelernt habe, wie sich regelmäßige Prismen aneinander fügen. Die Beschreibungen jener gelehrten Reisenden sind sehr voneinander abweichend. Ich will die Hauptfacta aus beiden nebeneinander stellen, und nur das hinzufügen, was ich selbst neues beobachtete.«

Humboldts Beobachtungen lesen sich heute allerdings nur noch insofern interessant, als sie einen Einblick gewähren, wie er als junger Mann seinen Blick für die Verschiedenheit der Dinge entwickelt und, die Steine betrachtend, immer wieder auch aufgeschaut hat, um den Blick zu weiten für den *Kosmos*, den er sich später in seinem *Versuch einer physischen Weltbeschreibung* vor Augen geführt hat. In seinem ersten Buch, diesen *Mineralogischen Beobachtungen*, liest sich sein phänomenologisches Interesse an der Welt so, daß er zum Beispiel den »stark gekrümmten Busen« beschreibt, den der Rhein am Kilometer 637 macht, und dann fällt sein Blick auf die »Ketten von Thonhügeln«, deren »Abdachung alle, fast wie die Berge im Rheingau, der Mittagssonne zukehren«, weshalb diese Gegend äußerst vorteilhaft für den Weinbau sei. »Die blauschwarze Farbe des verwitterten Schiefers trägt auch nicht wenig dazu bei, die Sonnenstrahlen zu verschlucken, und so die Wärme des Bodens zu vermehren.«

George Forster muß von dem ihm gewidmeten Buch angetan gewesen sein, denn als er 1790 seine berühmte Rheinreise antrat, hat er die Gegend am Rheinkilometer 637 ebenfalls besucht, übrigens in Begleitung Humboldts. »Als wir am folgenden Tag unsere Wasserfahrt fortsetzten«, berichtet Forster in seinen *Ansichten vom Niederrhein*, »kamen wir dem Fleckchen Unkel gegenüber an die merkwürdigen Basaltgruppen, über deren säulenförmige Bildung schon Trembley erstaunte, ohne jedoch von dem Streit zu ahnen, den man seither über ihre Entstehung mit so vieler Wärme geführt hat ... Wir wanderten über die Gipfel oder Enden der konvergierenden Säulen und gingen in den Steinbruch, der jetzt einen Flintenschuß weit vom Ufer hinaufwärts lief, ob er sich gleich ehemals bis dicht an das Ufer erstreckte ... Das Losbrechen der Säulen sieht gefährlich aus. Es geschieht vermittels eines spitzen Eisens, das an einem

Stock befestigt ist und das der Arbeiter zwischen die Fugen bringt. Der Sturz ganzer Massen von Säulen hat etwas Fürchterliches, und sobald man merkt, daß sie stürzen wollen, rettet sich ein jeder, um nicht beschädigt zu werden ... Sowohl auf diesem westlichen als auf dem entgegengesetzten östlichen Ufer des Rheins, bis in das Siebengebirge hinunter, sind diese Basaltbrüche häufig genug, um für die ganze Gegend Bau- und Pflastersteine zu liefern.«

Wo früher der Steinbruch lag, befindet sich heute das italienisch geführte Restaurant »Fischerhaus«. Von der Terrasse hat man eine der glänzendsten Aussichten zwischen Mainz und Köln. Wirklich der ganze Bilderbuchblick im Panorama, links das Siebengebirge, gegenüber die reizvolle Silhouette von Unkel und rechts Schloß Marienfels. Dieser Blick kann aber nicht darüber hinwegtäuschen, daß Gisela Dischners Diagnose von 1972, der Tourismus habe die romantische Unendlichkeit der Landschaft zum endlichen Konsumobjekt gemacht und die Seelenlandschaft der Romantik sei zum verkäuflichen Prospekt, die Romantik zum Klischee der Reiseführer verdinglicht worden, auch schon historisch geworden ist – einfach weil kaum noch Touristen die Gegend besuchen. Harte Zeiten. Aber Nino, der Besitzer vom »Fischerhaus«, der aus Ischia kommt und schon lange im Rheinland lebt, weiß zum Trost: Das Wasser fließt wie die Zeit. Wenn es steigt, hat es allerdings auch etwas Bedrohendes. Als ich auf dem Rückweg nach Rolandseck die Stelle passiere, wo August Sander gestanden hat, als er den Rhein bei Oberwinter vor dem Hintergrund des Siebengebirges fotografierte, spülen die Wellen schon leicht auf die Promenade; aber man kommt noch trockenen Fußes durch. Zwischenstation in Oberwinter. Im Gegensatz zu Rolandseck hatte Oberwinter noch das Glück, daß die B 9 am Ort vorbeiführt und so der Kern des Städtchens mit seinen mittelalterlich schiefen Häusern, den verwinkelten Gäßchen und der barocken Wasserpumpe, um 1780 errichtet und früher das Zentrum des gesellschaftlichen Lebens, erhalten blieb. »Sollte ich mir eine Wohnung am Rheine suchen«, schwärmte 1787 ein italienischer Reisender, Aurelio de' Giorgi Bertola, »so würde ich vielleicht einen Augenblick zwischen der Fröhlichkeit von Bingen, dem anmutigen Ernst von Sanct-Goar und der romantischen Mannichfaltigkeit der Gegend von Linz schwanken, aber ich würde mich endlich für Oberwinter entscheiden, wo sich die Blüthe der Reize aller drey Gegenden zu vereinigen scheinen.« Da die meisten heute auf der Bundesstraße 9 am Ort vorbeirasen, empfindet mancher die Stille im Ort allerdings als Abgeschnittensein. Die Einheimischen klagen, daß aber auch das innere Leben im Ort stagniert, weil, wie überall, es den Vereinen an Nachwuchs mangelt. Andere wohnen hier, weil sie an dieser Art von Leben gerade nicht teilnehmen und für sich sein wollen, zum Beispiel auf der »Rheinhöhe«, der bevorzugten Wohnlage von Oberwinter. Das sind die Leute, die von hier um keinen Preis wegziehen wollen, darunter einige hohe Beamte aus den Bonner Ministerien, die sich lange den Kopf zerbrochen haben, mit Hilfe welcher Verwaltungsgesetzparagraphen sie ihren Umzug nach Berlin vermeiden konnten. Später Nachmittag, die Kneipen füllen sich, Zeit für das Feierabendbier. Jeder kennt jeden und meint alles vom anderen zu wissen. Da Fremde kaum im Ort auftauchen, haben viele Oberwinterer auch Schwierigkeiten mit dem Fremden, was sie umgibt, und reagieren mit der üblich stereotypen Ablehnung auf alles, was sich ihnen entzieht. Dabei sind die meisten selber keine geborenen Oberwinterer, sondern Zugereiste. Neulich, in der schlichten evangelischen Kirche in der Hauptstraße, als ein im Alter von 87 Jahren gestorbener Oberwinterer das letzte Geleit erhielt, staunten viele nicht schlecht, als der Pfarrer die Odyssee des Verstorbenen, den jeder für einen Ur-Oberwinterer gehalten hatte, erzählte: geboren im fernen ehemaligen deutschen Osten, Mitglied der Freiwilligenarmee der Weimarer Republik, danach gestrandet im Rheinland, zuletzt Lagerverwalter auf der Werft im Oberwinterer Hafen.

Einer, der alle Zeiten mitgemacht hat, vor allem die alten Zeiten, als Oberwinter noch ein blühender Weinort war, dann die Nachkriegszeit bis in die 60er, 70er Jahre, als die Touristenschiffe im Hafen ankerten und die Reisebusse den Ort belagerten, ist Christian Stein. Sein am Hafen gelegenes Hotel, ein alter Palast, der noch eine Ahnung vermittelt von der früheren Pracht der Hotels an dieser Riviera des Rheinlandes, war früher das Haus des Winzervereins und Weinlokal. Heute zapft Christian Stein nur noch Bier, und Zimmer vermietet er schon lange keine nicht mehr – »alles belegt«, sagt er, wenn ein Fremder ein Zimmer mieten will, und groß zu essen gibt es auch nichts mehr – ein Fremder hört auf diesen Wunsch »Mein Koch ist krank«. Christian Stein ist vor kurzem 85 Jahre alt geworden, steht aber immer noch jeden Tag hinter dem Tresen, er

braucht das, es ist sein Hobby. »Feierabend gemacht?« – mit dieser Frage begrüßt er seine Gäste und stellt ihnen – das kann man auf jeden Fall bekommen – ein Bierchen hin, den Beamten und Angestellten aus den Bonner Ministerien, die in Rolandseck und Oberwinter wohnen, und den Handwerkern aus den umliegenden Orten, die sich einträchtig vor seinem Tresen zusammenfinden und vor ihm alle gleich sind, die meisten begrüßt er mit Handschlag und duzt sie alle, den Scholl Robert und den Mahlberg Hans, den Kremer Gerhard und den Schmitz Karl, den Haus Ludwig und die Brüder Heberlein Hein und Helmut, die Effelsberg Christa und die Müllers Evelyn und Gerd und und und. »Kommt das Hochwasser?« Seit Stunden verfolgt Christian Stein die Wasserstandsmeldungen im Radio – das übrigens noch ein Originalradio von Anfang der 50er Jahre ist – und notiert sie. »Es könnte sein«, sagt er. »Wenn dann auch noch die Schneeschmelze kommt«, fügt er besorgt hinzu. Und dann auf dem Heimweg nach Rolandseck komme ich wieder an den Bänken am Rhein vorbei, wo Eva Plint aus Bölls *Frauen vor Flußlandschaft* sitzen könnte, vielleicht ist heute Hermann Wubler dabei, ein Politiker, mit dem sie zu einem verwilderten Grundstück am Fluß geht, darauf eine Ruine, die verkauft werden soll. »Mit diesem Grundstück hier werden Sie aber kein Glück haben«, sagt Eva Plint. »Er wird nicht verkaufen.« »Sind Sie so sicher«, fragt Hermann Wubler. »Ich führe Verhandlungen für ein Scheichtum, in dem man für Rheinromantik und unser merkwürdiges Klima schwärmt – wo man einen grauen Himmel mit Entzücken begrüßt. Blau, auch himmelblau, wissen Sie, kann eintönig wirken, ist eintönig. Drei, vier Millionen sind geboten, und es könnten fünf werden – und das Grundstück ist ja zum Schandfleck geworden.« »Schandfleck ist ein gutes Wort«, antwortet Eva Plint, »und es wird wohl einer bleiben. Schandfleck, Denkmal der Schande. Täglich komme ich an dieser bemoosten Mauer vorbei, sie ist brüchig, stellenweise schon eingesackt und überwuchert. Der Garten verwildert, fast zugewachsen – jahrzehntelang sind Samen und Früchte ins Unkraut gefallen, fast wächst es schon bis zu den Baumkronen hinauf, Pfützen, kleine Teiche, fast wahre Biotope – hier höre ich abends die Kröten rufen ... Viele waren schon hinter dem Grundstück her, wollten bauen mit Blick auf den Rhein und

da drüben, wo auch mal Drachenblut geflossen ist ... Sie, Hermann Wubler, vertreten die Käufer – bieten drei, vier, bis zu fünf Millionen. Warum nicht zehn, wo das Öl doch reichlich fließt. Aber mein Ernst vertritt den möglichen Verkäufer, den er nach jahrelangem Suchen gefunden hat, nach fanatischem Bohren und Forschen – Jeremias Arglos, fünfzehn, lebt in New York – der Erbe derer, die zu Asche geworden sind, zu Staub in Auschwitz und Treblinka – Staub auch auf Jerusalems Friedhöfen, in Kalifornien und New York. Er war bei uns, der Junge, mager, blaß, hochaufgeschossen. Ich machte mit ihm eine Abendfahrt auf dem Rhein: Lampions, Gesang, oh du fröhliches Rheinland. Er aß Eis, trank Limonade, aß Würstchen, ging hier, in Jeans mit violettem Hemd, durch die Ruine, den Garten und sagte beim Abendessen: Nicht verkaufen, nie verkaufen. Es soll ein Denkmal bleiben für meinen Urgroßvater, der's gebaut hat, für meinen Großvater und Vater, die hier geboren sind, die die hiesige Sprache gesprochen und bei Krechens August Bier getrunken haben – es soll ein Denkmal für sie bleiben – Schandfleck oder Denkmal. Oder Denkmal der Schande.«

Sonntagabend. Den ganzen Tag über strahlendes Licht und reger Schiffsverkehr, Frachtschiffe, Musikdampfer, einige reiche Kölner waren mit ihren Yachten aus dem Oberwinterer Hafen ausgelaufen und kreuzten vor meinem Balkon, auch einige Segler und Kanuten waren unterwegs, und auf der Uferpromenade schauten sich viele Spaziergänger mit mir das Spektakel an. Einmal in der Ferne Klaviermusik, und da hatte ich für eine lange Weile einen Satz von John Cage im Kopf: »Übrigens, in meinem Haus hört man die Schiffe, die Verkehrsgeräusche, die Nachbarn zanken, die Kinder im Flur spielen und kreischen, und obendrein quietschen die Pedale des Klaviers. Vor dem Leben gibt es kein Entkommen.« Und jetzt ist es dunkel geworden, aber der Himmel ist noch ein wenig blau, und ich kann mich nicht satt sehen an diesem Blau des Himmels im Schwarz dieser Nacht. Aber gleich wird das Blau des Himmels im Schwarz der Nacht verschwinden und Schrift geworden sein auf meinem Papier. Nur noch das leise Rauschen des Rheins ist zu hören, der mir heute wieder eine lange Geschichte erzählt hat. Das nächste Mal werde ich ihm eine Geschichte erzählen.

Wo man nicht ankommen kann
Ein letzter Spaziergang durch den Atombunker der Bundesregierung

»Als ich ankam, hatte ich das Gefühl, nirgendwo zu sein. Am erstaunlichsten war jedoch, daß ich immer noch in dieser Welt war ... Die Landschaft machte einen trostlosen Eindruck, aber es war nicht zu leugnen, daß sie lesbare Züge besaß und daß ich in ihr existierte. Das war eine Entdeckung – ihr Anblick. Ich dachte: *Nirgendwo ist auch ein Ort.*«

Paul Theroux

Noch ein Blick in den an diesem Tag blauen Himmel über dem Ahrtal. Über uns in den Weinbergen, auf dem Rotweinwanderweg, starrten uns einige Spaziergänger erstaunt an, wie wir da vor einer ihnen sicher sonderbar erscheinenden Kulisse standen, einer durch Kameras bewachten Betonanlage, die den Eingang zu einer in den Berg gebauten Festung erahnen ließ; dann schob sich das Tor mit den Panzerglasfenstern zur Seite, und wir betraten den in den letzten dreißig Jahren geheimnisvollsten und bestgehüteten Ort der Bundesrepublik: den Atombunker der Bundesregierung.

Seit dem Beschluß, daß Parlament und Regierung ins 640 km entfernte Berlin umziehen, hat der Bunker als, wie er im Behördendeutsch heißt, »Ausweichsitz der Verfassungsorgane des Bundes im Krisen- und Verteidigungsfall« ausgedient. Über das Bundesvermögensamt in Koblenz versuchte der Bund die im Land Rheinland-Pfalz gelegene und mit einem Kostenaufwand von circa 5 Milliarden Mark gebaute Immobilie durch öffentliche Ausschreibung »gegen Höchstgebot« zu verkaufen. Bedingung war ein brauchbares und mit den umliegenden Gemeinden abzustimmendes Nutzungskonzept, das aber niemand vorlegen konnte. Da meldete sich nach Ende der Ausschreibungsfrist noch ein Kaufinteressent aus Linz, der mich bat, ihn bei der Besichtigung des Bunkers zu begleiten. Neugierig, und da ich nicht auf der Liste der 3000 Leute stand, die im Kriegsfall im Bunker Unterschlupf gefunden hätten, und da ich auch künftig den Bunker als Reiseziel nicht werde buchen können, weil er nun doch nicht, wie ein Konzept vorsah, in einen touristischen Erlebnispark umgewandelt wird, sagte ich spontan zu.

Auf der Bundesstraße 266, später auf der Bundesstraße 267 fuhren wir an Bad Neuenahr und Ahrweiler vorbei Richtung Dernau. Im zur Gemeinde Dernau gehörenden Ortsteil Marienthal führt die Klosterstraße – »Anlieger frei« – zum offiziell als »Dienststelle Marienthal« getarnten Bunker. Ungehindert kamen wir durch. Früher sicherte der Bundesgrenzschutz den Bunker weiträumig ab, und mancher Spaziergänger in den umliegenden Weinbergen wird sich gewundert haben, wenn er auf Schildern las, daß ein Waldweg »Sackgasse« und »Durchgang verboten« sei. Manche Terrains im Wald sind auch durch hohe Eisenzäune abgesperrt, so auf der Höhe des Trotzenbergs, wo die Funkmasten stehen, die innerhalb der Absperrung noch zusätzlich durch Stacheldrahtverhaue gesichert sind. Die Warnung »Betreten der Anlage verboten. Dienststelle Marienthal« wird jeder Wanderer befolgt haben, zumal wenn er auf einsamen Waldwegen plötzlich Leuten mit Maschinenpistole und Hund an der Leine begegnete.

Das Wachpersonal ist abgezogen. Die Szene wirkt fast friedlich. Auf dem Parkplatz, neben dem Hubschrauberlandeplatz, auf dem im »Verteidigungsfall« der Bundeskanzler eingeschwebt wäre, ein riesiges weißes Zelt, als ob darin ein Büfett aufgebaut sei und gleich eine Party beginne. Manchmal öffnet sich die Bunkertür, und Männer in blauen Arbeitskitteln kommen auf einem Fahrrad heraus. Andere Arbeiter verlassen den Bunker auf kleinen Elektrowagen, die zwei, drei Anhänger ziehen, darauf offene Kisten voll mit Besen oder Wolldecken. Nur die Kameras und Scheinwerfer auf dem Dach des Bunkereingangs und die dunklen Panzerglasscheiben verraten, daß hier einmal allerhöchste Sicherheitsstufe galt. Aber da steht vor dem Zaun, der den Eingang umgibt, auch ein kleines hölzernes Wachhäuschen, auf den ersten Blick als etwas morsch und für die Verteidigung des Bunkers gänzlich ungeeignet erkennbar, und man ahnt, daß einen auch etwas Komisches erwartet, bei all dem Ernst, den eine atombombensichere Anlage ausstrahlt.

Natürlich reist man nicht in einen Atombunker in der Hoffnung, darin von den Geheimnissen des Lebens träumen zu können. Konzipiert

und gebaut wurde er für eine kurze Frist des Überlebens, wenn nach dem Verlust aller Großorientierungen auf dem Bildschirm des Weltgeschehens wie nach Programmschluß nur noch das Flimmern der kleinen Lichtpünktchen zu sehen und als Begleitmusik ein diffuses Rauschen zu hören ist. Diese Situation wurde im Bunker während der regelmäßig stattfindenden NATO-»Wintex«-Übungen simuliert, wobei die Rolle des »Bundeskanzler üb.«(ungshalber) ein Staatssekretär aus dem Kanzleramt spielte. »Liebe Mitbürgerinnen und Mitbürger«, verkündete der »Bundeskanzler üb.« über die zentrale Lautsprecheranlage seinen Bunkermitinsassen, »meine sämtlichen Friedensbemühungen sind gescheitert. Wir befinden uns im Krieg.« »Der Bundestag«, unterrichtete im perfekt eingerichteten Fernsehstudio des Bunkers vor laufenden Kameras (mit einliegendem Filmmaterial, so ernst wurde geübt) der »Regierungssprecher üb.« die draußen gebliebenen »Mitbürgerinnen und Mitbürger«, »hat mit

Zustimmung des Bundesrates gem. Artikel 115a Grundgesetz den Verteidigungsfall festgestellt.« Da »in der vorausgegangenen Spannungszeit« Einwohner »überstürzt den Landkreis verlassen« hätten, »um Zweitwohnungen im In- und Ausland, aber auch Freunde und Verwandte in anderen Gebieten aufzusuchen«, und auch »ein Großteil der ausländischen Einwohner in Richtung Süd- bzw. Süd-Ost-Europa aufgebrochen« sei, habe man »seit Feststellung des Verteidigungsfalls den grenzüberschreitenden Verkehr von Zivilpersonen drastisch einschränken müssen«. Die Bundesregierung, so der »Regierungssprecher üb.« weiter, habe »gemäß § 12 (1) des Katastrophenschutzgesetzes Anordnungen erlassen«, daß die Einwohner ihren »gewöhnlichen Aufenthaltsort nur mit Erlaubnis verlassen dürfen und Personen besonders gefährdeter Gebiete vorübergehend anderweitig untergebracht werden. Da der Individualverkehr auf der Straße wegen der Bewirtschaftung von Kraftstoffen sehr stark reduziert ist, erfolgt der Berufspendelverkehr auf Schiene und Straße mit öffentlichen Verkehrsmitteln. Aufgrund der Sabotageanschläge ist für den Landkreis Ahrweiler eine Ausgangssperre in der Zeit von 23.00 bis 05.00 Uhr angeordnet worden ...« Die Landkreiseinwohner haben von dem ihnen während der Übungen verordneten Chaos natürlich nichts mitbekommen.

Wenn man Unordnung definiert als einen Zustand, in dem es gleich wahrscheinlich ist, daß der Kamm in der Bürste und in der Butter steckt, dann muß ein Atombunker, in dem man sich dem irdischen Chaos zu entziehen hofft, geradezu ein Hort allergrößter Ordnung sein. Als Ort, wo endlosen schnurgeraden Gängen endlose schnurgerade Gänge folgen, wirkt er auch so. Der Eingangsbereich ist noch großzügig gestaltet, breite Korridore, in denen links die Elektrowagen geparkt und rechts Fahrräder abgestellt sind, die beiden im Bunker einzig geeigneten Transportmittel; denn hat man den Eingangsbereich verlassen und die riesige Schleuse durchschritten, die im Fall des Falles sich geschlossen und die Bunkerbewohner vor atomaren Strahlen geschützt hätte, werden die Gänge eng. Zu Fuß machen wir uns auf den Weg, nachdem man uns eine kleine Tasche mit Atemschutzgerät in die Hand gedrückt hat, »vorsorglich, falls es brennt«. Zusätzlich nehme ich noch eine Botschaft mit auf die Reise in die Unterwelt, die auf einem Zettel am Eingang zu lesen steht. »Bürokratie«, wird da Balzac zitiert, »ist ein gigantischer Mechanismus, der von Zwergen bedient wird.«

Gigantisch ist der Bunker: 83.000 Quadratmeter groß, bei einer umbauten Fläche von 367.000 Quadratmetern, hat man einen Spaziergang von 19 Kilometern vor sich. Gebaut wurde der Bunker in einen ehemaligen, von 1918 bis 1924 errichteten Eisenbahntunnel, durch den aber nie ein Zug fuhr, weil man den Ausbau kurz vor der Fertigstellung abbrach. Der Tunnel wurde immer anders genutzt: Im Zweiten Weltkrieg mußten hier Häftlinge des KZ-Außenlagers Marienthal V2-Raketen zusammenbauen, und gegen Ende des Krieges suchte ein Großteil der Bevölkerung des Landkreises Ahrweiler darin Schutz. 1945 beschloß der alliierte Kontrollrat zwar, die Anlage zu sprengen, aber aus Sorge, erzählt man, mit der Sprengung würden auch die Weinberge zerstört, füllten die Ahr-Bewohner das Sprengkommando so reichlich mit ihrem guten Rotwein ab, daß die Tunnelanlage erhalten blieb. Als Anfang der 60er Jahre, mitten im Kalten Krieg, sich die Regierung ein unterirdisches Handlungszentrum und Überlebens-Territorium ausdachte, erinnerte man sich an den gut 25 Kilometer von Bonn entfernten Ahr-Tunnel und baute einen Teil – den heutigen Teil »Ost« – bis 1965 als Atombunker aus. Die größte und geheimste Baustelle der Bundesrepublik breitete sich mit den Jahren immer weiter aus, und bis 1972 entstand mit dem zusätzlichen Teil »West« der Bunker in seinem heutigen Ausmaß, mit insgesamt fünf Bauteilen, zwei zum Teil »Ost« und drei zum Teil »West« gehörend, die unabhängig voneinander mit Strom, Luft und Verpflegung versorgt werden können. Kosten wurden nicht gescheut, ständige Instandsetzungen und Erweiterungen mit modernstem technischen Standard waren selbstverständlich. In dieser Stadt im Berg wäre man im Kriegsfall autark gewesen. Das Wasser besorgt man sich nicht über das öffentliche Netz, sondern aus eigenen Brunnen und Zisternen. Einen Anschluß an das öffentliche Stromversorgungsnetz der Rheinisch-Westfälischen Elektrizitätswerke gibt es zwar, mit zwei Übergabestellen außerhalb des Bunkers, aber man kann im Fall des Falles, für den der Bunker ja gebaut ist, über ein eigenes Kraftwerk den Strom auch selber erzeugen – sogar die Elektrizitätswerke wollten einmal den Bunkerstrom kaufen; zu einem Vertragsabschluß ist es aber nicht gekommen. Der Treibstoffvorrat wäre auch ausreichend gewesen: Die Außentanklager fassen 30 mal 38.000 Liter Öl, und es gibt angeschlossene Innentanklager in jedem Bauteil: das Tanklager im ersten Bauteil faßt 9 mal 38.000 Liter, das im zweiten 8 mal 38.000 Liter, und die

Tanklager im dritten, vierten und fünften Bauteil fassen noch einmal jeweils 6 mal 57.000 Liter. Mindestens dreißig Tage hätte man ohne Kontakt mit der Außenwelt im Bunker leben können, wobei der Treibstoff- und Verpflegungsvorrat wahrscheinlich für länger als ein Jahr gereicht hätte. »Die Anlage ist vollständig gegen äußere Einflüsse verschließbar«, versichern die Bunkerbauer. Ob die Bunkermauern allerdings auch einen direkten Raketenangriff überstanden hätten, weiß niemand. Denn obwohl die Existenz des Bunkers lange bestritten wurde, kann man davon ausgehen, daß der potentielle Gegner von seiner Existenz und seiner genauen Lage wußte, und im Fall des Falles wäre sicher ein Raketenschwarm Richtung Marienthal geschickt worden, wo die politische und militärische Führung beisammen gewesen wäre. Die »Lage« hätte nach einem Raketenangriff sicher anders ausgesehen, als sie in einem typischen Ausgangsszenario für eine Bunkerübung beschrieben wurde: »Es ist Montag, 14.00 Uhr. Seit den frühen Morgenstunden werden in kurzen Zeitabständen vereinzelte Störangriffe im Raum Köln – Bonn – Koblenz geflogen, dabei gab es im Landkreis Ahrweiler folgende Schäden: in Bad Neuenahr am Kurviertel 13 volle Brände, 4 Totalzusammenbrüche, 8 Teilzusammenbrüche, 35 Verletzte, 50 Verschüttete, vermutlich verletzt. Bei einem Angriff auf militärische Einrichtungen nördlich Wershofen wurde der Ortskern von Wershofen durch konventionelle Kampfmittel ebenfalls zerstört. Verursachte Schäden: 17 fortgeschrittene Brände, 15 Gebäude teil- bis total zusammengebrochen, 80 Verletzte, 60 Verschüttete und 22 Vermißte. Das Sanitäts- und Lebensmittellager der Bundeswehr brennt.« Der unbekannte Drehbuchschreiber legte aber auch darauf Wert, daß sich die Bunkerinsassen während einer Übung damit auseinandersetzen mußten, daß »die Staatliche Zucht- und Besamungsanstalt Wershofen ebenfalls teilzerstört und dabei 15 Zuchtbullen getötet und 30 Rinder verletzt wurden.« Tröstlich bemerkte er abschließend »zur Lage: Wetter: Trocken, etwa 27 Grad. Wind: Leichte Brise aus Nordost ...«

Einen Spaziergang durch den Atombunker der Bundesregierung mag man sich als Abenteuer vorstellen. Aber nach fünfzehn Minuten habe ich zunächst einmal den Eindruck, immer nur an einer Wand entlangzulaufen. Weil man in den endlosen schnurgeraden Gängen, die ein Ordnungssystem simulieren, nie ein Ziel vor Augen hat, fühlt man sich gerade deshalb wie in einem Labyrinth, wobei die überall aufgestellten Verkehrs-

und Hinweisschilder diesen Eindruck auf fast gespenstische Weise noch verstärken; besonders tückisch wirken die Hinweise auf die Notausgänge, denn der Bunker wurde ja dafür gebaut, daß man diese Notausgänge im eingetretenen Notfall gerade nicht benutzen muß und besser auch nicht benutzen sollte. So wandern wir ins Ungewisse hinein. In einem gegen die Außenwelt abgeschlossenen Atombunker ist einem nicht nur das normale Bescheidwissen genommen, man ist aufgrund eines extremen Informationsentzugs völlig entrückt von der bekannten Welt und bewegt sich in einem Bereich ohne sichere Orientierungen, in einem Überlebensraum, dessen Lage und Beschaffenheit und Zweck es gleichwohl nötig machen, ein nach dem Programmschluß auf Sparflamme reduziertes Leben noch gesellschaftlich zu kontrollieren, zu formen und auf Lösungen hin zu durchdenken. Vielleicht ist das der Wahn, den so ein Atombunker ausdrückt und der die eigene Person bei einem Spaziergang durch ihn umweht und auch bedrängen kann. Es ist das Erschrekken bei dem Gedanken, daß, wenn die äußere Welt als Projektion, die man immer auch mit seinem eigenen Ich gestaltet, verschwunden wäre, man sich auch selber aus den Augen verloren hätte, denn wenn man die anderen Menschen nicht mehr sieht, sieht man sich auch selber nicht mehr dazugehörig – als sei man unsichtbar geworden. Für den Ernstfall eines Alptraums konstruiert, begrenzen die äußeren Mauern und die gegen Atomstrahlen dicht verschließbaren Schleusen des Bunkers sozusagen die Innenwelt dieses Alptraums, und diese Innenwelt des Alptraums durchwandern wir bei unserer Reise durch den Bunker. Je tiefer wir in ihn hineingehen, desto deutlicher wahrnehmbar wird auch die künstliche Stille, und es beschleicht einen die Ahnung, daß es neben den technischen Geheimnissen, die der Bunker birgt, noch ein anderes Geheimnis gibt, das wahre Geheimnis des Bunkers, das wahrscheinlich in dieser künstlichen Stille verborgen ist.

Obwohl nur die Notbeleuchtung eingeschaltet ist – jede zweite Lampe brennt, »wir müssen sparen«, sagt vergnügt der Herr vom Bundesvermögensamt –, sind die Gänge gut ausgeleuchtet. Manchmal passiert man eine Schleuse, hinter der wieder ein endloser schnurgerader Gang beginnt, darin nichts als Rohre, Stromleitungen, Schaltkästen. Gelegentlich taucht aus einem Nebengang plötzlich, wie zum Trost, daß wir doch nicht allein im Bunker sind, ein Fahrradfahrer auf, dann kommt einem ein Elektrokarren mit Anhängern entgegen, auf denen irgend etwas aus dem Bunker heraus transportiert wird – er wird seit einiger Zeit leergeräumt. Die Elektrowagen wurden eigens für den Bunker konstruiert, derart, daß Gegenverkehr in den engen Gängen möglich ist. »Hier drin ist nichts von der Stange«, sagt Werner Czeratzki, der leitende Ingenieur, und wird es später noch mehrmals sagen. Wir öffnen eine Tür nach der anderen, schauen zunächst in die Finsternis, schalten das Licht ein und sehen Räume, die jedesmal wie ein Kabuff wirken, eng, ein Schreibtisch und ein Schrank darin, zwei, drei Stühle, jedes Zimmer wie das andere, mit Gasbetonplatten und abgehängten Decken, manchmal steht noch eine uralte Olympia-Schreibmaschine herum, und man fragt sich, welche Textsorten mit welchem Inhalt in den 897 Büroräumen wohl »im Verteidigungsfall« in diese Maschinen getippt worden wären. Auch die einen Stock höher gelegenen Schlafräume eng und einer wie der andere, vier, fünf, sechs Betten übereinander, der Standard der gesamten Einrichtung zwischen Jugendherberge und Kaserne – vielleicht sogar eine passende Inneneinrichtung für den Fall, daß die Außenwelt in die Primitivität zurückgebombt worden wäre. Die sanitären Anlagen ebenso eng, alles funktioniert aber noch, aus den Hähnen kommt Wasser, und Toilettenpapier ist auch noch reichlich vorhanden. Beim Verlassen der Räume schalten wir das Licht wieder aus.

Nach dreißig Minuten Fußmarsch über PVC-Böden und an nackten Wänden entlang, nach ständigem Ein- und Ausknipsen von Lichtschaltern und Blicken in trostlos wirkende enge Räume die ersten Ermü-

dungserscheinungen. Endlich öffnet sich der Blick, eine Großküche, wo früher Luftwaffenangehörige gekocht haben, »wahrscheinlich mit Wut im Bauch«, wie der Kaufinteressent vermutet, daneben ein Speisesaal für sechshundert Personen, jeder Bauteil verfügt über so eine Großküche mit Speisesaal, im Bunker gibt es alles fünfmal, und alles ist identisch. Zur Abwechslung laufen wir dann nicht weiter, sondern nehmen einen Fahrstuhl, den ein frisches TÜV-Siegel ziert, fahren in die Tiefe des Bergs und stehen plötzlich mit den Füßen im Wasser. Eine kleine Panik breitet sich aus, da ich beim Laufen durch die Gänge die Vorstellung entwickelt hatte, mich in einem riesigen U-Boot zu befinden, das nun ein Leck bekommen hat und in der Not nie wieder wird auftauchen können. Würde die zentrale Klima- und Belüftungsanlage ausfallen, sickerte vermutlich bald im ganzen Bunker das Bergwasser durch die Wände; in einigen Notausgängen im Außenbereich des Bunkers stößt man auch auf Pfützen und feuchte Wände. Da ist es beruhigend zu denken, daß man sich in Wirklichkeit am angeblich sichersten Ort in der Bundesrepublik aufhält, um Minuten später schon wieder zu erschrecken, wenn rote Lampen Alarm signalisieren und unter einem aus Kriegsfilmen bekannten ohrenbetäubenden Sirenengeheul sich eine der Atomstrahlen abwehrenden Schleusen öffnet. Obwohl der Sirenenlärm im Zusammenspiel mit den roten Warnlampen auch beeindruckend ist, frage ich nach einigem Zögern doch, ob der Bunker denn nun wirklich atombombensicher ist. »So ist er konzipiert«, antwortet Werner Czeratzki knapp und fügt ebenso knapp hinzu: »Auch gegen einen Gasangriff sind wir hier im Bunker immun.«

Unbekümmert, daß der Kaufinteressent aus Linz auf Fragen des Herrn vom Bundesvermögensamt nach seinem Nutzungskonzept beharrlich schweigt, führt uns Werner Czeratzki durch sein Reich – er muß uns nicht mehr als Spione fürchten. Seit gut dreißig Jahren im Bunker, ist er als leitender Ingenieur »Regierungsoberamtsrat« – so viele beamtete Ingenieure und Techniker wie in Marienthal waren in Deutschland bestimmt nirgendwo sonst beisammen; selbst einfachen Handwerkern wie Schlossern und Schreinern gab man den Beamtenstatus, um ihre Pflicht zur Verschwiegenheit bei Androhung von Strafe nachdrücklicher in Anspruch nehmen zu können. Früher, als der Bunker rund um die Uhr in Alarmbereitschaft »gefahren« wurde, arbeiteten 180 Festangestellte darin, davon 140 Techniker. Ohne Personalkosten zahlte der Bund zum Beispiel im Jahr 1994 für die volle Alarmbereitschaft circa 9 Millionen Mark, davon 1,7 Millionen Mark für den Bauunterhalt, 2,3 Millionen Mark für die Bewirtschaftung und 5 Millionen Mark für die Bewachung der Anlage. Heute sind noch 50 Leute im Dienst, und die Kommandozentralen für den »heruntergefahrenen« Betrieb in den fünf Bauteilen sind wenigstens tagsüber noch besetzt. Welche Stromkosten denn bei so geringer »Fahrt« der Anlage anfielen, erkundigt sich der Kaufinteressent. »Pro Monat circa 50.000 Mark«, antwortet Werner Czeratzki mit einer leisen Emotion in der Stimme, als wolle er sagen, er halte es für unmöglich, daß ein Privatinvestor den Bunker übernehmen könne.

Herz und zugleich Lunge des Bunkers ist der Maschinenpark, der teilweise wie aus einem Science-Fiction-Film aus den 60er, 70er Jahren wirkt. Wir stehen zum Beispiel vor einem riesigen Schiffsdieselmotor im Wert von einer Million Mark. Das Problem war, ihn überhaupt in den Bunker hineinzuschaffen. Es gibt zwar eine geschützte, 1000 Meter lange unterirdische Zufahrtsstraße, die allerdings so schmal ist, daß auf ihr bis zur Entladezone nur Unimogs fahren können; ab der Entladezone mußten alle Maschinen und andere Geräte auf den Elektrokarren transportiert werden, mit einer Stundengeschwindigkeit von 10 Kilometern notfalls über die volle 19-Kilometer-Streckendistanz. Der Schiffsdieselmotor wurde folglich in sämtliche Einzelteile zerlegt in den Bunker gebracht und erst darin auf- und zusammengebaut. Man ahnt die Leistung, die hier vollbracht wurde, und Werner Czeratzki läßt beim Gang durch den Maschinenpark seinen Stolz auch immer wieder durchklingen. »Nein«, sagt er noch einmal, »hier ist wirklich nichts von der Stange.« Einige Maschinen hat er selbst erfunden; sie wurden in den bunkereigenen Werkstätten gebaut. Andere Maschinen, »alles Spezialanfertigungen«, ließ man außerhalb konstruieren, zusammenbauen und auf ihre Funktionsfähigkeit testen, dann wieder wie im Fall des Schiffsdieselmotors in die Einzelteile zerlegen, in den Bunker bringen und wieder zusammenbauen. Einige Maschinen stammen noch aus den 60er Jahren, wirken aber gepflegt und sind alle noch betriebsbereit, versichert Werner Czeratzki. Sein Vortrag ist gründlich: Wie der Bunker die verschiedenen Druckwellen bei einem Atomangriff überstanden hätte, wissen wir nun wenigstens ahnungsweise. Ahnungsweise kennen wir nun auch das ausgetüftelte System von Flucht- und Lüftungsstollen – der Bunker hat 38

Verbindungsstollen nach außen, davon vier Haupteingänge, zwei in Marienthal – und wissen, wie die Verschlußelemente im Fall des Falles funktioniert hätten. Wir kennen ebenfalls die Anzahl der Mischboxen – 160 –, mit denen zum Beispiel im fünften Bauteil die »zentrale Kälteregulierung« gesichert wird – in den vier anderen Bauteilen sind natürlich wieder dieselben Mischboxen in Betrieb, und auch wieder 160. Wir wissen ebenso, daß die »raumlufttechnische Anlage« mit thermodynamischer Aufbereitung funktioniert, daß die »zentrale Luftaufbereitung pro Bauteil mit Taupunktregelung« erfolgt, und daß es eine »Zweikanal-Hochdruck-Klimaanlage innerhalb der Arbeitsbereiche« gibt, die die Luft in »Raumgruppen bis maximal sieben Räumen zwischen 18 °C bis 24 °C« reguliert. Nach dem Vortrag bin ich fest überzeugt, daß Werner Czeratzki auf den 83.000 Quadratmetern des Bunkers jede Schraube kennt. Wenn er den Bunker wirklich kaufen wolle, raune ich dem Mann aus Linz zu, müsse er Werner Czeratzki unbedingt engagieren. Als ob er es gehört habe, sagt Werner Czeratzki: »Ohne ortskundiges Personal wird ein privater Käufer nicht zurechtkommen.« Und dann sagt er noch in den Raum: »Wenn jemand glaubt, er könne den Bunker kaufen, um die Ma-

schinen auszuschlachten – das wird der Bund bestimmt nicht mitmachen.«

Wir machen uns wieder auf den Weg und stehen nach einer Weile im Waschraum des Bundeskanzlers – in die Dusche hätte ein Kanzler Kohl nie hineingepaßt, aber der war auch nie im Bunker, wie überhaupt noch nie ein amtierender Bundeskanzler seinen Arbeitsplatz unter der Erde besichtigt hat. Das Schlafzimmer des Bundeskanzlers ist immerhin ein Einzelbettzimmer, allerdings auch nur spartanisch mit Bundeswehrfeldbett eingerichtet. Das Büro gleich nebenan, mit schwarzem Filzstift hat jemand auf die Tür geschrieben: »Bundeskanzler«. Auf dem Schreibtisch ein einfaches grünes Telefon aus den 70er Jahren. Glasfaserkabel für ISDN-Anbindungen wurden aber inzwischen noch verlegt. Wir sind im militärischen Bereich des Bunkers und erreichen bald das Fernmeldezentrum, natürlich ein größerer Raum. Vielleicht hat Werner Czeratzki meinen erstaunten Blick auf die auf dem Boden stehenden, nicht mehr angeschlossenen, uralten Fernschreiber bemerkt, denn als wir wenig später das Lagezentrum der Bundeswehr betreten, natürlich auch ein größerer Raum, durch den man richtig schreiten kann, erwähnt er, daß hier modernste Elektronik installiert war. Die Bundeswehr hat ihre Anlage bereits entfernt. An den Wänden hängengebliebene Landkarten lassen aber noch erkennen, daß hier einmal Krieg gespielt wurde. Die »Lage« erklärte der »Regierungssprecher üb.« während der Übungen zum Beispiel so: »Die Kraftfahrer auf der Autobahn Flensburg werden gebeten, nicht über den Grenzübergang Kupfermoor nach Dänemark einzureisen. Angriffe mit chemischen Waffen auf unser Nachbarland führen zu schweren Beeinträchtigungen der Verkehrslage.« Auch sei der Innenstadtring Lübecks »zur Zeit durch sowjetische Panzer blockiert«, weshalb der »Regierungssprecher üb.« »ortskundigen Autofahrern« die »Empfehlung« gab, »das Stadtgebiet zu meiden«. »Der Verkehr auf der Bundesautobahn 7«, lautete eine andere Nachricht, »wird in beide Richtungen im Raum Schleswig wegen des Betriebs eines Autobahnnotlandeplatzes umgeleitet. Die Bundeswehr hat einen Fährbetrieb über die Eider eingerichtet. Die Übergangsmöglichkeit kann bis zum Eintreffen der 9. US-Division über Dänemark genutzt werden. Zivilkraftfahrzeuge werden an den Ersatzübergangsstellen der NATO-Streitkräfte bei Offenau und Hochberg zurückgewiesen. Durch Luftangriffe sind die Weserbrücken

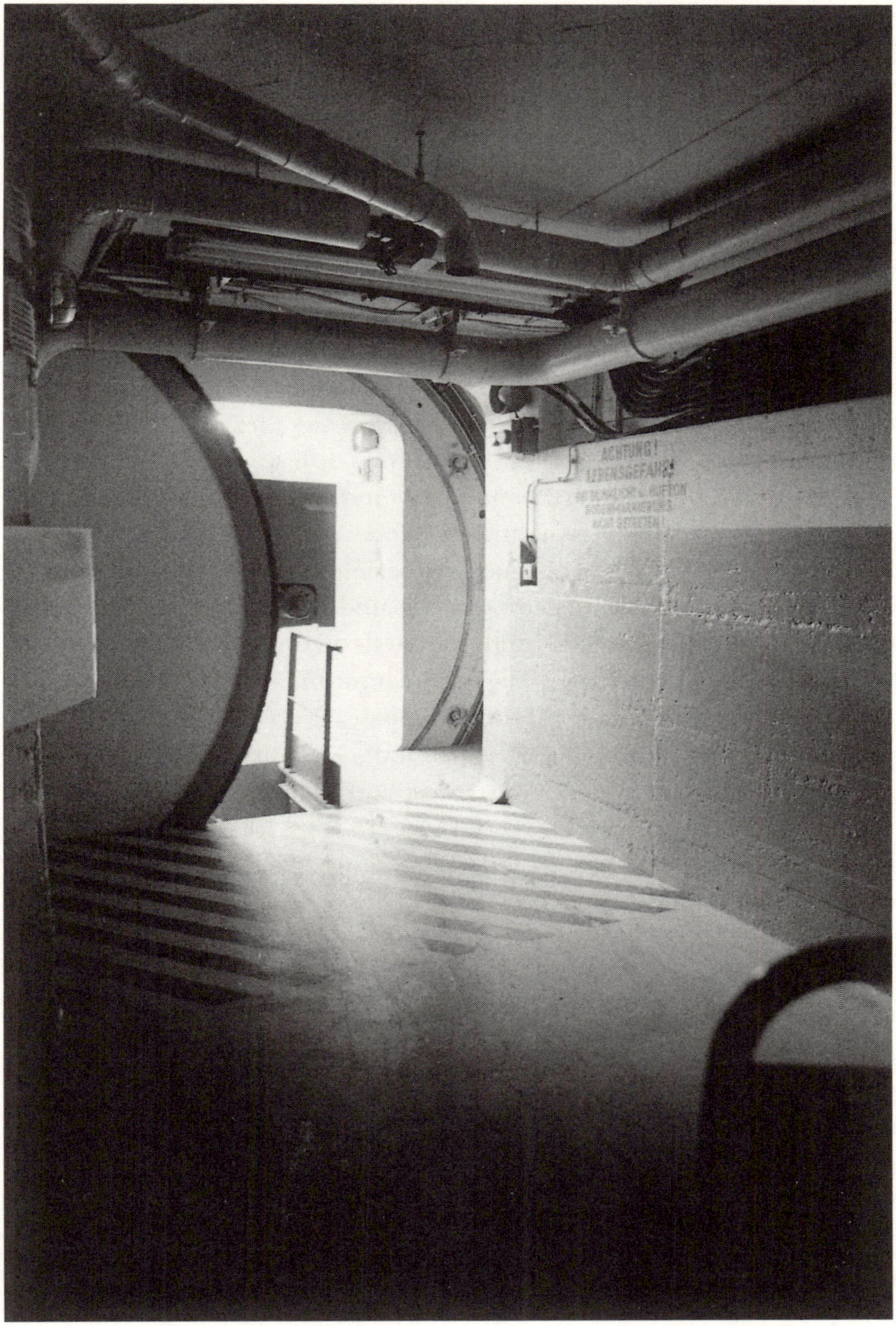
ACHTUNG!

zwischen Hameln und Minden, die Neckarbrücken im Kreis Heilbronn zerstört ...«

»Das Militär hatte natürlich ein anderes Verständnis von der Veranstaltung, und es hatte ganz bestimmt auch die weitaus schwierigere Aufgabe«, erinnert sich ein inzwischen pensionierter Abteilungsleiter des Bundesbauministeriums, der im Bunker die Rolle des »Bundesbauministers üb.« gab. »Aber die Zusammenarbeit verlief problemlos, wobei ich nicht weiß – der Bauminister sitzt natürlich nicht im obersten Führungszirkel –, ob beispielsweise – das wurde natürlich auch simuliert – bei politischen Entwicklungen, die friedlich oder nicht friedlich hätten weiterführen können, es Meinungsverschiedenheit gegeben hat – das stelle ich mir jedoch als lebensrealitätsnah vor. Es drang aber nicht nach außen, daß sozusagen eine Palastrevolte stattgefunden hat, weil die Meinungen über die Fortführung oder Beendigung eines solchen Konflikts extrem auseinandergingen. Es war natürlich immer auch der Versuch, bis zum letzten Moment vor der Mobilisierung beziehungsweise der Kriegserklärung den Konflikt friedlich zu beenden, und dieser Versuch wurde uns in den Lagebesprechungen und Kabinettssitzungen vorgetragen und deutlich gemacht, daß der Weg, der daraufhin eingeschlagen wurde, auch der angemessene war für die Lösung des Problems. Die Friedensbemühungen waren vorrangig, aber die Übungen mußten natürlich zu einer Kriegserklärung führen, denn sonst hätten sie ja keinen Sinn gehabt. Wenn sie abgebrochen worden wären, weil wir im letzten Moment noch den Frieden erreichen konnten, das wäre kontraproduktiv gewesen, und darauf ist auch keiner verfallen.«

Die Beamten und Angestellten aus den Bonner Ministerien, die in den Bunker einrückten und das unterirdische Leben ausprobieren sollten, durften hinterher noch nicht einmal ihren Ehefrauen über ihre Erlebnisse berichten. Geheim war alles, auch das Drehbuch, das das Eingangsszenario des Übungskriegs festlegte, kannte nicht jeder, so daß es, wie erzählt wird, im Bunker manchmal chaotisch zuging. »Beispielsweise daß jemand meinte, eine Gemeinde dürfe noch keinen Notstand ausrufen, während ein anderer meinte, es würde nun aber höchste Zeit«, erinnert sich der ehemalige »Bundesbauminister üb«. »Es waren immer Fragen, die zusammenhingen mit der Beurteilung der Lage. Und das gehört ja auch zu dem Spiel, daß der eine sagt: ›nein, wir wollen noch mal versuchen, ob wir nicht über den und den Kanal noch eine Verbesserung der diplomatischen Möglichkeiten herbeiführen können‹, während der andere sagt: ›das haben wir doch schon längst überlegt, das bringt nichts, das verschafft dem Gegner nur eine bessere Position, seinen Aufmarsch vorzubereiten‹. Wenn ich mich in die Vorstellungen der Entscheidungsträger auf dieser Ebene hineindenke, muß wahrscheinlich immer auch daran gedacht werden, daß man keine Maßnahmen ergreift, die die eigenen Pläne unterlaufen. Außerdem wird man bei solchen Geschichten damit rechnen müssen, daß nicht alles an Vorbereitungen, zu einer Lösung auf anderem als dem militärischen Wege zu kommen, unbekannt bleibt. Denn die haben ja alle ihre Spionageabteilungen und werden darauf achten müssen, daß, wenn sie Signale setzen, die nicht falsch von dem Gegner in Anführungsstrichen verstanden werden. Wer noch Soldat gewesen ist im Zweiten Weltkrieg, der hatte im Bunker auch ein bißchen das Gefühl, daß die Wirklichkeit ein wenig anders abläuft als ihre Kontrolle da unten geübt wurde. Irgendwo habe ich mal einen schönen Satz gelesen: ›Der schönste Aufmarschplan zerfällt mit der ersten Schlacht, die geschlagen wird.‹ Man kann einen Krieg nicht üben, sondern bei aller Vorbereitung, die man trifft, zeigt sich die Realität nachher total anders, und man muß ad hoc richtig entscheiden. Das ist für mich auch die Begründung und Entschuldigung, daß die Minister, die eigentlich ihre Aufgaben im Bunker unter simulierten Kriegsbedingungen kennenlernen sollten, sich haben vertreten lassen. Die haben sich wahrscheinlich gesagt: ›Wenn's dann so weit ist, wer weiß, ob ich noch Minister bin, und zum anderen wäre alles, was ich geübt habe, hinterher Makulatur, weil die Dinge ganz anders laufen.‹«

Oft sei es auch makaber zugegangen, berichten andere Teilnehmer, fassungslos, daß »erwachsene und eigentlich intelligente Menschen« sich mit so etwas abgäben. Ein ehemaliger »Regierungssprecher üb.«, der, nach langen Diskussionen, was man dem draußen überlebten Teil der »Bevölkerung üb.« an Informationen zumuten könne, die Statements zur Kriegsentwicklung vorlesen mußte, erinnert sich, daß es aber auch gemütlich-familiär zugegangen sei, schließlich habe man sich aus den Bonner Ministerien alle gegenseitig gekannt, und trotz strikten Alkoholverbots sei man mit Bier und Wein gut versorgt gewesen. Es soll allerdings auch zahlreiche Nervenzusammenbrüche bei diesen Übungen gegeben

haben, so daß ebenso ein üppiger Vorrat an Valium und anderen Beruhigungsmitteln im Bunker vorhanden war. Ob man auch vorbereitet war für den Fall, daß das Licht im gesamten Bunker ausgefallen wäre und die Übungsmannschaft sich in der klassischen Paranoia-Situation befunden hätte, ist nicht bekannt. Es waren wahrscheinlich permanente Metamorphosen von Ernst und Unernst, von Kitsch und psychologischer Unkenntnis, von Parodie und schrecklicher Wahrheit, die sich im Bunker ereigneten, und am Ende existierte alles nur noch in Form von Trümmern und man zählte die »Toten üb«. Davon erzählen die hängengebliebenen Landkarten in dem ansonsten kahlen großen Lagezentrum, wobei in der künstlichen Stille des jetzt menschenleeren Bunkers erahnbar wird, daß in dem Stück, das da gespielt wurde, wahrscheinlich nie ein konkreter Mensch auftauchte. Aber auch wenn das Stück in einem Ernstfall hätte durchexerziert werden müssen, wäre die nicht gespielte, sondern wirkliche Regierung vermutlich nur für die Zeit des Krisenfalls im Bunker einquartiert gewesen; es soll einen geheimen Plan gegeben haben, nach dem kurz vor Ausweitung des Krisenfalls zum Verteidigungsfall die Regierung in den zentralen NATO-Bunker in Brüssel oder in die USA ausgeflogen worden wäre – als Start- und Landeplatz für die Flugzeuge war die nahe Autobahn 61 vorgesehen, das Meckenheimer Kreuz, das so ausgebaut worden ist, daß es als NATO-Flugplatz benutzt werden kann. Den einzigen konkreten Menschen, den man sich folglich im Bunker vorstellen kann, ist der letzte Überlebende, der vermutlich längst verrückt geworden wäre. Die Beruhigung wäre zum Schluß eingetreten in Form dieses Wahns, der sich nicht nur durch die künstliche Stille ausgedrückt hätte, sondern der Wahn selber wäre sozusagen diese künstliche Stille gewesen. Wäre der letzte Überlebende als der letzte Verrückte dann noch auf die Wahnidee gekommen, eine letzte Botschaft für wen auch immer zu hinterlassen, hätte er vielleicht von einer Wahnstimme berichtet, die ihn über die zentrale Bunker-Lautsprecheranlage gefragt hätte, warum er denn nicht einfach die Himmelsleiter genommen habe, um sich dem irdischen Chaos zu entziehen.

Ermüdet, setzen wir die Bunkerreise auf einem von einem Elektrowagen gezogenen Anhänger fort und machen unterwegs hier und dort noch einmal Station. Die angeblich existierende Leichenverbrennungsanlage wollen wir nicht sehen. Wir besichtigen statt dessen die zentrale Kleiderreinigungsanlage, die auf Wunsch eines bestimmten Bundestagsabgeordneten von einer bestimmten Firma eingebaut wurde. Sie war auch tatsächlich in Betrieb, es riecht noch nach Waschmitteln. Das schönste Altertümchen im Bunker entdecken wir dann im medizinischen Trakt: ein Behandlungsstuhl, der an Zahnarztbesuche in den 60er Jahren

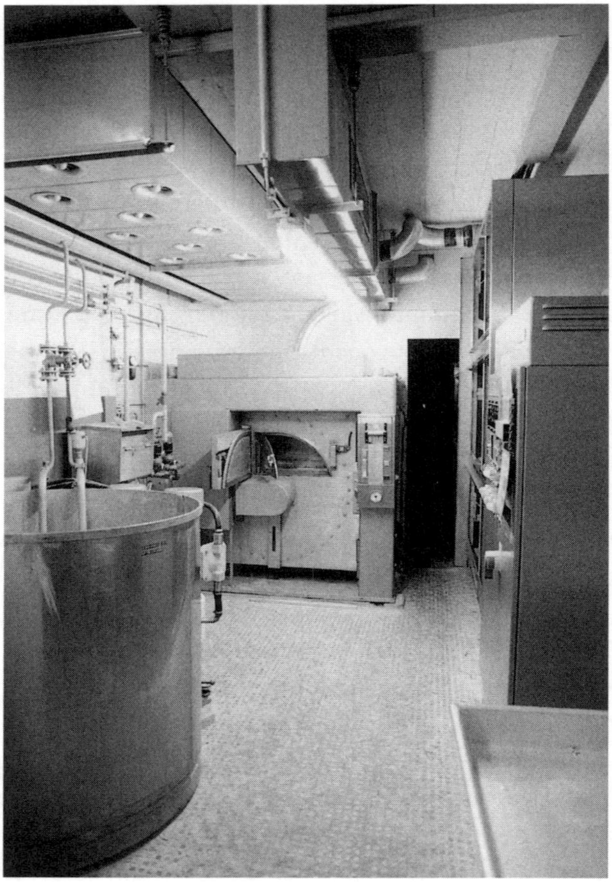

erinnert, auch der Bohrer und das ganze Besteck original aus dieser Zeit. Da weicht die Beklemmung endlich einem befreienden Lachen.

Wie wir da auf dem Anhänger weiter durch die endlosen schnurgeraden Gänge tuckeln, umgeben von der Monotonie der Umgebung und der künstlichen Stille, beginnen wir dann doch, von den abgründigen Geheimnissen des Lebens zu träumen. Eine Reise durch einen menschenleeren stillen Atombunker, in dem man sich von aller Wirklichkeit abgeschnitten fühlt, ist vergleichbar mit einer Reise auf einem endlos und monoton wirkenden, windlosen Meer. Es ist ein Grenzbereich, in dem nach dem alten antiken Mythos der Gesang der Sirenen ertönt. Die Sirenen lebten auf einer Insel und sangen so betörend, wenn sich Schiffe näherten, daß die Seeleute ihre Heimat vergaßen und willenlos auf der Insel verkamen, die von gebleichten Knochen weiß wurde. Maurice Blanchot hat vermutet, daß die Sirenen auf eine unbefriedigende Art gesungen haben und ihr Gesang nur die Richtung gezeigt hat, »wo die wahren Quellen und das echte Glück des Gesangs entspringen sollten«. Was aber bedeutete dieses Ziel? »Zu verschwinden war das einzige, was noch blieb«, so Blanchot, »weil in diesem Bereich von Quelle und Ursprung die Musik selber spurloser verschwunden war als an jedem anderen Ort der Welt: ein Meer, in dem mit verschlossenem Gehör die Lebenden versunken waren und in dem, zum Zeichen ihres guten Willens, eines Tages auch die Sirenen verschwinden würden.« Aber welcher Art war der Gesang der Sirenen? Worin bestand sein Mangel, und warum verlieh dieser Mangel ihm solche Macht? »Es war«, hat Blanchot weiter vermutet, »ein nichtmenschlicher Gesang – ein natürliches Geräusch (gibt es denn andere?), aber am Rande des Natürlichen, dem Menschen in jeder Hinsicht fremd, sehr leise, geeignet, ihm jene höchste Lust zu bescheren, die im Fallen besteht und die er im gewöhnlichen Leben nicht befriedigen kann.« Blanchot spricht von einem »Sang des Abgrundes«, der, wenn man ihn einmal vernommen hatte, »in jedem Wort einen Abgrund auftat und sehr dazu verlockte, in ihm zu verschwinden ... Dieser Gesang richtete sich an Schiffer, an Männer von gefährlicher und tätig bewegter Lebensart, und er selber war eine Schiffsreise, er war eine Strecke zwischen einem Hier und einem Dort, und was er offenbarte, war die Möglichkeit, diese Strecke zu durchmessen, aus dem Gesang eine Bewegung zum Gesang hin zu machen und aus dieser Bewegung den Ausdruck des innigsten Verlangens.«

Als der Elektrowagen vor einer Wand hält, wähnen wir uns in einer Sackgasse, wir steigen aus, unser Fahrer begibt sich in die nächstliegende Kommandozentrale, und nach einigen Minuten, wieder unter ohrenbetäubendem Sirenengeheul und dem Flackern roter Warnlampen, entpuppt sich die Wand als ein Tor, das sich langsam öffnet. Dahinter noch einmal ein kleiner Gang, schließlich eine Tür, die Werner Czeratzki aufschließt, wir treten hinaus und blicken auf Dernau. Der Himmel über dem Ahrtal ist immer noch blau. Der erste Gedanke: Wie schön es doch ist, frei zu sein für die Welt und ihr mit allen Erwartungen und Ängsten gegenüberzutreten. Der Kaufinteressent verschwindet erst einmal hinter einer Wegbiegung, wahrscheinlich um seine Gedanken zu sortieren. Natürlich kann man aus dem Bunker einen touristischen Erlebnispark machen, man könnte darin auch ein Museum einrichten, das die unterirdischen Wege der Geschichte Deutschlands im 20. Jahrhundert illuminiert. Doch wenn der Interessent ein brauchbares Nutzungskonzept, das Publikumsverkehr vorsieht, vorlegen und das Bundesvermögensamt ihm den Bunker für nur eine symbolische Mark verkaufen würde, wäre der Mann trotzdem anschließend sofort pleite. Nicht wegen der Stromkosten. Sondern wegen der Kosten für die dann anfallenden Brandschutzmaßnahmen. Im Bunker gibt es zwar überall Feuerlöscher, die sicher alle funktionieren, mit der Aufschrift, man solle bitte auch sofort die Telefonnummer 112 anrufen, aber es wäre völlig sinnlos, diese Nummer der öffentlichen Feuerwehr anzurufen, weil die nämlich gar nicht kommen würde – einmal weil sich niemand von der öffentlichen Feuerwehr im Bunker auskennt und auch noch nie jemand von ihr darin gewesen ist, zum anderen käme sie erst gar nicht mit ihren Löschgeräten in die engen Bunkergänge hinein. Auch darin autark, hielt man sich im Bunker eine eigene Feuerwehr, die sich aus Betriebsangehörigen zusammensetzte, die die kleinen Löschfahrzeuge, wie die Elektrowagen eigens für den Bunker konstruiert, bedient hätten. Um Brandschutzmaßnahmen hat man sich beim Bau des Bunkers vor dreißig Jahren und auch später nicht groß gekümmert. Sobald aber die Hoheit des Bundes erlischt und ein privater Investor den Bunker übernimmt, sind sofort Brandschutzmaßnahmen fällig. Vorsichtig geschätzt belaufen sich die Kosten dafür auf 100 Millionen Mark.

Nun wird der Bunker, falls sich nicht doch noch ein Käufer findet, mit ebenso vorsichtig geschätzten Kosten von 50 Millionen Mark »zurückgebaut«. Alles, was auf kompliziertem und zeitaufwendigem Weg in ihn hineingebracht wurde, wird auf demselben komplizierten und zeitaufwendigen Weg wieder herausgebracht. Aus Umweltschutzgründen wird man sogar die Farben von den Wänden der endlosen Gänge kratzen müssen. Was bleibt am Ende vom Bunker übrig, frage ich Werner Czeratzki, ahnend, was es für ihn bedeutet, eine Arbeit begonnen und vollendet zu haben und sie jetzt wieder zerstören zu müssen. »Wahrscheinlich«, antwortet er, »bleibt nichts als der blanke Tunnel.«

Alles, was geschieht, geht dich an
In einer vergessenen Stadt mitten in Deutschland

Mitten in der Woche habe ich mir einen Tag Urlaub gegönnt. Die ältere Dame aus Amerika regte mich an, als sie am späten Vormittag auf der Terrasse des Restaurants Franco an der Rheinpromenade in Remagen ausrief: »Das ist ja hier wie an der Côte d'Azur.« Jeder Remagener hätte sie wahrscheinlich für die Bemerkung ausgelacht. Als ich aber ihrem Blick folgte, verstand ich, was sie meinte. Endlich ein ungetrübter Sonnentag in diesem launischen Sommer, mit einem strahlenden Licht, das den Rhein in einen glitzernden Schimmer tauchte. Links, hoch über dem Fluß gelegen, die Schlösser Ernich und Marienfels, gegenüber am anderen Ufer die Erpeler Ley. Einige Möwen kreischten aufgeregt, als das »Wappen von Mainz« der weißen KD-Flotte anlegte und eine Schar von Tagesausflüglern entließ. Ja, stimmte ich der Amerikanerin zu, an so einem schönen Tag mit Blick auf diese Kulisse und einem Glas Prosecco und Tagliolini al salmone vor sich konnte man schon auf die Idee kommen, das Mittelmeer sei in der Nähe. Und dann roch der Rhein an diesem Tag auch wirklich nach Meer. Da beschloß ich, die Arbeit für den Rest des Tages zu vergessen und die Zeit in Ruhe in dieser kleinen Stadt vergehen zu lassen.

Trotz der privilegierten Rheinlage: Niemand liebt Remagen. Auch für die Remagener selber scheint die Stadt nicht mehr zu sein als ein Zuhause, an das man sich gewöhnt hat. Betritt man morgens vom rosarot angestrichenen Rathaus aus die Fußgängerzone und flaniert sie zehn Minuten hinauf und hinab, findet man zwar alles, was man für den Alltag braucht, vom Metzger und Schuster über den Optiker und Tabak- und Zeitschriftenhändler bis zum Blumenhändler und »Herrenausstatter«, aber es stellt sich nicht das Gefühl ein, in dieser Stadt eine Begegnung haben zu können, die aller Mühe wert wäre; offensichtlich kein Ort, wo sich – daran erkannte André Breton die Attraktivität einer fremden Stadt – »bestimmte Blicke in zuviel Feuer verzehren«. Eine Stimmung herrschte an diesem Morgen, als habe man die mitten im Rheintal, mitten in Deutschland gelegene und immerhin mit einem Interregio-Haltebahnhof ausgestattete zweitausend Jahre alte Römerstadt vergessen – und als

würden die Remagener sich damit abfinden. Zwar hat jeder schon einmal von der Stadt gehört, aber weltberühmt ist sie bezeichnenderweise für etwas, das es nicht mehr gibt: »Die Brücke von Remagen«, deren oft erzählte und verfilmte Eroberung durch die amerikanischen Truppen im März 1945 den Zweiten Weltkrieg verkürzte, bevor die Brücke unter der Belastung einstürzte; in den stehengebliebenen Brückenpfeilern auf Remagener Seite hat der ehemalige Bürgermeister Hans Peter Kürten ein Friedensmuseum eingerichtet, das vor allem viele amerikanische Touristen anlockt. Aber es ist eben eine leere Stelle, die der Stadt auch ihr Gepräge gibt. Auf einer Zeichnung des Nachbarn im Restaurant Franco ist diese leere Stelle wie eine Wunde besonders deutlich zu sehen: Zwi-

Zeichnung: Erhard Weiss.

schen Himmel und Rhein als weißer Fläche liegt hingeduckt die Stadt, lediglich die als einziges Gebäude abgebildete, vom Kölner Dombaumeister Ernst Zwirner gebaute und wegen ihrer Nazarenerkunst berühmte Apollinariskirche, neben der nicht mehr existierenden Brücke das zweite Wahrzeichen der Stadt, läßt erahnen, daß der Ort bewohnt ist. Der Zeichner, stellt sich heraus, ist ein Diplomarchitekt und ehemaliger Abteilungsleiter im Bonner Bundesbauministerium, der nach seiner Pensionierung von Bund und Ländern mit der Überleitung der Bauakademie der DDR betreut und schließlich technischer Gründungsgeschäftsführer der Bundesbaugesellschaft Berlin wurde, die für die Errichtung der Parlamentsbauten im Spreebogen verantwortlich ist. Jetzt strolche er hier in der Gegend herum und zeichne, erzählt Erhard Weiss. Auf seiner Zeichnungstour kommt er gerade von Schloß Ernich; seit dem Berlin-Umzug steht die ehemalige Residenz des französischen Botschafters leer. Verliebt in die Details und zugleich aufmerksam für das architektonische Gesamtbild der Landschaft, führt Weiss seine »trouvailles« vor und zeigt einen beschaulichen, etwas verschlafen wirkenden und auch in eine gewisse Fremdheit eingeschlossenen Ort. Seine Zeichnungen wollen keine Entzauberung der Welt leisten, sondern möchten den Zauber befreien und erlösen dadurch, daß sie ihn verständlich machen, indem sie die Details ausleuchten, die den Zauber ausmachen. Mit Weiss' Zeichnungen im Kopf mache ich mich auf den Weg durch die kleine Stadt.

Durch ein altes Tor verläßt man die Rheinpromenade und ist versucht, eine kleine Anhöhe hinaufzugehen ins Zentrum der Stadt. Gleich rechts hinter dem Tor ist aber noch ein schmaler, winkliger Weg, die Neipengasse. Nach einigem Zögern – »Anlieger frei« – biege ich ein und finde mich nach hundert Schritten mitten in der Stadt auf dem Land wieder, in einer römischen Campagna-Idylle, in der sogar herumstreunende Hühner nicht fehlen. Was für eine pittoreske Pracht. Was für herrliche, an einen Hang gebaute Häuser, was für eine Aussicht ins Rheintal, so daß es unbegreiflich ist, daß die Remagener ihre Stadt nicht zu lieben scheinen. Ein Schild verrät den alten Namen der Gasse, Via Praetoria. An ihrem Ende läuft man direkt auf das römische Museum zu, in einer alten Kapelle aus dem 15. Jahrhundert untergebracht, mitten im Zentrum des alten römischen castrum. Ich bin der einzige Besucher an diesem Tag. Einige Schritte weiter in der Kirche St. Peter und Paul bin ich später auch allein und frage mich, warum sich sonst niemand für diesen Reichtum interessiert. Denn das romanische Pfarrhoftor mit seinen steinernen, aus der Zeit um 1170 stammenden Bilderplastiken gilt als eines der größten Rätsel der Kunstgeschichte. Dicke Abhandlungen wurden darüber geschrieben und die Plastiken mit der Darstellung von Sirenen und anderen Sagengestalten gedeutet als »Weltverlockungssymphonie« und »Höllenbreughelei«. Man vermutet in dem Pfarrhoftor ein ehemaliges Klosterhoftor, das früher die Beziehungen zu den säkularen Bezirken vermittelte. »Das Tor«, heißt es in einer alten Deutung, »sollte für den in die Gottesburg zurückkehrenden Mönch alle Weltläufigkeit bannen und auffangen, ja ihn gemahnen, den Kriegsdienst Christi gegen die Dämonen im Ringen mit den widergöttlichen Mächten zu leisten, damit ein heiliger Rest für den Hilfsdienst an den in die Welt verstrickten Brüdern da draußen als Garde der Wesenshaltung und Geistesbewährung stets vorhanden sei. So war das Tor mit seinem Skulpturen-Sinnbildkreis ein Memento für die Eintretenden, alles aus dem heiligen Bezirke draußen zu lassen, was den Frieden stören konnte.« Man kann sich im buchstäblichen Sinne an diesen rätselhaften Bildskulpturen nicht satt sehen. Auf den ersten Blick stellen sie zwar ganz offensichtlich menschliche Laster dar wie Geiz, Neid, Faulheit, Überheblichkeit oder Zorn, aber man braucht Zeit, um die einzelnen Plastiken als Ganzes zusammen zu sehen und die Leitidee dahinter zu begreifen. Keine »geschmeidigen und überfeinerten Heiligenfiguren wie etwa an den französischen Kathedralen der damaligen Zeit, kein ›Beau Dieu‹ wie in Amiens«, lobte der letzte Interpret. »Was man in Remagen erblickt, ist alles und oft überraschend naturwahr, wie das Doppelchamäleon oder der Seeadler mit dem Fisch, manches sogar ziseliert fein, wie die Figur der Eitelkeit, die beiden Sirenen, die zwei Drachen ... Ein Juwel romanischer Plastik am Rhein.« Aber diese jüngste Interpretation ist auch schon wieder alt, aus dem Jahr 1947. Seither scheint man in der vergessenen und sich selber vergessenden Stadt Remagen auch diesen Schatz vergessen zu haben, denn um den teilweise schlechten Erhaltungszustand des Kunstwerks sorgt sich offenbar niemand. Unfaßbar.

»Was ist los in dieser Stadt?« frage ich Hans Peter Kürten. Ach, es gebe so viele Angebote, aber sie würden oft nicht genutzt, antwortet er. 29 Jahre, bis 1994, war Kürten Bürgermeister von Remagen und kennt natürlich alle Geschichten aus der Stadt und über sie. Man glaubt ihm sofort, daß er früher Schauspieler werden wollte: So gern er Geschichten erzählt, so gern hört man ihm zu. Er erzählt von der Zigeunerin Margarethe Goussanthier, die zunächst als »Seherin vom Rhein« und später als »Madame Buchela aus Remagen« bekannt wurde und von der sich sogar Leute wie Konrad Adenauer wahrsagen ließen. Oder er erzählt von François Ponçet, nach dem Krieg erster Hoher Kommissar und später erster französischer Botschafter auf Schloß Ernich, der Remagen und die Gegend so geliebt hat, daß er der Stadt bei seiner Rückkehr nach Frankreich 50.000 DM schenkte, die heute noch als Ponçet-Darlehen gewährt werden – früher für die Beseitigung von Kriegsschäden gedacht, heute für die Verschönerung von Außenfassaden. Oder er erzählt von Paul Spinat, dem langjährigen Besitzer von Schloß Marienfels, der sich gern als zweifacher Schloßbesitzer ansprechen ließ – ihm gehörte am anderen Ufer auch die Drachenburg bei Königswinter. Kürten schildert ihn als einen liebenswerten Mann mit einigen Marotten. Einmal lud er Kürten aufs Schloß zum Champagner ein. »Wir saßen in der Glasveranda, und er holte aus einer ausgedienten Aktentasche eine Flasche und stellte sie auf den Tisch. Dann verschwand er für ein paar Minuten, um Gläser zu holen. So eine Champagnerflasche hatte ich noch nie gesehen. Es war ein simpler Faber-Sekt, aber er hatte die Flasche mit Goldpapier überklebt, auf dem ein weiteres Schild klebte: ›Cuvée Schloß Marienfels‹. Die Gläser, die er brachte, hatten natürlich einen dicken Goldrand. Trotz dieser Marotten verdanken ihm die Rheinländer die Erhaltung von zwei Schlössern. Dafür kann man ein paar zu üppige Vergoldungen in Kauf nehmen.« Oder Kürten erzählt von Hermann Josef Abs, dem langjährigen Chef der Deutschen Bank, der sich im zu Remagen gehörenden Stadtteil Ödingen beerdigen ließ. Oder von Rudolf Caracciola, dem in Remagen geborenen Rennfahrer, der auf dem Nürburgring in seinem legendären Silberpfeil von Mercedes gegen Fahrer wie Tacio Nuvolari, Hans Stuck sen., Hermann Lang oder Bernd Rosenmeier seine Siege herausfuhr. Aus seiner Heimatstadt machte er sich aber nichts. Dafür hat sein Großvater Otto Caracciola viel für die Stadt getan. »Er baute das Hotel Fürstenberg, das leider nach dem Zweiten Weltkrieg dem einzigen, von dem Bonner Lakritz- und Gummibärchenfabrikanten Paul Riegel gebauten Hochhaus an der Rheinpromenade weichen mußte«, erzählt Kürten. »In dem alten

Hotel trafen sich zu seinen früheren Glanzzeiten wirklich tolle Leute. Küche und Keller hatten Herausragendes zu bieten. Otto Caracciola gründete damals auch den Internationalen Hotelbesitzerverband und war sein erster Präsident.« Alte Zeiten, aber der Name Caracciola habe in Remagen immer noch einen besonderen Glanz, weiß Kürten.

Der Spaziergang hat uns hinausgeführt vor die Tore der Stadt, in die »Goldene Meile«. »Was ist los in dieser Stadt?« Kürten nimmt die Frage noch einmal auf und erinnert, daß Remagen immer auch viel Schreckliches erlebt hat. Die Eroberung der strategisch wichtigen Brücke durch die amerikanischen Truppen habe zwar befreiend gewirkt, aber Hitler, in Sorge, die Brücke könne den Amerikanern unversehrt in die Hände fallen, habe deshalb Remagen als einzige deutsche Stadt von deutschen Truppen beschießen lassen. Nach der Eroberung der Brücke richteten die Amerikaner in der sich von Remagen bis Sinzig erstreckenden »Goldenen Meile« ein Kriegsgefangenenlager ein, an das die von Kürten in den 80er Jahren gebaute Kapelle der »Schwarzen Madonna« erinnert. Ein schlichter Bau, nach allen Seiten offen, so daß der Wind hindurchpfeifen

und der Regen seitlich hineinprasseln kann – Sinnbild für das, was hier geschah. Alle Jahre wieder lädt Kürten zusammen mit dem »Friedensmuseum Brücke von Remagen« die ehemaligen Kriegsgefangenen auch zu einem Treffen ein. Er weiß: Wer in diesem Lager war, wird das Erlebnis nie vergessen. 150.000 Gefangene waren unter freiem Himmel zusammengepfercht. »Im Lager war buchstäblich nichts«, erinnerte sich später ein Gefangener. »Wir lagen auf freiem Feld, kein Zelt, kein Dach. Bei der Ankunft wurden wir gefilzt, keinem blieb etwas übrig. Wir sammelten leere Konservendosen, mit denen wir Gruben schaufelten. In diese Löcher haben wir uns nachts gelegt, der Wind strich so über uns hinweg. Dicht an dicht haben wir gelegen, einer im Schoß des anderen, und die Decken von unten über uns hochgeschlagen. Nach einigen Tagen – wir fühlten uns matt und schlapp – machte es morgens schon Mühe, bis man die Knochen wieder hochgerappelt hatte.«

Ein Gefangener im Remagener Lager machte für sich *Inventur*:

»Dies ist meine Mütze,
dies ist mein Mantel,
hier mein Rasierzeug aus Leinen.
…
Die Bleistiftmine
lieb ich am meisten:
Tags schreibt sie mir Verse,
die nachts ich erdacht.«

Erschienen sind die Gedichte 1948 in dem Band *Abgelegene Gehöfte*. *Blick nach Remagen* hieß ein Gedicht:

»Am Nachthimmel ungeheuer
leuchtet der Widerschein
der tausend Lagerfeuer
auf der Steppe am Rhein.
Am zerschoßnen Gemäuer,
weiß ich, grünt wieder der Wein.
Werden mir jünger und neuer
einmal die Stunden sein?«

Und in dem Gedicht *Camp 16* notierte der Gefangene:

»Durch den Stacheldraht schau ich
grad auf das Fließen des Rheins.

Ein Erdloch daneben bau ich,
ein Zelt habe ich keins
...
Nichts wird sein als der Regen,
mich schützt kein Dach und kein Damm –
zertreten wird auf den Wegen
das Grün des Frühlings zu Schlamm.«

Den Frühling in der Goldenen Meile erlebte er so:

»Daheim verbrannten Kleider und Schuh,
Nibelungen und Faust.
Ich schaue dem Flug der Mosquitos zu,
mit fiebrigen Augen, stumpf und verlaust.
Die Tage im Stacheldrahtgeflecht,
Schlaf unterm Scheinwerferstrahl.
An Achselhöhlen und Geschlecht
nähre ich Ekel und Qual.
In trübe Stille das Lager versinkt.
Mein eigener Seufzer füllt kein Ohr.
Als Gruß der Welt noch herüberdringt
der Geruch von Latrine und Chlor.
Ungerührt von allem besteht
die Vollkommenheit der Welt.
Gottes eisiger Odem weht
übers Gefangenenzelt.«

Von der Kapelle ist man in wenigen Spazierminuten wieder am Rhein. Früher Abend, die Sonne beleuchtet am anderen Ufer den Fronhof in Erpel. Wieder auf der Terrasse des Restaurants Franco, man wird begrüßt wie ein alter Bekannter: Remagen ist wirklich klein, eine Stadt zum Anfassen. Noch einmal kommt das Gespräch auf das Kriegsgefangenenlager, und eine Frau am Nachbartisch, die mitgehört hat, schaltet sich ein und erzählt, wie sie als junges Mädchen mit einem Brot zum Lager ging und von den Wachen zurückgeschickt wurde. Wenn sie das Brot über den Zaun werfen würde, warnte man sie, gäbe es Mord und Totschlag. Auch sie hat das Erlebnis nicht vergessen. Sie hat ebenso nicht vergessen, daß damals in dieser landschaftlich privilegierten Gegend viele reiche Leute wohnten, die die Nationalsozialisten finanzierten. »Als die Gefangenen im Lager zusammengepfercht waren«, bricht es aus der Frau heraus, »waren diese Leute schon in Südamerika. Und als sie in den 50er Jahren zurückkehrten, erhielten sie ihren ganzen Besitz wieder. Inzwischen sind viele der Leute natürlich tot. Aber mancher Sohn von ihnen läuft hier in der Gegend herum und hat in seinem Paß als Geburtsort Santiago de Chile stehen.« Ja, sagt Hans Peter Kürten nachdenklich, »wußten Sie, daß die Remagener schon 1933 Hitler zu ihrem Ehrenbürger gemacht haben?«

Auf der Uferpromenade waren inzwischen einige Schachspieler bei der Arbeit und schoben riesige Figuren über das Pflaster. Einige Ausflugsdampfer kehrten heim, einige schon von Lampions beleuchtet. »Der Rhein ist immer schön, zu jeder Tages- und Nachtzeit«, sagte Kürten. »Aber es gibt Augenblicke, wo er sich überbietet. Wenn abends der Vollmond über dem Westerwald aufgeht und seine helleuchtende Scheibe sich im Rhein spiegelt, glaubt man, den Nibelungenhort aufblitzen zu sehen. Ganz anders gibt er sich an sehr kalten Wintertagen, wenn Nebelschwaden Gebüsch und Uferstraucher mit glitzerndem Rauhreif überzuckern und in den wabernden Nebelschleiern schemenhaft Schiffe vorüberziehen. Am schönsten ist er aber für mich, wenn im Frühjahr oder Sommer nach Durchzug einer Schlechtwetterfront mit ergiebigem Regen der Rhein so hoch steigt, daß er nur knapp unter der Uferkante bleibt und dann die weißen Dampfer, Schuber und sonstigen Schiffe fast in Augenhöhe majestätisch vorbeigleiten.«

Ein seltsamer Urlaubstag, schön, aber nicht wirklich entlastend. Zu viel Vergessenes hatte ich gesehen in dieser vergessenen Stadt. Und in dem Moment tauchte in der Erinnerung eine Szene auf aus Albert Camus' Roman *Die Pest*, die mir ein Verständnis anbot für diesen eigenartigen Erholungstag. Camus beschreibt, wie der Arzt Dr. Rieux nach einem anstrengenden Arbeitstag in der verseuchten Stadt Oran mit seinem Freund Tarrou abends im Meer schwimmt. »Er schwamm stetig. Sein Fußschlag ließ einen brodelnden Schaum hinter ihm, das Wasser glitt an seinen Armen entlang und schmiegte sich an seine Beine … Rieux drehte sich auf den Rücken und lag reglos angesichts des umgekippten Himmels mit dem Mond und den Sternen … Dann vernahm er immer deutlicher ein in der Stille der Einsamkeit und der Nacht seltsames Klatschen im Wasser. Tarrou näherte sich … Einige Minuten lang schwammen sie

im gleichen Takt und mit der gleichen Kraft, einsam, fern von der Welt, endlich von der Stadt und der Pest befreit.« Wieder an Land, angezogen, brechen sie auf, ohne ein Wort zu sprechen. »Aber ihre Herzen«, schreibt Camus, »fühlten gleich, und die Erinnerung an diese Nacht war wohltuend für sie. Als sie von weitem die Pestwache erblickten, wußte Rieux, daß Tarrou wie er dachte, daß die Krankheit sie eben vergessen hatte, daß das gut war und daß es jetzt wieder anzufangen galt.«

Da wußte ich, daß die Arbeit mich einen Urlaubstag lang vergessen hatte, daß das gut war und daß es am anderen Tag wieder anzufangen galt. Ein letzter Blick noch über die abendliche Uferlandschaft, auf der Promenade spielte sich inzwischen ein reges Treiben ab, mit der Vorführung der neuesten Schuh- und Pullovermoden und mit Gesprächen ringsum, die wie überall gefüllt waren mit Hinweisen auf die letzten Last-Minute-Angebote und fiebrigen Erwartungen auf den Börsenbericht am nächsten Tag. Das hätte sich der Kriegsgefangene im Remagener Lager nicht vorstellen können, daß fünfzig Jahre später als »kreativ« die Fähigkeit gelten würde, Geldströme zu verwalten. Als er im Lager seine Gedichte schrieb, wird er sich aber auch nicht vorgestellt haben, daß die Gedichte den Ruhm der deutschen Nachkriegslyrik mit begründen würden. Der Kriegsgefangene hieß Günter Eich. 1950 schrieb er rückblickend auf seine Lagerzeit in dem Hörspiel *Träume*: »Ich beneide sie alle, die vergessen können, die sich beruhigt schlafen legen und keine Träume haben. Ich beneide mich selbst um die Augenblicke blinder Zufriedenheit: erreichtes Urlaubsziel, Nordseebad, Notre-Dame, roter Burgunder im Glas und der Tag des Gehaltsempfangs. Im Grunde aber meine ich, daß auch das gute Gewissen nicht ausreicht, und ich zweifle an der Güte des Schlafes, in dem wir uns alle wiegen ... Fuhrest auch du einmal aus den Armen der Liebe auf, weil ein Schrei dein Ohr traf, jener Schrei, den unaufhörlich die Erde ausschreit und den du für das Geräusch des Regens sonst halten magst oder das Rauschen des Windes. Sieh, was es gibt: Gefängnis und Folterung, Blindheit und Lähmung, Tod in vieler Gestalt, den körperlosen Schmerz und die Angst, die das Leben meint. Die Seufzer aus vielen Mündern sammelt die Erde, und in den Augen der Menschen, die du liebst, wohnt die Bestürzung. Alles, was geschieht, geht dich an.«

Das drohende Ende einer alten Herrlichkeit
Notizen vom anderen Flußufer

Manchmal muß man die Dinge vom anderen Ufer aus betrachten. Das Angebot des in einem Turm am Rheinkilometer 637 wohnenden, so berühmten wie umstrittenen Schriftstellers, mich mit seinem Kanu abzuholen und über den Fluß zu setzen, lehnte ich aber dankend ab und nahm die nächste reguläre Schiffsverbindung von Remagen nach Erpel. »Nixe« heißt die kleine Personenfähre, die an diesem Tag, bei Seewetter, über den Rhein schaukelt, daß der Fährmann seine wahre Freude hat – aus St. Peter Ording stammend und als Seemann früher auf großer Fahrt, ist er zwar andere Wellengänge gewöhnt; doch in dem kleinen Erpel am Rhein vor Anker gegangen zu sein, scheint er nicht zu bereuen. Man kann ihn verstehen. Denn vom Fluß aus gesehen wirkt der Ort immer noch so beschaulich, wie ihn Merian 1645 in seiner Kupferzeichnung festgehalten hat, als eine von Stadtmauern geschützte, geschlossene Welt, in die man durch ein prächtiges »Rheintor« eintreten kann; in der Mitte des Merianschen Bilds die ebenso prächtige, dem heiligen St. Severin gewidmete Kirche, davor, an der Rheinfront, oberhalb der Stadtmauern und getrennt von großzügigen Gartenanlagen mit hohen alten Bäumen darin, architektonisch aufwendig gebaute, großherrschaftliche Häuser, die den historischen Roman des 1130 erstmals erwähnten, am Fuße der 191 Meter hohen Erpeler Ley gelegenen Dorfes erzählen – daß die Erpeler Ley, kaum weniger imposant als die Loreley, nicht so berühmt geworden ist, liegt nur daran, daß Heinrich Heine sie nicht besungen hat.

Einige der alten Ufervillen stehen noch; andere wurden zerstört beim für ein rasches Ende des Zweiten Weltkriegs wichtigen, oft beschriebenen und auch verfilmten Kampf um die Brücke von Remagen, die Erpel mit der alten Römerstadt verband. Am 7. März 1945 eroberte eine Vorhut der 9. amerikanischen Panzerdivision die zu ihrer Überraschung unversehrte Brücke, über die in den folgenden zehn Tagen die Alliierten einen Großteil ihrer Truppen auf die rechte Rheinseite brachten, bevor sie wegen Überlastung zusammenstürzte. Die Brücke sei ihr Gewicht in Gold wert gewesen, soll General Eisenhower gesagt haben, nachdem er in der Nähe von Erpel sein Hauptquartier aufgeschlagen hatte. Von der Brücke stehengeblieben sind vier düstere, schwarze Türme auf beiden Ufern, die an das Geschehen ebenso erinnern wie die an einem Haus auf dem Marktplatz in Erpel angebrachte Gedenktafel mit dem Hinweis, daß hier »im März 1945 die Nachrichtenzentrale für die ganze Welt« untergebracht war.

In Erpel an Land gegangen, hat man eines der schönsten Uferszenarien am »romantischen Mittelrhein« vor Augen. Die Bundesstraße 42, die von Linz am Rhein vorbei über Erpel nach Bad Honnef führt und später hinter Königswinter in die Autobahn nach Köln mündet, ist zwar vielbefahren, aber selbst ein rasender Autofahrer wird in Erpel einen Augenblick innehalten beim Blick auf die wunderbare Lindenallee am Fluß und auf die historische Stadtmauer mit dem imposanten alten Fronhof. Vom ehemaligen »Rheintor« ist noch der Bogen erhalten, mit der Aufschrift »Herrlichkeit Erpel«. Weil der Ort, im Gegensatz zum benachbarten Unkel, sich nie »Stadt« nennen durfte, schrieben die Bürgermeister

von Erpel früher aufs Titelblatt der Stadtrechnungen sogar »Freie Herrlichkeit Erpel«. Wenn man den Begriff »Herrlichkeit« aus dem Mittelhochdeutschen übersetzt, bedeutet er so viel wie »vornehmes, hehres« Erpel, womit nach Ansicht der Erpeler Lokalhistorikerin Ursula Lewald sowohl dem berechtigten Selbstgefühl der Bewohner wie der Werbung für den Fremdenverkehr gedient wäre. Aber leider, erinnerte Ursula Lewald, habe man auch schon früh das Eigenschaftswort »herrlich« mit dem Hauptwort »Herr« und dem Zeitwort »herrschen« in Verbindung gebracht. Da sei der Zusatz »freie« Herrlichkeit eine treffende Bezeichnung, weil das Beiwort »frei« das im Begriff »Herrlichkeit« verborgene Wort »Herrschaft« relativiere.

Doch mit der »Herrlichkeit« von Erpel, wie auch immer man sie definiert, scheint es nun bald vorbei zu sein. Wurde die Hälfte der historischen Substanz des Ortes in den Kämpfen Ende des Zweiten Weltkriegs noch verschont, so wird jetzt, durch die geplante Höherlegung der Bundesstraße 42 um circa einen Meter, das komplette Ensemble der Rheinfront von Erpel in seiner historischen Erscheinungsweise vermutlich fast vollständig zerstört. Begründet wird die seit beinahe dreißig Jahren geplante und ebensolange kontrovers diskutierte Höherlegung der Straße damit, sie bleibe dann bei »kleinem Hochwasser« befahrbar und der Verkehr müsse an solchen Tagen nicht mehr, was stets zu Verstopfungen geführt habe, durchs Ortsinnere von Erpel umgeleitet werden. Dagegen spricht, daß durch die Anhebung der Straße »über die gesamte Länge der Rheinfront die historische Stadtmauer und die angrenzenden Kulturdenkmäler, insbesondere der stattliche Fronhof, ihre bisherigen Proportionen verlieren und damit einen Teil ihres historischen Erscheinungswertes einbüßen« würden, wie das von einer Erpeler Bürgerinitiative zu Hilfe gerufene Mainzer »Landesamt für Denkmalschutz« einwandte. Mit großem Einsatz hat die Bürgerinitiative den Kampf geführt und in den zahlreichen Planfeststellungsverfahren Alternativlösungen vorgebracht. Die mehrere Ordner füllenden Gutachten laufen alle darauf hinaus, daß, wie zum Beispiel der »Rheinische Verein für Denkmalpflege und Landschaft« warnte, »ökonomische und verkehrstechnische Argumente nicht immer die Oberhand gewinnen dürfen, weil sonst eine der bedeutendsten Kulturlandschaften Europas auf der Strecke bleibt und unweigerlich verloren geht«. Der Widerstand wurde schließlich sogar vor den 1. Senat des Oberverwaltungsgerichts von Rheinland-Pfalz in Koblenz getragen. Umsonst. Mit »denkmalschutzrechtlich ziemlich abwegigen Überlegungen«, wie der die Erpeler Interessengemeinschaft beratende Bonner Anwalt Professor Konrad Redeker empfand, hat das Oberverwaltungsgericht die Klage abgewiesen. Da Revision nicht zugelassen wurde und das Urteil inzwischen rechtskräftig geworden ist, dürfen die Straßenbauer anrücken. So scheint in Erpel mißlungen, was vor dreißig Jahren beim vergleichbaren Widerstand gegen die geplante Verschandelung der Rheinfront von Eltville gelang – wenn nicht noch politisch die Notbremse gezogen wird. »Als Bürger von Erpel«, schrieb jüngst der Staatssekretär und Bevollmächtigte des Landes Niedersachsen beim Bund, Helmut Holl, an den »lieben Karl Heinz Klär«, seinen Kollegen als Bevollmächtigten des Landes Rheinland-Pfalz beim Bund und für Europa, »wende ich mich

mit der Bitte um Hilfe an Dich.« Holl faßte noch einmal die Argumente gegen die »wegen statistisch gesehen eineinhalbtägiger Hochwasserüberflutung pro Jahr« geplante Höherlegung der B 42 zusammen und wies nicht nur auf die Zerstörung des Stadttors aus dem Jahr 1288, das bis zur Hälfte von der höher gelegten Straße zerschnitten würde, und die Zerstörung der Proportionen des im Zustand von 1718 erhaltenen Fronhofs und anderer historischer Gebäude und Gemäuer hin; auch »die klassische Rheinuferpromenade läge dann tiefer als die B 42 und Hunderte der etwa 2,50 m hohen Linden würden ebenfalls in ihren Proportionen zur Rheinuferstraße in lächerlicher Weise zerstört«. Weil inzwischen eine hochwasserfreie Umgehungsstraße über Bruchhausen fertiggestellt und der bald dreißig Jahre alte Plan zur Erhöhung der B 42 überholt sei, sprach Holl von einem »Schildbürgerstreich«. Nun warten alle, ob der Schildbürgerstreich noch verhindert werden kann oder die Straßenbauer kommen. Die Baumaßnahmen würden ungefähr ein Jahr dauern, und die Ampelanlage auf der B 42 werden die meisten Autofahrer, darunter viele Pendler, sicher in Kenntnis der Schleichwege durch den Erpeler Ortskern umfahren. Die deshalb zu erwartende einjährige Verstopfung des Ortskerns bedeutet nach Ansicht der Bürgerinitiative eine Belastung, »wie sie durch die bisherigen eineinhalb Hochwassertage pro Jahr statistisch für die nächsten hundert Jahre kaum zu erwarten gewesen wäre«.

Noch aber kann man sich frei in der »Herrlichkeit« Erpel bewegen, wenn man auch nur eine knappe halbe Stunde braucht, um den alten Ortskern mit seinen Gäßchen, dem Kirchplatz mit der wunderbaren Rotbuche darauf und dem mit einem Brunnenpfeiler von 1753 geschmückten Marktplatz zu durchschreiten und festzustellen, daß auf dem kleinen Raum alles Nötige vorhanden ist: zwei Bäcker, ein Metzger, ein Arzt für Allgemeinmedizin, ein Apotheker, ein Friseur, natürlich ein türkischer Händler mit täglich frischem Gemüse, ein Kindergarten, eine Grundschule und einige Gasthöfe. Würde man in Erpel vierzehn Tage Urlaub machen, hätte man vermutlich die Chance, einen guten Teil der 2300 Einwohner persönlich kennenzulernen. Es macht hier aber niemand Urlaub; es gibt auch kein Hotel, in dem man unterkommen könnte. Erpel ist heute, mit dem lockenden weiten Blick von der Erpeler Ley ins

Rheintal, nicht mehr als ein Tagesausflugsziel und ein Beispiel für den Niedergang des Tourismus am ganzen Mittelrhein. Außer mir der einzige Fremde in dem Café am Markt ist ein Rentner, der auf der Fähre »Nixe« von Remagen mit herübergekommen ist und seinen Schoppen Wein trinkt; wahrscheinlich gönnt er sich aber jeden Tag die kleine Reise und Abwechslung und ist insofern in Erpel auch kein Fremder mehr. An der Wand hängt eine Kopie des Merianschen Kupferbildes, dessen Studium dadurch erschwert wird, daß ein Versicherungsagent dem Cafébesitzer so laut seine Policen anpreist, als wolle er auch den Rentner und mich noch als Kunden gewinnen. In dieser modernen Versicherungsgesellschaft, in der fast jeder sofort eine allgemeine Identifizierung durch andere als der, der man zu sein scheint, ängstlich anerkennt, in der aber gerade persönliche Identität oder auch die Identität eines Ortes nicht annehmbar und schon gar nicht versicherbar ist, sondern erworben, notfalls erkämpft und unter Berücksichtigung einer nützlichen Veränderbarkeit ständig aktualisiert werden muß, spiegelt sich der Mangel an persönlicher Identität, an Eigenheit und Besonderheit natürlich auch in der Gestaltung des äußeren Environments. Deshalb wundert man sich ein wenig bei einem Spaziergang durch den in seinem ursprünglichen Dorfcharakter erhaltenen Ort, daß angesichts der Rücksichtslosigkeit gegenüber den eigenen Wurzeln, von der die geplante Höherlegung der B 42 und die in Kauf genommene Verschandelung der Rheinfront zeugt, gleichwohl so viel Altes erhalten geblieben ist. Hat man das mittelalterliche Tor auf der Uferstraße passiert – es gibt von der alten Befestigung nur noch ein weiteres Tor, das sogenannte »Neutor« –, ist man im Nu beim Rathaus aus dem Jahr 1780 und der unmittelbar dahinter liegenden, im rheinisch-spätromanischen Kunststil erbauten St.-Severin-Kirche. Eine Legende erzählt – und sie ist im Erpeler Ortswappen durch drei Kronen festgehalten –, daß der Kölner Erzbischof Rainald von Dassel, als er 1164 die Gebeine der Heiligen Drei Könige von Mailand in einem Triumphzug nach Köln brachte, mit seiner kostbaren Beute in Erpel Station machte; auch ein Bild in der Eingangshalle der Kirche erinnert daran. Nicht nur die Kirche, der ganze Ort ist eine kleine Schatztruhe. Dem »Rheinischen Verein für Denkmalpflege und Landschaftsschutz« war Erpel in seiner Broschürenreihe *Rheinische Kunststätten* sogar ein eigenes Heft wert. Darin ist nachzulesen, wie sich die Erpeler in den Wirren der

Zeit behauptet und trotz der Abhängigkeit vom Kölner Domprobst, dem man »zinsbar« war, selbständig verhalten und zum Beispiel schon 1388 ein eigenes Gerichtsbuch angelegt haben. Die Geschichte des Ortes war natürlich eng verbunden mit der Geschichte der Familien, die hier lebten und ihre Familientraditionen auch pflegten, die Trimborns, Quentells, Ritters oder Heimsoeths; die präzise renovierten Fachwerkhäuser, deren Baujahr an Türen und Torbogen meist angegeben ist, erzählen davon. Es kamen auch immer wieder gerne Fremde hierhin – früher, noch im 19. Jahrhundert, war der Ort ein blühendes Weindorf und Handelszentrum, mit eigenem Marktrecht seit 1420 –, und viele blieben auch hier, und sei es nur in den Sommermonaten, in den Residenzen am Rhein.

Eine dieser Residenzen in der Frongasse, allerdings nicht so ehrwürdig alt wie die anderen, sondern erst in den 20er Jahren dieses Jahrhunderts als ehemalige Scheune zu einem stattlichen Wohnhaus umgebaut, war in den letzten Jahren eines der Zentren des Widerstands gegen die geplante Erhöhung der Rheinuferstraße. Ein schöner Sommertag, wir sitzen im Garten mit dem Gefühl, Zeit zu haben für die Wahrnehmung der Welt, und Tobias Vogt erzählt aus der Geschichte des Widerstands. Zusammen mit seiner Familie ist er als junger Mann in Alt-Erpel zugezogen und hat den kostbaren historischen Wert seiner neuen Umgebung bezeichnenderweise erst in der Fremde kennengelernt, als er in der Londoner Tate-Galerie durch eine William-Turner-Ausstellung lief und im Begleittext auf den Namen Erpel stieß und die Dimension der von den Engländern im vorigen Jahrhundert begründeten Rheinromantik erkannte. Mit Romantik hatte der Widerstand gegen die Verschandelung der Erpeler Rheinfront allerdings nichts zu tun. Es ging auch nicht um die Erhaltung einer Idylle. Der Brunnen im Garten plätschert zwar, aber die Natur kann einem natürlich auch eine Illusion vorgaukeln, um beim nächsten Hochwasser ihre ganze brutale Gewalt vorzuführen. Man habe Weihnachten schon einmal im vom Hochwasser überfluteten Haus verbracht, ohne Strom und Heizung, erzählt Tobias Vogts Vater Martin Vogt. Wahrscheinlich haben viele Alt-Erpeler auch wegen der ständigen Hochwassergefahr den inneren Ortskern am Rhein verlassen und sind in die Neubaugebiete am Rand des Ortes gezogen. Es waren die in Alt-Erpel neu Zugezogenen wie die Vogts, die mit ihrem zunächst fremden Blick den Wert des Alten erkannten und den Protest anführten und dabei die Erfahrung machen mußten, welch dickes Fell die in den Behörden und Ämtern Zuständigen besitzen, die, in Erwartung des pünktlichen Eingangs ihres Gehalts, zugleich darauf warten, daß die Kläger einen jahrzehntelangen Kampf nicht durchstehen. Es war ein Protest gegen die

Mode, das Original aufzugeben und sich mit billigen Abziehbildern zufriedenzugeben. Dabei hatte Erpel noch das Glück, nicht wie andere Mittelrheinstädte durch Pseudorenovierung geliftet zu werden oder auf das Niveau einer Kulisse für Ausflugsfahrten von Kegelvereinen aus dem Ruhrgebiet herabzusinken oder sogar slummäßig zu verkommen. Statt den ständigen Lippenbekenntnissen von Politikern zum Denkmalschutz weiter zuzuhören, hat man in Erpel versucht, sich gegen die Entstellungen der historisch gewachsenen Umgebung als Folge undurchdachter und manchmal schon aberwitzig-verrückter Planfeststellungsbeschlüsse zu wehren und zugleich der sogenannten »Rheincharta« Leben einzuhauchen. In ihr wird gefordert, den »langsamen Verfall« der »Kulturlandschaft Mittelrhein mit ihrem weltweit unbestritten hohen Rang« aufzuhalten und, »um weitere Schäden zu vermeiden, Planungen und Maßnahmen zur Entwicklung nur unter sorgfältiger Abwägung der ökonomischen, ökologischen, kulturellen und sozialen Werte« für zulässig zu erklären. Ein schöner Plan, aber was nützt es, das Mittelrheintal, wie gefordert, als Weltkulturerbe durch die UNESCO anerkennen zu lassen, wenn das Erbe in den betroffenen Städten selbst nur noch als Kulisse für das jährliche Weinfest gebraucht wird.

Da ist das größere Unkel, mit dem Erpel eine Verbandsgemeinde bildet, sogar noch schlimmer dran, weil die Abhängigkeit vom Tourismus größer ist. Die Touristen an Deck der Schiffe der weißen Köln-Düsseldorfer Flotte mögen das sich ihnen bietende Panorama sicher genießen, wenn sie sich vielleicht auch wundern, daß auf der Unkeler Rheinpromenade kaum jemand zu sehen ist. Der Ort, durch den uns der aus seinem Turm herausgekommene berühmt-umstrittene, auf seinem Inkognito bestehende Schriftsteller später führt, wirkt wie ausgestorben, so daß man hier auch wirklich inkognito leben kann. Das berühmte Rheinhotel Schulz, früher eine der besten Anschriften am Mittelrhein, steht seit mehr als einem Jahr leer. Auch die überall aufgestellten Hinweisschilder, wer früher alles in Unkel gewohnt hat, Ferdinand Freiligrath, Stefan Andres, Willy Brandt oder die Düsseldorfer Henkels, die hier ihren Sommersitz hatten und in ihrem Haus ein gesellschaftliches Leben führten, mit dem verglichen, wie kundige Beobachter erzählen, es auf der Kruppschen Villa Hügel in Essen geradezu provinziell zuging, deuten auf eine heutige Leere hin, indem sie an eine Zeit erinnern, die unverbunden mit der Gegenwart wirkt. Man kann aber Geschichte nicht für die Zukunft in Anspruch nehmen, wenn sie nicht durchgearbeitet und gelebt, sondern nur, zum Beispiel, als Weltkulturerbe ausgestellt wird, indem man historisch gewachsene Ensembles lediglich als Attrappen begreift und sie entsprechend verkommen läßt und sogar ihre allmähliche Zerstörung in Kauf nimmt. Da hat die Erpeler Bürgerinitiative, wie seinerzeit die in Eltville, einen neuen Standard für den Umgang mit dem Erbe vorgeschlagen, getreu der alten Einsicht, daß man nur so viel Zukunft hat, wie man Vergangenheit hat. Wenn jetzt nicht noch im rheinland-pfälzischen Ministerium für Wirtschaft, Verkehr, Landwirtschaft und Weinbau als der letzten zuständigen politischen Instanz jemand den Mut aufbringt, den sinnlosen und zerstörerischen Planfeststellungsbeschluß aufzuheben und die Vernichtung historischer Substanz in Erpel zu stoppen, so wie seinerzeit der hessische Minister Heinz Herbert Karry die drohende Zerstörung der Rheinfront von Eltville stoppte – der Schaden wäre nie wieder gutzumachen.

Was heißt da schon Provinz?
Ansichtskarten aus Lüdenscheid

Ach, irgendwo zu Hause sein. Daß einem alles zur Verfügung steht, man nicht suchen, nicht recherchieren muß, sondern alles auf einen zudrängt. Unsere Bewunderung für Leute, die alles wissen etwa von einer Gegend, und sei sie noch so klein und unwichtig, also: irgendwo geht jemand spazieren und kennt alle Blumen beim Namen, er weiß genau, was alle Vögel tun, er weiß, wie im Ablauf einer Jahreszeit sich ein Fluß verhält, er ist da zu Hause. Und wer wäre nicht schon immer gerne jemand gewesen, der so etwas hat, worüber er in seinem Gefühl und in seinem Wissen verfügen kann, auch sprachlich, eine Substanz verstanden als eine Lebensform, die eine ruhige Selbstverständlichkeit ist und das Verhalten und Denken in einen sicheren Zusammenhang bringt. Dieses Bild einer einfachen, klaren, standfesten Identität: hier bin ich, hier wohne ich, das ist mein Bereich, man kann mich auch nicht kritisieren, denn das ist Heimat: Heimat mit Identität und allem Zubehör.

Aber das gibt's nicht. Heimat ist nach dem berühmten Wort eines berühmten toten Mannes etwas, was allen in die Kindheit scheint und worin noch niemand war. Heimat ist dort, wo wir nicht sind. Unsere Sehnsucht ist dort, wo wir nicht sind. War das nicht immer schon so? Wer den Ort seiner Kindheit und Jugend als »Heimat« verlassen hat, meinte sicher zu wissen, warum er ihn verließ: weil alles fehlte. Und doch, seltsam, zugleich hat man später auch immer gewußt, daß man im nächsten Moment nach New York fliegen könnte und diese alte Welt einen unsichtbar begleiten würde, mit allen Details und allen Versatzstücken, und daß man eines Tages noch einmal durch dieses alte Bild würde hindurch müssen, durch die Erinnerungen, die vergessen sind, um sich dahinter vielleicht zu finden als jemand anders, als ein Kind etwa, das eigentlich immer woandershin wollte, als es auf die Welt kam. Also was hat dieser alte Ort mit unserer Geschichte zu tun, was hat die Geschichte mit diesem Ort zu tun, der früher ein Ort des Wartens war und heute ein Ort des Vergessens ist? Als mir ein Buch über meine Heimatstadt auf den Schreibtisch kam, *Was heißt da schon Provinz? 12 Fotografen sehen Lüdenscheid,* da habe ich auf diesen Fotos fast nichts wiedererkannt, keine Möglichkeit, das, was ich da sah, mit den alten Fotos in meinem Kopf zu vergleichen. So, jetzt fährst du noch einmal dahin, dachte ich, und stell dir das jetzt vor: Du fährst noch einmal in die Stadt, in der du geboren wurdest und zur Schule gegangen bist, die ersten Dinge des Lebens erfahren hast, zum Beispiel zum ersten Mal auf Liebesfang gegangen bist und etwas aufgegabelt hast, was du dein ganzes Leben lang mit dir herumschleppst, weil diese erste Liebe natürlich keine Erfüllung fand und du deshalb heute noch manchmal etwas davon spürst, dieses Warten und das Stück Erregung, das übriggeblieben ist. »Lüdenscheid«, so steht es im Lexikon, »Stadt in NRW, Verwaltungssitz des märkischen Kreises, 420 m ü. d. M., im westlichen Sauerland zwischen Volme und Lenne, 1978 74.700 Einwohner; der Stadtkern liegt ringförmig um die Pfarrkirche (18. Jahrhundert, romanischer Turm), Museum (mit Knopf- und Feuerwehrabteilung), Musikschule; bedeutende Halbzeug- und Fertigwaren-Industrie (Metalle, Aluminium- und Kunststoffwaren, elektrotechnische Bedarfsartikel, Maschinen und Werkzeuge). Lüdenscheid erhielt 1287 städtische Privilegien.« Du gehst nicht zu deiner Familie, sondern nimmst dir ein Zimmer in einem Hotel, am Stadtwald gelegen. Du trittst ans Fenster und schaust hinaus: Da vor dir liegt deine Stadt. Was denkst du? Diese Flucht der Erscheinungen. Einerseits fließt alles haltlos weg, verändert sich, nie bleibt etwas stehen; andererseits die Schwierigkeit, in sich selber etwas zu finden, was Kontinuität bedeutet. Wenn du da am Fenster stehst, spürst du aber eigentlich nur wieder dieses Diffuse, dem du schon früher an diesem Ort ausgesetzt warst, und gerade dieses Diffuse war es, das du hinter dir lassen wolltest, indem du von hier weggegangen bist. Du verläßt das Zimmer, gehst durch das Hotel. Irgendein Hotel, wie es sie überall auf der Welt gibt, nicht zu unterscheiden von einem Hotel in London oder Tel Aviv, der gleiche Komfort, die üblichen Teppiche, die übliche Musik, wie du sie überall auf der Welt hörst. An der Rezeption holst du dir die Wochenendausgabe der Lokalzeitung, gehst ins Hotelrestaurant, gibst deine Bestellung auf und fängst an, in der Zeitung zu lesen: »Die Finanzlage der Stadt bleibt besorgniserregend ... Neuer Vorstand für Kirchenchöre ... Hausfrauenbund mit abwechslungsreichem Programm ... Heute im Kulturhaus keine Veranstaltung ... Flötenkurs für Anfänger ... 16 neue Feuerwehrleute absolvierten Grundlehrgang ...« Interessiert dich das? Was willst du bloß hier? Was tut man zum Beispiel als Fremder an einem Sonntagabend in Lüdenscheid? Du bleibst jetzt dort sitzen, Zeit für die Phantasien, Zeit für die Erinnerungen an eine Zeit, als deine Augen filmten für eine spätere Zeit, zum Beispiel für heute, wo du als ein Fremder in deine Heimatstadt gekommen bist, um herauszubekommen, was dieser Ort mit deiner Geschichte zu tun hat. Was aus den Leuten geworden ist, mit denen du einmal zur Schule gegangen bist und von denen einige nie von hier weggegangen sind; von denen andere nach dem Studium wieder hierhin zurückgekommen sind. Du hast, um herauszufinden, warum Du selber weggegangen bist, mit vielen gesprochen, die wie du in so einer Kleinstadt aufgewachsen sind und dann auch von ihrem Heimatort weggegangen sind. Du willst wissen, wie und ob überhaupt der Ort in dir weiterlebt.

»Ich habe die Ahnung, daß dort der Schlüssel für die Beantwortung vieler Fragen liegt«, sagt Wilfried Reichart. »Daß das etwas damit zu tun hat, wer du bist, wer du geworden bist. Das ist das eine, und das andere ist, daß man diese Orte, woher man kommt, auf eine ganz merkwürdige Weise hinter sich läßt, verläßt. Und das ist so eine Grauzone, die nicht aufgearbeitet ist. Ich hatte so eine Phase, wo mich das besonders interessiert hat, und da bin ich auch zu dem Ort meiner Vergangenheit zurückgekehrt und bin durch die alten Straßen gelaufen und habe immer erwartet, daß etwas passiert.«

»Ich habe festgestellt, so nach einer gewissen Zeit, daß man irgendwo doch Wurzeln braucht«, sagt Dieter Schulte. »Die hätte man woanders vielleicht schlagen können, und wenn man dann zehn Jahre an einem Ort und richtig da hereingewachsen ist, hätte man die wahrscheinlich genauso. Aber nun bin ich halt wieder hier in Lüdenscheid. Ich habe mich auch nicht dagegen gewehrt, es ist nicht so, daß ich jetzt widerwillig wieder hier bin, im Gegenteil. Aber ich könnte mir immer noch vorstellen, woanders zu sein.«

»Ich wäre wahrscheinlich sehr frustriert, wenn Lüdenscheid das Lüdenscheid noch wäre, was ich verlassen habe, Ende der 60er Jahre, nach dem Abitur, wenn das also noch dasselbe Lüdenscheid wäre, wohin ich zurückgekommen bin – da wäre ich wirklich sehr frustriert«, sagt Hans Peter Knauer.

»Warum ich zurückgekommen bin? Aus Sehnsucht nach Heimat«, sagt Eckart Heide.

»Daß ich den Ort meiner Herkunft in mir spüre – ja, aber dann eigentlich mehr nur negativ«, sagt Hiltrud Gnüg. »Dann merke ich nur die Bigotterie.«

»Zuerst war das natürlich ein wunderbarer Auftrag, daß man sich in die deutsche Provinz begeben hat und nicht nach New York oder San Francisco«, erzählt der Fotograf Tim Rautert. »Das Problem ist natürlich für einen Fotografen, daß er, wenn er nach New York kommt, die Kamera nur noch hinzuhalten braucht, dann tut sich alles schon fast von selber, weil die Dinge, die man aufnehmen kann, natürlich spektakulärer sind. Während, wenn man nach Lüdenscheid kommt, man das Besondere auf Anhieb nicht erwarten darf. Für mich war das Besondere, daß man in einer solchen Stadt so gut lebt wie woanders, vielleicht sogar noch besser. Was mich beeindruckt hat, sind diese überschaubaren Kreise gewesen, in denen sich das abgespielt hat. Ich speziell habe mich auf Kneipen eingelassen, Stammtische und so weiter. Und diese Rituale, die da ablaufen, die sozialen Rituale, die waren sehr interessant. Daß es also den Stammtisch für die und die Leute gibt und kein anderer dazukommen kann, daß man eben immer wieder die gleichen Leute trifft, und daß dieses soziale Gefüge wahnsinnig fest ist.«

Aber war nicht gerade dieses Überschaubare und Festgefahrene das, was einem diesen Ort früher so verleidet hat? Es gab überall Wege, und man konnte sich nicht verirren, und alles war vorhersehbar. Was ich jetzt auf den Fotos erkenne, ist eine frisch renovierte, propere Kleinstadt, und es gibt nun wirklich für niemanden auf der Welt einen vernünftigen Grund, nach Lüdenscheid zu fahren. Wenn man in dieses üblich-komfortable Hotel kommt, kommt man wie in jede andere Stadt. Es gibt hier wie überall Banken und Sparkassen und Supermärkte und die CDU, ein Amtsgericht und ein Schwimmbad und ein Fußballstadion und die SPD, Kirchen und Buchläden und Galerien und Restaurants, Reinigungen und Schulen und Kneipen und die Grünen, Kindergärten und Schmuckläden und ein Tierheim und die FDP, Reisebüros und ein Frauenhaus und Krankenhäuser und ein Finanzamt, Fabriken und eine Stadtbücherei und die Polizei und Tanzclubs, Fahrschulen und Diskotheken und ein Rat-

haus und einen Rathausvorplatz. Und wie in allen vergleichbaren Klein- und Mittelstädten ist man auch in Lüdenscheid irgendwann darangegangen, diesen Rathausvorplatz, quasi das Zentrum der Stadt, im Zuge der Renovierung der gesamten Stadt zu verschönern. Man wollte nicht mehr diese verstaubte, gesichtslose Provinzstadt sein, sondern sich ein anspruchsvolles Bild geben. Also wandte man sich an einen auswärtigen, damals schon bekannten deutschen Künstler und Bildhauer, Ansgar Nierhoff, mit der Bitte, nicht nur für den Rathausplatz eine Skulptur zu entwerfen, sondern die Stadtverwaltung und die Ratsherren und alle, die sonst als sachkundige Bürger in den zuständigen Ausschüssen saßen, bei der Gestaltung des Rathausvorplatzes zu beraten.

»Ich war nur noch völlig unerfahren«, erzählt Ansgar Nierhoff. »Da kam der hemdsärmelige Baudezernent, der damals das Sagen hatte in der Verwaltung der Stadt Lüdenscheid, und fragte: ›Tja, was kriegen Sie denn die Stunde?‹ Da war ich richtig aufgeschmissen. Da sagte er: ›Das müssen Sie doch wissen. Wenn Sie extra nach Lüdenscheid fahren, dann müssen Sie auch richtig Geld verlangen.‹ Das war ein Typ, der kam vom Bau und dachte, ich käme auch vom Bau. ›Tja, was kriegen Sie denn die Stunde ... Dann überlegen Sie es sich mal.‹ Und dann hab ich mir das überlegt und wir haben irgendeinen Preis ausgemacht für ›nach Lüdenscheid kommen‹. Das war's. Ich hätte nur fordern müssen: Was ich Ihnen sage, müssen Sie auch machen, es sei denn, Sie widersprechen mir sofort. Der Widerspruch kam aber immer erst in der nächsten Sitzung, allerdings nicht in der Weise, daß er angesprochen wurde, sondern daß die Tatsachen neu formuliert wurden. Und da wurde mir so vertrauensvoll von Teilnehmern dieser jeweiligen Gesprächsrunde gesagt: Das sei eben da so üblich, und es gäbe so viele Klugscheißer in Lüdenscheid, die wollten alle was sagen, aber hätten das nicht so direkt drauf, die brauchten halt ein bißchen länger dafür. Ich kann es verstehen. Es war ja auch eine Materie, mit der die sich nicht jeden Tag beschäftigen, und deshalb haben sie mich ja auch engagiert, ihnen Ratschläge zu geben.«

Die Reaktion auf Nierhoffs Ratschläge lautete so: »Ich bin Lüdenscheider und begeistert, wie unsere Stadt im Laufe der Jahre immer schöner geworden ist. Aber als ich in den *Lüdenscheider Nachrichten* über die drei ›Blechdosen‹ las, die man auf dem Rathausplatz aufgestellt hat, bin ich gleich am nächsten Tag in die City gegangen, um mir die ›Dinger‹ aus der Nähe zu betrachten. Ich war entsetzt. Ich verstehe zwar nichts von Kunst, aber ich bin der Meinung, daß diese drei demolierten Blechkisten auf dem Rathausplatz nichts verloren haben ... Es handelt sich auf unserem Marktplatz nicht um Kunst; das spürt auch der ungeschulte Betrach-

ter, der die Blechdosen ganz richtig als eine Arroganz sondergleichen und als Aufforderung zur Aggression ansieht ... Mit seiner Darstellung der angeblich (und tatsächlich) so unheilen Welt (dabei hängt es doch nur von uns Menschen ab, was wir aus dieser Welt machen) hat der ›Künstler‹, ohne plausible Begründung und Erklärung dafür und ohne auch nur den geringsten Versuch eines positiven Ausblicks zu geben, bewußt und gewollt genau diese unheile Welt in unsere bisher noch relativ unerschütterte und von einem ständigen Aufbauwillen geprägte ›Provinzstadt‹ hineingetragen – gleichsam wie ein trojanisches Pferd!«

Meine Liebe, du wunderst dich bestimmt über die seltsame Ansichtskarte aus Lüdenscheid. Die Umgebung ist zwar wirklich nicht ohne Reiz, wie du siehst, hinter der Stadt, die, wie ich in der 1. Volksschulklasse lernen mußte, wie Rom auf sieben Hügeln gebaut ist, beginnt das Sauerland, mit vielen Talsperren, um die ich in meiner Kindheit sonntags nach-

mittags immer herumwandern mußte. Die Stadt selber, das Inventar, ist nichts Besonderes. Du schaust vielleicht erstaunt vorne rechts auf diese komische Bronzefigur, sie ist von einem Bildhauer namens Waldemar Wien, zeigt einen gewissen »Onkel Willi« und gilt als ein Wahrzeichen dieser Stadt. Ein anderes Wahrzeichen dieser Stadt, ebenfalls auf dem Rathausplatz, siehst du leider nicht, es ist eine Skulptur von Ansgar Nierhoff, wegen der es in Lüdenscheid einmal eine kleine Revolution gegeben hat und halb Lüdenscheid sich in den Leserbriefspalten der *Lüdenscheider Nachrichten* mal richtig austoben durfte. Es handelt sich um drei Metallkuben, die Nierhoff, wie die Lüdenscheider sagen, eingedötscht hat, er hat also das Material verformt. Für mich gehört diese dreiteilige Skulptur genau hierhin, sie steht für mich für das Unkalkulierbare des Lebens, das Zufällige und Nicht-Dazugehörige und Kompakte, was sich einem in den Weg wirft und an einen hängt. Das macht aber auch die Identität aus, den Geschmack des Lebens – daß man da hindurch muß, aufgehalten und abgelenkt wird, vielleicht auch verformt. Aber was suche ich hier? Ich habe Mühe, durch die aktuellen Fotos hindurchzusehen auf das, was diese Stadt einmal für mich gewesen ist und wer ich in dieser Stadt war; wer ich zum Beispiel auf den Straßen in dieser Stadt war.

Aber wenn ich dann nicht mehr auf das alte Foto in meinem Inneren starre, sondern da wirklich hingehe, finde ich nichts mehr. Heute, als ich durch die alten Viertel lief, durch die Straße, auf der ich aufgewachsen bin, auf der ich gespielt habe, habe ich begriffen: Heute kann man nicht mehr auf der Straße wohnen und aufwachsen. Eine vielbefahrene Durchgangsstraße. Der Verkehr hat auch Erfahrungen kaputtgemacht, die früher möglich waren. Die Realität, denke ich, überlebt mich manchmal schon nicht mehr. Ich gehe durch die Straßen und denke nur: Was suchst du hier?

»Wenn man das ernst nimmt«, sagt Ansgar Nierhoff, »daß es sich also einfach um Strukturen handelt und die durch das Verhältnis, das sie miteinander haben, immer etwas ganz anderes bewirken, dann kommt man dem näher, was eine Differenzierung ausmacht beim Sehen. Daß der Ort eine Plastik selber ist und er durch eine Plastik mitbestimmt wird, aber auch ohne die Skulptur Ort wäre im Sinne eines städtebaulichen oder architektonischen Raums.«

Ja, so geht's. Man kann durch diese Plastik von Nierhoff hindurchschauen auf den Ort und ihn erkennen. Und so wie der Ort als Ort sowieso da ist, als eine Sache für sich, so sind die Fotos im Inneren da als eine Sache für sich, die mit dem Ort nur insofern zu tun haben, als meine Augen früher zufällig an diesem Ort gefilmt haben. Aber wenn man den Ort durch die Plastik von Nierhoff sieht und dann auch auf die Fotos im Inneren stößt, dann kann man aus diesem Gesehenen etwas entwickeln und in ein Beziehungsfeld setzen, was einen persönlich als Menschen ausmacht. Und geht es nicht darum, bereit zu sein, mit dem etwas anzufangen, was am Anfang steht, was einfach materiell da ist? Alles hat als ein Zufall angefangen? Ja, aber du mußtest da nun einen Sinn hineinbringen. Doch daß du das Subjekt deines Lebens bist und also nicht alles einfach nur Zufall war, das weißt du, wenn du durch alles Vergessene noch einmal hindurchschaust.

Da ist die Fabrik, in der der Großvater gearbeitet hat, in der wir gewohnt haben, in der ich aufgewachsen bin. Alles ist häßlich und klein. Und doch, wenn ich das von außen anschaue, fällt mir auf, wie exakt ich den Grundriß der Wohnung aus meiner Kindheit im Kopf habe, ich kenne jeden Weg darin, jede Ecke, ich habe auch einen Geruch davon in der Nase. Ich erinnere mich. Angst und Enge, und diese beiden Wörter benutze ich auch immer so zusammen, in dieser Abfolge, Angst kommt vor Enge. Angst vor Enge.

Wo ist nur der ganze Schnee aus meiner Kindheit hin? Schnee, Schlittenfahren, Abendlicht, Schritte im Schnee, das Geräusch noch im Ohr. Nach Hause gehen. Wie war das dann? Wie war das mit dem Essen? Das ist der Moment, wo das Vergessen anfängt. Bilder mit einem kleinen Ausschnitt, und drum herum ist es dunkel. Wenn ich zurückschaue, schaue ich gerade nicht auf die Sachen, die ich weiß und durchaus erzählen könnte, sondern es ist so, als würde die Vergangenheit leer, weil ich nach etwas Bestimmtem suche, und das ist nicht da. Das, was ich wissen möchte, ist zum Beispiel: Wie war das denn mit dem Essen? Die Sache mit dem Schlittenfahren, die ganze Winterstimmung, das ist etwas, was für mich gut war, und doch, es ist, als ob alles unter dem Schatten gestanden hätte der Dinge, die mich furchtbar wütend gemacht haben, wütend genug, um sie der Vergessenheit auszuliefern. Das andere klingt, als wäre ich dann weggegangen, und die Welt war ganz schön, halt so in einem Dezemberlicht, aber ich war dann auch allein. 50er Jahre.

»Wenn du in so einem kleinbürgerlichen Haus groß wirst«, erzählt Wilfried Reichart, »da wird zwar viel geredet, allerdings nur so alltägliches Zeug. Aber keiner redet über sich selber. Meine Eltern haben nie über sich geredet. Das ist zum Beispiel auch so ein Motiv, das wichtig ist, warum du so einen Ort verläßt: daß du dort den Eindruck hast, die wissen gar nicht, wer du bist. Weil sie sich überhaupt nicht anstrengen, herauszufinden, wer du bist. Eltern zum Beispiel. Die reden nicht mit dir, die reden nicht über sich, die reden nicht über ihre Widersprüche, über ihre Probleme, die setzen sich nicht mit dir auseinander, sondern die erziehen dich in dem Sinne, daß sie einen ordentlichen Menschen aus dir machen wollen ... Ich hatte das Gefühl, die wußten gar nicht, wer ich eigentlich bin. Und das ist ja die Kardinalfrage auch dabei: Wer bin ich? Das heißt, das mußte ich ganz alleine herausfinden.«

Aber mußtest du nicht erst einmal herausfinden, daß du dir deinen Namen überhaupt verdienen kannst? Auf diesem Bild bin ich jetzt ungefähr acht Jahre alt, und da war ein kleines Mädchen, ungefähr gleichaltrig, und sie war mit mir in einer Klasse in der Volksschule, sie saß vorne in der ersten Bank, und ich sehe, wie sie sich herumdreht, und ich möchte diesen Blick jetzt noch einmal sehen, damit ihr Blick mir noch einmal meinen Hintergrund gibt. Sie hieß Kirsten. Eine undeutliche Erinnerung: Da war auch noch ein anderes Mädchen, zu dem ich immer hinlief, und einmal habe ich dieses andere Mädchen nach der Schule nach Hause begleitet und bin dann wieder weggegangen, und auf dem Rückweg traf ich dieses eine Mädchen, das sich immer nach mir umdrehte, und ich bin dann, glaube ich, auch mit ihr ein Stück Weg gegangen. In meiner Erinnerung hat sie geweint. Ja, sie hieß Kirsten. Ich könnte sie beschreiben, aber ich könnte die Szene nicht mehr beschreiben, ich erlebe sie nicht mehr. Das ist jedoch ein Bild, das mit mir reist, und immer wenn es wieder einmal in mir auftaucht, weiß ich: In meiner Welt ist heute noch zu wenig von dieser Kirsten; was ich allerdings auch heute noch nicht immer weiß, wenn ich eine Frau anschaue: Ist es dieses Mädchen, das sich vorne links nach mir umdrehte, oder ist es die andere ... Manchmal wundere ich mich tatsächlich, daß ich in dieser Szenerie vorkomme. Aber diese Szenerie ist wirklich, dies ist Lüdenscheid, und alles ist fremd wie eh und je, und alles fehlt.

»Was ich schon sehr früh mitbekommen habe«, erzählt Hiltrud Gnüg, »war dieser Kleinstadtklüngel. Dummerweise in meiner Schule, in meiner Klasse waren auch sämtliche Direktorentöchterchen und wurden auch ganz anders behandelt. Die hatten immer sozusagen den Direktoren- oder Ärztebonus. Das wirkte sich sofort aus. Man kannte sich, man kannte schon den Vater, den Großvater, also diese Klüngelei, die habe ich schon sehr früh beobachtet und darunter gelitten. Es war auch so, daß damals alle Lehrer bauten, aber nicht so viel Geld hatten und deshalb das Gehalt auffrischen mußten, und der Lateinlehrer, der Mathematiklehrer, der Englischlehrer – sie alle gaben Nachhilfeunterricht. Und dieser Nachhilfeunterricht beim eigenen Lehrer verbesserte natürlich auch den Notenstand der Betroffenen. Da begann schon der Klüngel.«

Ja, das Bild erkennt jeder wieder. Aber war die Schule nicht zugleich der erste Ort, wo man entkommen konnte? Oder die Nachmittage, wenn man sich mit den Freunden in der Stadt traf, um zu reden, um herauszufinden, was einen betraf, was einen überhaupt interessierte, zu reden über Bücher oder über Mädchen. »Oder schön war auch das Schwimmbad«, erinnert sich Hiltrud Gnüg. »Ein aufregender Treffpunkt, wegen der kleinen Annäherungen. Alles sehr harmlos, aber irgendwie ... Peppino, der Italiener, wo man Eis aß, das Schwimmbad und die Milchbar, in der man seinen ›Bananendrink‹ einnahm – das hatte so eine Aura, das war ganz wichtig. Man vermißte damals nicht unbedingt die Großstadt. Das war eine Welt, in der alles auch zugänglich war. Man lief mal eben ein paar Straßen weiter und besuchte die Freundinnen. Wichtig war auch zweimal im Jahr die Kirmes. Dann standen die Mädchen rund um die Raupenbahn und warteten darauf, aufgefordert zu werden. Man beobachtete natürlich genau, wer wird aufgefordert, wer nicht. Und man zählte auch: fünf verschiedene oder sieben verschiedene Jungs haben dich aufgefordert, Raupe zu fahren. Und dann ging ja nun das Verdeck runter, und man erzählte anschließend: ›Der hat versucht, mich zu küssen.‹ Man ließ sich natürlich nicht küssen. Irgendwie hatte man ganz schön auch einiges internalisiert an Prüderie.«

Aber das ist lange her. Harmlose, kleine Erinnerungen. Was suchst du hier? Hast du hier irgend etwas verloren, was zu suchen wäre? Was willst du hier? Begreifen, wie du dich durch den Widerstand, den diese kleine Provinzstadt für dich bedeutete, hindurcharbeiten mußtest, um ein anderer zu werden?

»Aber du hast dich doch nicht verändert«, sagt Wilfried Reichart, »du bist doch kein anderer geworden. Das ist ja das Spannende an dem Thema: Du wirst kein anderer, sondern du warst damals schon der, der du auch heute bist. Und wenn dem so ist, daß einer kein anderer wird, sondern schon immer der war, der er ist, dann werden eben viele Fragen dort beantwortet.«

Heute regnet es in Lüdenscheid, »et riänt«, und es regnet hier meistens, weshalb die Lüdenscheider ihre Stadt auch Regenscheid nennen – die Erklärung für das häufige Regenwetter ist simpel: Wenn bei Tiefdruck der Wind die Wolken treibt, entsteht vor der Bergstadt ein Wolkenstau, und dann regnet es. An einem solchen Tag kann man ins Museum am Sauerfeld gehen, das der Architekt Nikolaus Ruff gebaut hat, indem er zwei alte, um die Jahrhundertwende gebaute, denkmalgeschützte Villen durch eine große, aus Stahl und Glas gebaute Halle verbunden hat. Einen

langen Nachmittag kann man durch die Geschichte der Stadt wandern, die, 1067 erstmals erwähnt, früher von den Grafen von der Mark verwaltet wurde, die sie 1268 befestigen ließen. Das Eisenerz machte die Leute reich – das Ruhrgebiet lag früher im Sauerland. Es ist die Geschichte vom Osemund und vom Reidemeister und von den Veränderungen deutscher Industriegeschichte, die gerade hier im märkischen Sauerland zu studieren sind. Überall standen kleine Schmieden und Fabriken, »Fabriksken« genannt. Als der erste Sauerländer aufwachte, erzählt eine Legende, habe er sich die Augen gerieben, umgeschaut, laut geseufzt und zum Himmel geschrien: »Du liäwe Gott, un wo steiht men Fabriksken?« Einer dieser Fabrikanten hieß Carl Berg, und seine Firma war Ende des 19. Jahrhunderts die einzige in Deutschland, die genügend Aluminium für den Bau von Luftschiffen herstellen konnte, die Berg dann zusammen mit dem Grafen Zeppelin baute – die alten Konstruktionszeichnungen sind ein Schmuckstück des Museums, zusammen mit dem Nachbau des ersten Luftschiffes im Maßstab 1:20. Man kann sich auch in den ausgestellten kleinen Bummelzug setzen, die »Schnurre«, die früher zwischen

Altena und Lüdenscheid fuhr, zum letzten Mal im Mai 1967; die Dampflokomotive wurde 1940 angeschafft, der Personenwagen mit 12 Sitzplätzen der 2. Klasse, 18 Sitzplätzen der 3. Klasse und 20 Stehplätzen stammt aus dem Jahr 1905. Von der mit so viel Geschichte und Geschichten vollgestopften einen Villa, die die Lüdenscheider Industrieerzeugnisse zusammenbringt, von Knöpfen über Abzeichen und Fahnen bis zu Glühlampenfassungen und Haushaltsgeräten und dem Mercedes-Stern, geht man in die andere Villa und ist in der Gegenwart angekommen, bei den Bildern und Objekten von Gerhart Marcks, Horst Antes oder Timm Ulrichs. Und wieder die Überlegung, was damals an diesem Ort gefehlt hat.

Am frühen Abend ist der Regen in ein, wie man hier sagt, »Fisseln«

übergegangen, was bedeutet, daß die Wolken sich nicht mehr über der Bergstadt stauen, sondern die Stadt mittlerweile »in den Wolken« liegt. Spaziergang durch leere Straßen, die Bürgersteige sind hochgeklappt. Aber in den Kneipen und Restaurants in der Altstadt herrscht Hochbetrieb. Deftige westfälische Küche, dicke Bohnen mit Speck oder Potthucke, ein Kartoffelgericht, dazu viele Pils und Klare – die Sauerländer, ließ Friedrich Wilhelm I. in seinem Testament die Nachwelt wissen, »saufen wie die beester, mehr wissen sie nichts«. Ab und an trifft man in den Kneipen auch noch einige der alten knorrigen sauerländischen Typen, die ihren Hund »Rue« nennen, jemanden als »Döskopp« beschimpfen und auch sonst nicht »kniepig« (geizig) ihre Meinungen kundtun und ihre »Pröhlken« (Schwätzchen) halten und »Dönekes« (Geschichten) erzählen und sich mit einem »Woll« (nicht wahr) bestätigen lassen, daß ihre Dönekes angekommen sind. Zurück im Hotel, die Lichter der Stadt vor Augen, der Gedanke, daß man wahrscheinlich, wie Tim Rautert meint, in einer solchen Stadt wirklich nicht schlechter lebt als anderswo. Und wer im städtischen Leben integriert ist und sich auch integrieren lassen will, kann hier gut leben. Die Fotos in dem Buch *Was heißt da schon Provinz?* zeigen es, völlig selbstverständlich posieren sie: die Schützenkameradschaft und die Mitglieder des Geflügelzuchtvereins »Victoria Lüdenscheid« und des Männergesangvereins »Philomele« und des Angelsportclubs und des Tauchsportclubs und des Athletiksportvereins und des Clubs der Briefmarkenfreunde und des Sauerländischen Gebirgsvereins und der Orchestergemeinschaft und des Fußballclubs Rot-Weiß Lüdenscheid und des Hegerings und und und. Alles ist da. Aber was fehlte früher?

Nein, das ist wirklich nicht mehr dieser düstere enge Ort aus den 50er und 60er Jahren. Da ist zwar immer noch dieser kleine Sackbahnhof, und wenn man damals aus den Ferien nach Lüdenscheid zurückkam, immer dieses Gefühl: hier mußt du bleiben. Heute ist der kleine Sackbahnhof in dieser Intercity-Republik nur noch komisch. Seit die Stadt ans Autobahnnetz der Sauerlandlinie angeschlossen ist, wirkt alles viel offener, auf eine merkwürdige Weise aber auch uniformer. Das auf gute und schlechte Weise Originale ist ausgestorben, weil das Abgeschnittensein, die Isolation, die man in den 50er und bis weit in die 60er Jahre hinein in dieser kleinen Stadt auf den sieben Bergen erleben konnte, in dieser modernen Informationsgesellschaft natürlich nicht mehr gegeben ist. Deshalb fand Ansgar Nierhoff die »Engstirnigkeit« der Kampagne gegen ihn »so schade, weil die Leute in Klein- und Mittelstädten heute über Medien die gleichen Informationen beziehen wie andere. Da sie aber nicht so überschüttet werden mit Informationen, haben sie im Grunde sogar noch mehr Chancen, selber über die Inanspruchnahme durch Information von außen nachzudenken in der Weise, daß sie zu einem eigenen Bild kommen über ihre Befindlichkeit und ihre Existenz. Auf der anderen Seite sind vielleicht nicht so viele Leute da, die bereit sind, kontrovers zu diskutieren, weil die furchtsame Anonymität, die eine Großstadt bietet, in der Provinz nicht da ist. Man muß auf Gedeih und Verderb miteinander auskommen, sonst hat man möglicherweise Magengeschwüre.«

Daß sich vieles geändert hat, sieht man daran, daß es vieles nicht mehr gibt. Das Parktheater etwa, eigentlich ein belgisches Kasino, in dem man sich vor dreißig Jahren die Theateraufführungen von irgendwelchen reisenden Schauspielgruppen ansah, hat seine Funktion verloren; dafür gibt es heute ein modernes Kulturhaus, in dem auch schon einmal die Bochumer Symphoniker spielen, aber auch Freddy Quinn gastiert. Das Alte lebt wirklich nur noch in der Erinnerung. Die alte Schule, das Zeppelin-Gymnasium, steht zwar noch unverändert da, aber wie ein unbeseelter Klotz. Ein anderer repräsentativer Ort von früher, das Haus »Concordia«, *der* gesellschaftliche Versammlungsort der Stadt, in dem Generationen zum Beispiel auch ihre Tanzschulzeit absolviert haben, ist längst abgerissen. Am Tresen der »Concordia« tauchte Ende der 60er Jahre manchmal auch ein junger Mann auf, der durch sein zielstrebiges Drängen auffiel und der selber damals aber sicher nicht ahnen konnte, daß er eines Tages Bundesinnenminister sein würde: Manfred Kanther, damals Rechtspfleger im benachbarten Plettenberg. In Plettenberg lebte auch ein berühmt-berüchtigter Mann, der das Geheimnis der Macht erforscht hatte, Professor in Berlin, der nach Kriegsende den Ort seiner sauerländischen Herkunft wieder in Besitz nahm, Carl Schmitt, der Staatsrechtler und Staatsphilosoph, der dem neugierig suchenden Abiturienten den Rat gab, sich »der magischen Hand zu überlassen, die unseren Griff nach Büchern lenkt«. Was hat damals gefehlt?

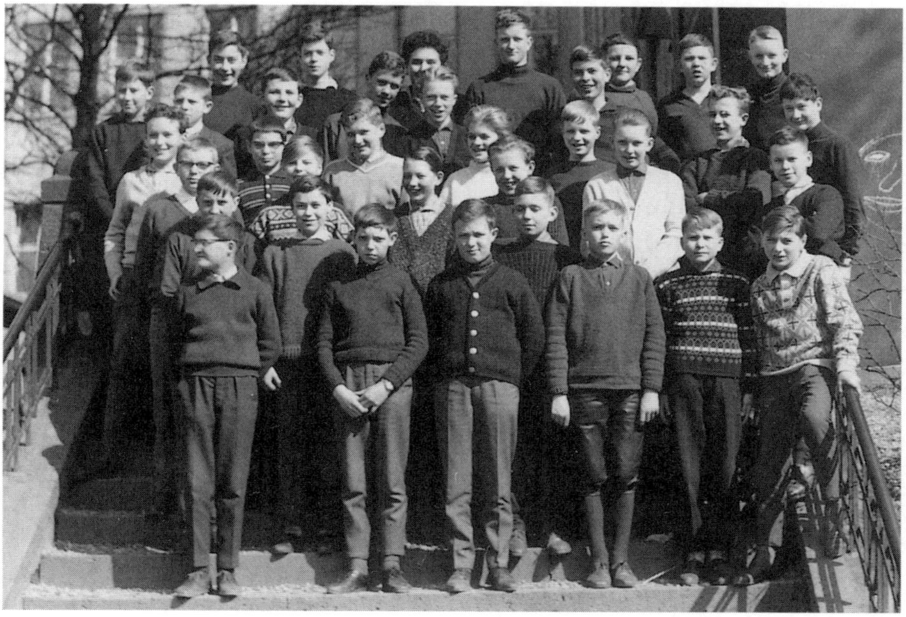

Gymnasium 1960 bis 1968 – welche Lücken öffnen sich da zwischen zwei Jahreszahlen?

»Der Mangel hatte wahrscheinlich mit der Ahnung zu tun, wie interessant die Welt ist und was es da draußen alles gibt, während dort, wo ich mich aufhalte, es so wenig gibt«, sagt Wilfried Reichart. »Also wegzugehen, um das alles zu sehen, zu erleben, herauszufinden, was es eigentlich geben kann. Immer das Gefühl haben, da fehlt was, wo du bist. Und das schaffst du dir dann in so einer kleinen Umgebung. Du hast ein oder zwei Freunde, die haben ähnliche Vorstellungen im Kopf. Und mit denen zusammen fühlst du dich als Außenseiter, der etwas anderes will, der etwas herausfinden will, der etwas erleben will, der einfach eine Ahnung hat, es muß da noch was geben. Und da gibt es ja diese wundervolle Geschichte, so eine schwäbische Geschichte von einem kleinen Jungen, der seine Mutter fragt: ›Sag mal, Mama, wohnen denn auf der anderen Seite des Berges auch noch Leute?‹ Und die Mutter sagt dann zu ihm: ›Büble, sollst net grübele!‹ Und ich war dieses Bübchen, das da gegrübelt und gedacht hat: Da gibt es noch was. Und das muß ich sehen. Damit will ich konfrontiert werden. Damit will ich zu tun haben. Darüber will ich nachdenken. Darüber will ich reden.«

Meine Liebe, so viel Nähe zum Chaos wirst du schon einmal erlebt haben, um zu wissen, daß man überhaupt nur leben kann, wenn man sich nicht in all seinen Abgründen kennt. Dieser Sog des Nichts, wenn man heraustritt aus allen Formen und die Welt als etwas ungemein Verführerisches erlebt, weil es einen nach allen Richtungen zieht und es dann die Welt selber ist, die plötzlich einen Sog ausübt, einen zu zerreißen droht, daß alles ganz chaotisch wird, partikularisiert, Stücke plötzlich in einem auseinanderstreben. Es gibt grundsätzlich zwei Möglichkeiten der Reaktion. Die eine ist das um jeden Preis Festhalten an der alten, der internalisierten Form, die einen von innen her zusammenzwingt, das sind die Leute, die dann heraustreten in die Welt mit ihren Gesetzen, die sie von zu Hause, aus ihrer Kindheit mitgebracht haben und alle Welt damit auch ein bißchen quälen, indem sie sagen: So geht die Welt, und so muß es sein. Die andere Möglichkeit liegt in der Chance, ein Stück seiner Eigenheit dabei zu entdecken und im Kampf gegen diesen Sog seine Autonomie zu entwickeln. Ein Stück der eigenen Person ist dabei natürlich, daß man eine Geschichte zu erzählen hat, zum Beispiel die Geschichte seines Lebens, und wenn man sich auch abgegrenzt und versucht hat, sich das Leben zu schaffen, das man haben will, so reist man doch immer mit den alten Bildern, und wenn man sie sich anschaut, weiß man: Aus dem und dem Blickwinkel haben sich die und die Erfahrungen ergeben. Also was ist die Geschichte, was hat dieser Ort mit der Geschichte zu tun? Der Ort ist natürlich belanglos, der Name dieses Ortes steht für etwas anderes. Und das ist jetzt wieder dieses elegische Bild mit der Winterlandschaft in dieser Stadt, 50er Jahre: ein sehr kaltes und einsames Bild. Aber es ist wirklich nur ein Bild, doch wenn ich es mir selber sage, kommt es sofort in meinem Kopf an. Wie wenig man doch seine Lebensbedingungen in der Hand hat, habe ich mir oft an diesem Ort gedacht, und wenn ich mir all die Menschen aus der Kindheit noch einmal vor Augen führe, dann sind sie alle ungeheuer seltsam, aber auch individuell und besonders, zugleich kommt mir allerdings auch deren Verrücktheit entgegen. Also wie war das mit dem Nachhausegehen? Ich bin in der Wohnung meines Großvaters aufgewachsen, zusammen mit meiner Mutter, der mein Vater nicht gut genug gewesen war und die ihn zeitlebens vor mir versteckt hat. Und ich ärgere mich, wie vollkommen ich mit dieser Meinung mein Leben lang identifiziert gewesen bin, und denke zugleich: Es ist die eigene Treulosigkeit, die in mir drin steckt und mich so wütend macht, was aber eigentlich heißt, daß ich lange Zeit so treu war und deshalb nicht offen und frei für die Welt und für die Menschen. Also wie war das mit dem Essen, wolltest du wissen, und das war der Moment, wo das Vergessen anfing, irgendwo in den 50er Jahren. Da bin ich nämlich in einen Widerspruch hineingezerrt worden. Als der Großvater ein zweites Mal heiratete, hat er seine beiden Töchter dann auch noch einmal zu Waisenkindern gemacht. Diese zweite Frau hat den Großvater dazu gebracht, abends, wenn sie weggingen, in der Wohnung mit Steckschlössern alle Türen zu verriegeln, und dann war ich allein mit meiner heulenden Mutter in der Küche, vor den verschlossenen Türen. Aber diese zweite Frau war es, die mir doch tatsächlich auch das Essen gemacht hat, mittags, wenn ich aus der Schule kam. Einerseits war ich der Mutter ausgeliefert. Wie habe ich empfunden? Jedenfalls war ich eingesperrt, das ist das deutlichste Erlebnis: daß ich so drin bin in der Geschichte meiner Mutter, in ihrem Unglück. Einerseits mußte ich mit ihr verständigt sein, daß diese Frau des Großvaters widerlich war, andererseits habe ich mit dieser Frau eine Ausnahmesituation hergestellt: Offiziell war sie noch widerlich, und offiziell habe ich immer noch an dem Leiden meiner Mutter teilgehabt, aber die Frage ist jetzt beantwortet, wo ich eigentlich zu essen bekommen habe. Meine eigene Lösung für die Welt habe ich dann lange als diese Kulisse einer elegisch-melancholischen Winterlandschaft inszeniert: 50er Jahre, Schnee, Schlittenfahren, Abendlicht, Schritte im Schnee, das Geräusch noch im Ohr. Nach Hause gehen, nach Hause gehen. Und dort etwas finden wie ein Stück Häuslichkeit, einen normalen Alltag ohne diese Tiefe der Traurigkeit. Auf diesen Wegen bin ich aber zum Verräter geworden, und diesen Verrat mußte ich erst in meinem Herzen erkennen, damit dieses falsche Leben aufhörte, das darauf aus war, fremden Erwartungen zu entsprechen. Aber das ist natürlich nur ein ganz winziger Aspekt dieser Geschichte, die zufällig an diesem Ort gespielt hat. Ich müßte sie erzählen, wahrscheinlich ereignet sie sich erst, indem ich sie erzähle. Sprechen, damit sich der Sand des Lebens festsetzt, damit sich die Bilder stabilisieren. Sand? Ja, das ist es eben, man kann es nicht festhalten, es sickert so durch und kommt in alle Ritzen und Fugen, halt der Sand, den man nach den Ferien noch im Koffer findet und in den Kleiderritzen. Sprechen, um sich zu erinnern, um die Erinnerung zu festigen an das, was man gesagt hat, was man sagen wird und was man noch nicht kennt, und das heißt eben auch, daß das, was gesagt wird, sich wie Sand verhält, man kann es nicht fassen, es rutscht durch die Finger, und deshalb muß man immer weitersprechen, um es im Sprechen zu retten ... Aber was? Auch die Illusionen? Geht es darum, die Illusionen als Illusionen zu durchschauen und trotzdem weiterzuleben auf dieser Ebene? Es ist früher Abend, und du bleibst dort am Fenster stehen und schaust, wie in deiner Stadt wieder die Lichter angehen. Du trittst zurück und siehst dich selber, gespiegelt in der Fensterscheibe. Du erinnerst dich, wie du früher immer in dieser Stadt zu Hause am Fenster standest. So stehst du da jetzt wieder, wie damals, als du begriffen hast, daß du in der Welt bist, aber die Welt da ist auch ohne dich; daß niemand für dein Leben verantwortlich ist; daß man keine Ansprüche gegenüber der Realität hat, die irgendwo einzuklagen wären; daß es darum geht, Ausgleiche zu suchen zwischen den inneren Bildern und den praktischen Möglichkeiten und Zwängen, unter denen man steht, auf der Suche nach dem für dich richtigen Leben, wissend, daß du aber nicht sicher irgendwo ankommen wirst, niemals.

Früher, als man noch von früher gesprochen hat
Unterwegs im Bergischen Land

»Vor zwanzig Jahren saß ich schon einmal in diesem Gartenrestaurant«, erzählte der Mann am Nachbartisch bei Waffeln mit heißen Kirschen seiner Begleiterin. »Es war so warm wie heute, die Kastanien blühten.« »Oh, ich glaube die Geschichte zu kennen«, unterbrach ihn die Frau und blickte durch den Garten auf das schwarzweiße Fachwerkhaus, dessen Name »Forellenhof« einen Fischteich in der Nähe vermuten ließ; drum herum eine sanft ansteigende Landschaft mit einigen abgelegenen Gehöften auf den Hügeln, die das im Tal liegende und zu Odenthal gehörende Dorf Höffe umschlossen; eine kleine Straße schlängelte sich durch den Ort, doch störte Verkehr das Gesumme und Gezwitschere dieses Nachmittages nur selten. »Ja, ein schöner Tag im Bergischen Land«, fuhr die Frau fort, »Zeit haben – das stelle ich mir schon sehr wohlig vor.« Der Mann schmunzelte und gab seiner Geschichte dann aber noch einen merkwürdigen Vorspann: »Es ging mir gar nicht gut an jenem Tag, ein starkes Fieber nährte eine Unsicherheit, die bis zu Schwindelgefühlen ging, und ausgerechnet in dem Moment drang alles in mich ein, der Duft der Blüten, die Wahrnehmung der Welt, so als ob ich erst einmal geschwächt werden mußte, um diese Wahrnehmungen in mich eindringen zu lassen.« Nach zwanzig Jahren noch verwundert über das Erlebnis, das sein Körper als Erinnerung aufbewahrt hatte und unerwartet wieder in ihm aufgetaucht war, horchte der Mann seinen Sätzen nach. Die Frau sah ihn nachdenklich an und sagte nach einer langen Weile: »Komisch, alle Welt kompensiert, und du dekompensierst.« Fassungslos über diese ungeheure Bemerkung, als würde sie ihn vom Boden hochheben und noch einmal in den damaligen Taumel stürzen, schwieg der Mann, bis ein tiefes Ausatmen signalisierte, daß er wenigstens ahnungsweise verstanden hatte, welchen Lebenshintergrund ihm die Frau zurückgegeben hatte, indem sie die Mauern, in denen seine Erfahrung eingesperrt gewesen war, niedergerissen hatte. Auf Reisen, dachte ich, überrascht manchmal der Körper mit Erinnerungen, von denen das Gedächtnis nichts mehr weiß. Als die beiden am Nachbartisch aufbrachen, wünschte ich noch einen schönen Tag

und machte mich auch auf den Weg durchs Bergische Land, auf der Suche nach dem Geheimnis der Details, aus denen die Erinnerung ihre Energien bezieht.

»Aufbrechen, aber nicht in Sicheres fliehen«, heißt es in einem 1964 erschienenen Signaltext der damals »neuen« deutschen Literatur, in Jürgen Beckers *Felder*. Das Buch entwirft eine eigenwillige Poetologie Kölns und blickt immer wieder auch über die Grenzen der Stadt hinaus ins Bergische Land. Dort findet sich auf den Hügeln über Odenthal, in dem Dorf Heide, »zwischen sieben oder neun verstreuten Höfen und Häusern aus ältesten und aktuellen Jahren« das zweihundert Jahre alte, »sanft abschüssig an südöstlichem Hang« gelegene Fachwerkhaus »der seligen einstmaligen Magnifizenz Professor Doktor Gotthold Bohne«, heißt es in *Felder*. »Er nahm zu Lebzeiten gelegentlich in schöner Frühe sommerlicher Sonntage den Weg von seiner … 14 Kilometer entfernten Frankenforster Villa zu Fuß über Odenthal hinauf zum gelegentlichen Familienexil, wo er vorfand treu zum Kaffeetrinken unter Bäumen Frau Erna mit den Zwillingstöchtern Rango und Ringa und dem Sohn Peter.« Mit einer der Töchter, der Malerin Rango Bohne verheiratet, genießt Becker das Fachwerkhaus heute als Landsitz und nutzt es immer wieder auch als Motiv in seiner Lyrik und Prosa. Im Bergischen angekommen, erinnerte er sich, wie er die Landschaft in seiner Kindheit im Dachfenster des am Rand des rechtsheinischen Köln gelegenen großelterlichen Hauses wahrgenommen hatte. Der Himmel ihm gegenüber »riesig und leer … Wo der Horizont begann, am unteren Rand des Himmels, dehnte sich, sanft ansteigend, der grüne Saum einer Landschaft aus: Baumgruppen, Pappelreihen, dazwischen die Finger einzelner Fabrikschornsteine, Wiesenhänge, Feldstücke, weitläufige Weideflächen, hart und plötzlich begrenzt von den Flanken der Wälder, hinter denen die gleichmäßige Bewegung der Hügel überging in etwas sehr Weites und Entferntes, in etwas Unsichtbares, in das sich der Junge im Fenster hineinträumte, hineinsehnte … der Raum der frühen, unbestimmten Imaginationen. Und wenn sich der Junge sehr weit aus dem Fenster übers Dach hinauslehnte, sah er über den Gipfeln der Wälder die Türme und Kuppeln eines Schlosses auftauchen, des Bensberger Schlosses, das ihm zeitlebens unerreichbar erschien … Bensberg, dort war Residenz, dort hatte Goethe genächtigt, da gab es eine Villenkolonie namens Frankenforst, da stand eine alte Burg und das Schloß, und von dort hatte man Aussicht über den Königsforst hinweg, hinab in die Kölner Bucht zwischen Siebengebirge und Dom; von dort ging der Blick weit in den Westen, dort begann irgendwo Belgien, begann die Küste, die See, lag Ostende, hörte der Kontinent auf.«

Da wundert es nicht, daß Becker einen seiner Gedichtbände *Odenthals Küste* genannt hat – obwohl in der Nähe der kleinen bergischen Gemeinde ein Meer auf der Landkarte natürlich nicht auszumachen ist. Er hat die Gegend nie aus diesem immer auch imaginären Blick verloren. Wer ihn einmal in seiner Zeit als Leiter der Hörspielredaktion des Deutschlandfunks in seinem Eckzimmer im 16. Stock des Funkhauses am Kölner Raderberg besucht hat, konnte solchen Blick sofort nachvollziehen. Ein komfortabler Panoramablick, der für Becker »die inzwischen völlig vertraut gewordene Gegend doch wieder zu entfernen, zu entrücken schien in die Weite des Ostens, in Steppe und Wildnis hinein, in den Raum der alten und neuen Imaginationen. Längst hatte ich ja auch einen Wohnsitz im Bergischen Land, aber sie erneuerte sich fast täglich, diese magische Anziehung, und erst wenn ich abends heimgefunden hatte, veränderte sich die Illusion der Weite in die Erfahrung der Nähe: ein altes Fachwerkhaus, ein Garten, umgeben von Wäldchen und Wiesen, auf einem Hügel hoch über Odenthal, in einer Landschaft, die so etwas wie die Gleichzeitigkeit vergegenwärtigt, den Zusammenhang zwischen dem Vergangenen der Kindheit und den Tagen in diesem Sommer.«

Wie es sich gehört, hatte ich Jürgen Becker meine bevorstehende Ankunft in seinem Territorium gemeldet. Er schlug einen Spaziergang von Heide zum Altenberger Dom und weiter ins Helenental vor. Ich freute mich darauf, ihm, dem Liebhaber des oft im Halbschatten liegenden Nievergessenen, erzählen zu können von meinen frühen Reisen durchs Bergische Land, als der Großvater mich als kleinen Jungen in den späten 50er und frühen 60er Jahren in einem als Ungetüm empfundenen LKW der Marke Magirus Deutz aus dem sauerländischen Heimatort mit nach Köln nahm, wo einmal die Woche Schrott geladen wurde als Betriebsstoff für die Metallwarenfabrik, in der der Großvater arbeitete; von diesen Reisen her unvergessen Ortsnamen wie Radevormwald, Hückeswagen, Wermelskirchen oder Wipperfürth. Ach, früher. »Früher war alles ganz anders«, heißt es in Beckers Prosaband *Ränder*. »Die Städte waren alle viel größer und die Dörfer waren noch Dörfer ... Da waren die Lehrer noch die Lehrer unserer Eltern. Sonntags zogen wir noch Sonntagsanzüge an. Die Kirche stand noch im Dorf. Die Wacht stand noch am Rhein ... Die Sommer waren richtige Sommer. Die Ferien sahen immer endlos aus ... Da wurde noch gewandert ... Früher hörte man noch zu, wenn man von früher erzählte.«

Als ich nach mehrmaligem Verschieben der Reise endlich im Bergischen Land ankam, war Jürgen Becker aber gerade nicht da. Er hatte allerdings eine Nachricht hinterlassen von »einer literarischen Person, die hier zwar noch lebt, aber doch abwesend ist«; die immer öfter unterwegs sei auch in anderen Landschaften, in Thüringen, Mecklenburg, Brandenburg, Oderbruch oder an der Ostsee, so daß das Fachwerkhaus im Bergischen Land, wenn auch weiterhin Ausgangspunkt aller wirklichen und imaginären Reisen und Ort, an den die literarische Person immer wieder zurückkehre, als tägliche Umgebung nur mehr Alltag sei, eine schöne Gewohnheit und als poetisches Motiv möglicherweise ausgebeutet. »Du entfernst dich in eine Gegenwart, die woanders ist, und ein Zitat, zweifelsfrei, ist im Zimmer geblieben«, heißt es in Beckers letztem Gedichtband *Journal der Wiederholungen*. Ausdrücklich für den »Reisebericht« empfiehlt Becker darin: »Erzähl doch von Grenzbahnhöfen, Birkenwäldchen, den Misteln. Zu viele Termine, obschon der Wochenkalender fast leer ist. Der Lärm geht weiter, nur einmal schreit der Pfau in der Frühe. Die Zeilen, die Brüche. Ein jedes Rinnsal zum Meer unterwegs. Erst wenn es kalt ist, siehst du den Atem. Zu früh, um in die Gärten zu gehen; da hilft auch nicht weiter der Konjunktiv. Die richtige Reihenfolge kommt von allein; ein Seufzer vielleicht, der Wetterbericht, es nähert sich ein vergessener Name ... kann sein, die nächste Seite weiß mehr.«

So ließ ich mich von den Büchern führen durchs Jürgen-Becker-Land. Hat man Odenthal verlassen, steht man im Nu vor dem Altenberger Dom. In der Kirche, trotz Renovierungsarbeiten, schoben sich die Besucher, so daß ich sofort flüchtete und auch nebenan den kleinen Laden mit Büchern und Schreibwaren links liegen ließ. Keine Ansichtskarte nach Frankfurt mit dem Motiv des Bergischen Doms und der Erzählung seiner Geschichte. Als Jürgen-Becker-Leser interessierten mich an diesem Tag die Architektur der Wolken, die Wege, die ins Innere der Wälder führen, und die leisen Kämpfe im Unterholz. So lief ich ins Hele-

nental und fand, wie von Becker beschrieben, den kleinen Fluß mit den Mühlsteinen am Ufer, die vereinzelten Fachwerkhäuser und die Pulvermühle.

Karg, derb, schön hat Rolf Schroers das Bergische Land genannt. Unvergessen als Autor eines Buches über den Partisanen, hat Schroers manchmal selber wie ein Partisan bis zu seinem Tode 1981 die der FDP nahestehende Theodor-Heuss-Akademie in Niedersessmar bei Gummersbach geleitet, getreu seiner Devise, wenn es schon kein Leichtes sei, zu sein, der man ist, dann möge Nächstenliebe einem die Strapaze ersparen, nicht zu sein, der man nicht sein solle. Schroers hat gerne im Bergischen gelebt. Es sei kein Land der großen Herren, der großen Unterschiede, man lebe von gleich zu gleich, pflegte er zu loben und abends in der gut sortierten Weinstube der Akademie den Besuchern zu erzählen von den riesigen Wäldern als letztem Schlupfwinkel der Kelten auf der rechten Seite des Rheins, bis sie den Franken weichen mußten, die sich dort in ihren wehrhaften Burgen gegen die Römer hielten. Obwohl die Natur den Menschen hier nie entgegengekommen sei und man die Natur oft habe überlisten müssen – wegen des harten Ton-, Schiefer- und Steinbodens sickere das Regenwasser nicht ein, so daß in manchem Weiler trotz des reichlichen Regens oft Wassernot herrsche –, liebten die Menschen ihr karges, schönes Land, erzählte Schroers gern weiter, und auf den jahrhundertealten Friedhöfen finde man die immer noch gleichen Namen, benannt nach den alten Weilern, von denen die Familien stammten. Der Ort der Herkunft, nicht Beruf und Handwerk, werde in diesen Namen aufbewahrt und erinnert. Überhaupt bezeuge sich in den Namen der zähe, bewahrende Charakter des Landes. So rührt der Name der Landschaft auch nicht von hohen Bergen – die es nicht gibt, es ist eher eine bucklige Landschaft –, sondern es war das – 1218 mit Adolf III. erloschene – Geschlecht der Grafen von Berg, das der Landschaft den Namen gab.

Hügelauf, hügelab, reist man durchs Bergische Land wie über Wellen. Eine weite Wiesen- und Wälderlandschaft, heller und lieblicher als zum Beispiel die Eifel, allerdings auch mehr zersiedelt als die Eifel; aber man findet hier nicht wie in der Eifel die großen Bauernhöfe – der Boden gab großen Lohn nie her; dafür viele, vor allem an den zahlreichen Bächen, der Sieg und der Agger, der Sülz und der Dhünn, der Wiehl und der Bröl gelegene kleine Industriebetriebe. Früher, wußte Schroers auch immer zu erzählen, war das Land lange unwegsam und fast eigenbrötlerisch Fleck von Flecken geschieden, ein Land der Sekten, katholisch und evangelisch wechselte von Tal zu Tal, wobei auch heute noch wie zu Schroers Zeiten die strengsten evangelischen Gemeinden in den bunten Kirchen, den »bonten Kerken«, einem der Wahrzeichen des Bergischen, ihren bildlosen Gottesdienst feiern. Das gewachsene und überschaubare Sozialgefüge dieser kleinen Welt, überschaubar auch noch in den zu mittlerer Größe gediehenen Kleinstädten wie Gummersbach, sei aber nicht nur von Vorteil, warnte vor Jahren der in Gummersbach geborene Jürgen Habermas in einer Rede anläßlich eines Jubiläums seiner Heimatstadt. Man kenne sich zwar untereinander nur zu gut – »aber die nicht ganz dazu gehören, auch wiederum nicht gut genug.«

Auf den gepflegten Wegen im Bergischen unterwegs, konnte ich mich nicht verirren. Aber ich wußte um ein Geheimnis: Mitten im Bergischen Land, hatte mir jemand verraten, lebe in dem Dorf Hohn ein freundlicher Eremit »am Rande einer heimlichen Wildnis«; in seinem Haus finde sich sogar ein Wegkreuz, das verschlungene und auf keiner Landkarte verzeichnete geheime Pfade durchs Bergische Land beschreibe. So suchte ich, über kleine stille Landstraßen, den Weg nach Hohn und fand auch den Eremiten inmitten seiner Wildnis. Arnold Leifert. »Arnold«, sagte ich, »wie geht's?« Ach, lachte er und breitete die Arme aus, als wolle er sagen: »Was soll ich von mir erzählen? Schau dich um, hör den Stimmen der Natur zu, es ist alles da.«

Als Eremit wirkte er mit seinem von dichtem Vollbart zugewachsenen Gesicht wie einem Bilderbuch entsprungen. Vor gut fünfundzwanzig Jahren, in Köln, sah er aber schon genauso aus. Damals hatte Peter Härtling im Fischer Verlag seinen ersten Gedichtband *Signale im Verteidigungsfall* veröffentlicht, Notate, die Leifert in der Wirklichkeit vorgefunden und ohne jede Ausschweifung und weiteren Kommentar ausgestellt hatte – politische Lyrik in der Nachfolge eines Erich Fried. Statt, wie üblich, jedes Jahr einen weiteren Gedichtband folgen zu lassen, war Leifert dann plötzlich verschwunden. In dem bei Much gelegenen Dorf Hohn hatte er sich einen zweihundert Jahre alten bergischen Bauernhof gekauft, den Stückländerhof, und ihn in jahrelanger Arbeit saniert und aus-

gebaut. In der Koppel grüßten zwei Pferde bei der Ankunft – »früher bin ich bis ins Sauerland geritten«, erzählte Leifert. Natürlich wollte ich erst einmal das Wegkreuz in seinem Haus sehen. Es steht im ersten Stock, in seinem Arbeitszimmer, inmitten von Büchern und Papierbergen, ein Wegkreuz von 1864, verziert mit Symbolen aus Handwerk und Landwirtschaft. »Ich geb's ja zu: Das Wegkreuz habe ich geklaut, und natürlich gehört es eigentlich in ein Museum«, sagte Leifert. »Ich fand es bei einem nahe gelegenen Fischteich, an einem Feldrand, es lag unter gefällten Bäumen, und hätte ich das Wegkreuz nicht mitgenommen, wäre es mit den Bäumen ins nächste Sägewerk gekommen. Deshalb habe ich mir die Freiheit genommen, es mitzunehmen, und deshalb muß es, so lange ich lebe, in meinem Haus stehenbleiben.«

Ein seltsames, fast romantisches Gefühl der Entrückung, mit Leifert in der Küche zu sitzen und ihm mit Blick auf die draußen wuchernde Wildnis zuzuhören, wie er von der Ordnung in der Unordnung erzählt; das Bauernhaus vollgestopft mit Schusteramboß, alten Bügeleisen, Kaffeemühlen, Öllampen, Stallaternen, Kerzenleuchtern, Wand- und Standuhren sowie einem Kruzifix und einer aus dem Dachbodenstaub der Räucherkammer ausgegrabenen Jesusstatue. In dieser kleinen Wildnis, hart begrenzt durch die bundesrepublikanische Zivilisation, derart abgeschieden zu leben, dafür braucht man wahrscheinlich eine Philosophie – die auch in einigen neueren Gedichten aufscheint, wenn Leifert die »Wärme der Wahrnehmung« sucht und preist. Ein Eremit? »Aber ich bekomme doch viel mit von dem, was draußen passiert. Wenn an Wochenenden die Rettungshubschrauber über dem Bergischen Land kreisen, weiß ich, daß da draußen wieder der Motorradtourismus tobt.« Die Aufmerksamkeit gilt zugleich den Veränderungen im Dorf – »das natürlich auch vom Tratsch lebt, aber den Tratsch erlebe ich als Anteilnahme« –, und diese Veränderungen sind groß: Als er nach Hohn kam, liefen noch die Hühner über die Straße. »Das war vor fünfundzwanzig Jahren. Heute laufen keine Hühner mehr über die Straße. Heute gibt's im Dorf noch nicht einmal mehr ein einziges Schwein.« Fünfzig Einwohner hat

Hohn noch, »und die passen alle in mein Wohnzimmer«. Manchmal lädt Leifert auch das ganze Dorf ein, und dann werden in dem Steinbackofen in seiner Küche Weihnachtsmänner gebacken, im Bergischen »Hirtsböcke« genannt. »Natürlich mußten wir unser völliges Unverständnis diesem über zweihundert Jahre alten, ziegelgemauerten und lehmummantelten Backofen eingestehen – niemand wußte, wie richtiges Brot in ihm zu backen ist, denn niemand im Dorf, sprich ›Hoff‹, war alt genug, es noch zu wissen.« Aber mit diesem Nichtwissen beginne die Erinnerungsarbeit, das »Fußfassen in der Geschichte«: »Ich sitze hier und schaue und bin bereit, die völlig ungeordnete Ordnung dieses Nistplatzes als die ihm gemäße und zustehende Ordnung anzusehen und anzunehmen – so wie uns nur der Ur-Wald faszinieren kann, nicht der Reih- und Glied-Wald.«

Da war Leifert bei seiner Lieblingsidee angekommen: daß man die Natur vor den Naturschützern schützen müsse und der beste Schutz der Natur darin bestehe, sie in Ruhe zu lassen. Vor zehn Jahren, erzählte er, habe es zwei Sturmnächte gegeben, die man »Vivien« und »Wiebke« getauft habe. »Für Vivien und Wiebke« schrieb er damals ein Gedicht: »Vom Sturm / gestürzte Bäume // auf unseren Straßen // der Wald / schafft Ordnung // nur wir // wissen nicht / durchzukommen // zu unserer Arbeit.« Es war ein Glücksgefühl, als er damals auf dem Weg nach Overath – wo er als Lehrer unterrichtete – morgens nicht weiterkam, weil die gestürzten Bäume die Straße blockierten – »da hatte ich plötzlich und hatte mich plötzlich wieder diese unzüchtige Erregung, höchste Spannung und Loslassen zugleich, das ordnende Chaos ... Und dann kam später die Nachricht, daß Vivien und Wiebke nur kranke Bäume zerstört hatten und fast ausschließlich Fichtenwälder, von Bodenbeschaffenheit und Erdfeuchtigkeit her standortfalsch künstlich vom Menschen in Reih und Glied gesetzt; die natürlich gewachsenen Mischwälder hatten sie geschont.« »Weißt du«, fragte Leifert, als wir später in der Wildnis seines Gartens spazierengingen und er von dem Wunsch sprach, daß der Bisam durchhalte, der einmal im Jahr vierzehn Tage den Teich besuche, »daß eine Handvoll gedeihlichen Bodens mehr Lebewesen enthält als die Erde Menschen ... In einem Jahr sterben zur Zeit circa tausend Tier- und Pflanzenarten aus; wir sollten das in Individuen zählen, was wir nicht können. Menschliche Individuen kommen jeden Tag zweihunderttau-

send, das heißt im gleichen Zeitraum eines Jahres dreiundsiebzig Million hinzu. Der Versuch des Menschen, sein lebenspendendes Eingebundensein in die Natur so weit wie eben möglich zu ignorieren, um so die radikale Erforschung und Nutzbarmachung der Natur zu ermöglichen, ist fehlgeschlagen: Die Natur reagiert. Sie durchschauen zu können war ein Trugschluß; sie bleibt das niemals ganz Durchschaubare.«

Es war ein kleiner Wahrnehmungsschock, in die bundesrepublikanische Zivilisation zurückzukehren, in der alles gewohnt seinen Gang ging und die üblichen menschlichen Verkehrsformen intakt waren. Ich sah zwar die karge Schönheit der Landschaft, aber wer aus der Wildnis in die Zivilisation zurückkehrt, sieht zugleich, daß das Bergische Land als ehemalige bäuerliche Vorstube von Köln oder Düsseldorf mittlerweile wie jede Landschaft geprägt ist auch von Mehrzweckhallen und Tschiboläden. Die Angebote, die jeder Touristenführer offeriert – das Tal der Wipper, das Wasserschloß Krottdorf, die Wildenburg oder die Burgruine Windeck über der Sieg, die Tropfsteinhöhle bei Wiehl, die Maltesermühle oder die ehemalige Komturei bei Herrenstrunden, die Aggertalsperre oder den Genkelsee –, ließ ich außer acht und reiste auf direktem Weg an die Grenze des Bergischen Lands, nach Morsbach, wo in der Nähe, in einem Dorf so klein wie Hohn, Hans Gerd Krogmann wohnt, der Hörspielregisseur. Auch er wie Arnold Leifert vor gut fünfundzwanzig Jahren zugezogen, zwar kein »Heimatkundler«, wie er sofort sagte, »aber natürlich ist dieser Ort für mich inzwischen das geworden, was man früher Heimat genannt hat, während eine Stadt wie Dortmund« – er stammt von dort –»nur noch bekannte Fremde ist«. »Knippchen« nennt er sein Haus in Korseifen, einem 80-Seelen-Nest, ohne Gastwirtschaft – eine Familie verkauft allerdings Flaschenbier, »und früher ging ich samstags dorthin, saß im Wohnzimmer der Familie, trank Flaschenbier und schaute im Fernsehen die Bundesliga.« »Natürlich kenne ich hier alles«, sagte Krogmann, »jeden Baum in meinem Garten habe ich selber gepflanzt.« Lange schaute ich mich um und genoß die Stille. »Zu erwarten«, heißt es in einem Gedicht von Jürgen Becker, »wäre jetzt bald das Geräusch der fallenden Birnen ... Nichts Neues im Repertoire? Noch einmal Musik an Westfälischen Adelshöfen, oder sind es Romanische Backsteinkirchen im Jerichower Land, die leeren Flugzeughallen am Rand der Döberitzer Heide ...«, und dann meinte ich wenigstens ahnungsweise Beckers Hinweis zu verstehen, daß man sich »in eine Gegenwart entfernt, die woanders ist«. Der Blick über die Hügellandschaft, in der sich nichts ereignete und keine Menschen zu sehen waren, bot an, sich einen Nachmittag lang zu vergessen und von der alten Idee zu träumen, daß alle Erinnerungen durch das Vergessen hindurch müssen, um dahinter neu und vielleicht als etwas anderes wieder aufzutauchen, vielleicht als Phantasien. »Was suchst du im Bergischen Land?« fragte Krogmann nach einer Weile. »Ich suche das Geheimnis der Details, aus denen die Erinnerung ihre Energien bezieht.« Auf Krogmanns verwunderten Blick hin erzählte ich von meinem Aufenthalt in der Leifertschen Wildnis und von der verpaßten Begegnung mit Jürgen Becker und dessen Gefühl, immerzu in eine Gegenwart zu reisen, »die woanders ist«. In Beckers Prosaband *Der fehlende Rest*, erzählte ich weiter, sitzt ein gewisser Jörn im Winter auf den schneebedeckten bergischen Hügeln in einem Fachwerkhaus und versucht sein Leben aufzuschreiben, aber es ist, als ob es in der Erinnerung unter dem Schnee begraben liege, als seien die Spuren nicht wiederzufinden in der Schneefläche, und deshalb fällt es schwer, darüber zu schreiben. Wo überhaupt anfangen, was suchen? Der Mann blättert in seinen leeren Seiten, und »indem sie soviel vom Nichtwahrgenommenen, Verschwundenen und Vergessenen zu erzählen schienen, wurden sie zunehmend so wichtig wie alle beschriebenen Seiten, ja, sie demonstrierten geradezu die Ausdehnung eines Schweigens, das die vom Gedächtnis unbewohnten Räume durchzieht«. Aber ganz langsam, während der Arbeit, bilden sich dann doch die Konturen der Geschichte unter unendlich vielen Schneebildern, und man kann sie sehen, »die Wege im Schnee ins Gestern«. Ich erzählte Krogmann auch von der Begegnung in dem Gartenrestaurant in Höffe und wie der Mann überwältigt worden war von der Erinnerung seines Körpers an ein zwanzig Jahre zurückliegendes Erlebnis – und wie die Frau die Mauern, in denen seine Erfahrung eingesperrt gewesen war, niedergerissen hatte. Warum, fragte ich Krogmann, stößt man ausgerechnet immer auf Reisen auf dieses Fremde, das in einem eingemauert und verschwunden ist, so daß man es bei sich selber gar nicht mehr wahrnehmen kann, bis man unterwegs wieder auf dieses Fremde bei anderen stößt, die gerade durch dieses Fremde auch lebendig sind, so sehr, daß man fasziniert ist und sich wundert, warum man das eigene Fremde so lange bei sich selber nicht nur nicht zugelassen, sondern geradezu gehaßt hat und es deshalb sogar in sich verstecken zu müssen meinte?

Krogmann war meinem Blick über die ihm so vertraute Hügellandschaft gefolgt und erzählte, daß er die Welt seines Dorfes manchmal am deutlichsten auch nur aus der Ferne wahrnehmen könne. In Berlin, wo er noch eine Wohnung hat, ertappt er sich immer wieder dabei, daß er über ein Gedächtniskreuz phantasiert, das auf einem Hügel über seinem bergischen Dorf steht. Ein silberner, den Erlöser verkörpernder Metallcorpus ziert das Kreuz, »ein häßliches Ding aus irgendeiner Fabrik. Aber es ist das einzige Gedächtniskreuz dieser Art in der Welt, weil falsch geschrieben, Gedächtnis mit zwei s, ›Gedächtnisskreuz‹: ›Unseren Gefallenen zum Gedächtniss.‹« Unter dem Berliner Himmel sieht er dann die Tag- und Nachtvögel um das »Gedächtnisskreuz« herumschwirren. Oder er sieht, daß »das Regenloch dieser Landschaft sich wieder geöffnet hat und es tagelang auf das Gedächtniss plästert. Spuren verwischend … Und man denkt nicht mehr an das Verdrängte, das in dieser Denkmalseinrichtung steckt: ›Unseren Gefallenen zum Gedächtniss‹. Gefallen, das klingt so vorwärtseilend heldenhaft. Wo sie doch verreckten, krepierten, in Fäulnis aufweichten.« Wenn Krogmann von Berlin aus das Kreuz sieht, dann sieht er auch den Aussichtsturm über seinem Dorf und »die über die Hügel verteilten Aussiedlerhöfe mit ihren dem Stadtmenschen so gar nicht bauernhausartig erscheinenden Häusern und Ställen. Und der neben dem Kreuz auf der Bank Sitzende«, stellt er sich unter dem Berliner Himmel vor, »hört das Mahlen der fernen Höhenstraße und die Aktivitäten der daneben gesetzten Kleinbetriebe. Zu Väterzeiten war das eine ruhige Landschaft. Nun aber kracht Ferdis Trecker vorbei. Ganz selten einmal eine solche Stille, daß kein menschengemachter Laut zu vernehmen ist. Nur der Wind. Die Eichen knarzen vor sich hin, das welke Laub des Vorjahres dreht sich um. Panische Momente. Selten in diesem Land, diesem Mittelgebirge mit seinem umlautgesegneten Dialekt. Düstere Schleiflaute und langsames Kopfnicken, ein heiseres Lachen vor dem Supermarkt, kurz bevor der am Samstagmittag schließt. Da hat der Metzger im Fleischzentrum, dessen Vater vielleicht noch eigenhändig eine eigene Metzgerei betrieb, sein letztes Kilo vorgewürzten Räuberbraten verkauft.« »Noch sitze ich beim Gedächtnisskreuz«, phantasiert Krogmann unter dem Berliner Himmel weiter, »und jetzt hat sich die Nacht zur vollen Pracht entfaltet. Sie ist leise. Sie ist warm, wo doch der strenge Tag so eisig war, so winterlich winddurchpfiffen. Oder verwischen sich die Zeiten? Aber es ist doch Sommernacht. Eine der wenigen in dieser Gegend, vor der die Verhäßlichung nicht halt gemacht hat.«

Ja es war Sommer, ein schöner Tag im Bergischen Land, und wir konnten draußen im Garten sitzen und einen langen Nachmittag vertrödeln, in dem beruhigenden Wissen, daß im Haus wenigstens eine Person bei der Arbeit war: Krogmanns Ehefrau, die Schriftstellerin Patricia Görg, schrieb an ihrem zweiten Prosabuch. In der Ferne, auf einem kleinen Feldweg, tauchte eine Frau auf. »Sie geht jetzt Kühe melken«, wußte Krogmann. Ich schaute weiter über das Dorf und die sanfte Hügellandschaft und genoß die Illusion der Weite, während Krogmann von der Nähe der Erfahrung sprach: »Im Dorf lebt ein Mann, der hat noch nie das Meer in der Realität gesehen; er kennt es nur aus Filmen.« Hinter Krogmanns Haus endete die Straße und begann der Wald. »Nur der Förster fährt hier abends noch vorbei«, bestätigte Krogmann meine Vermutung. Als ahne er meine Gedanken, fuhr er fort: »Nein, ich fühle mich hier nicht einsam. Im Haus liegen ein paar tausend CDs, damit kann ich manchen wunderbaren Konzertabend gestalten.« Als es am späten Nachmittag kühler wurde, meinte ich in der Luft schon den nahenden Herbst zu riechen, der lange Abende in beleuchteten Wohnungen versprach. Da wußte ich, daß es Zeit war für die Heimreise, aber ich wußte auch, daß, sowenig der Aufbruch eine Flucht ins Sichere gewesen war, die Heimreise eine Flucht in die Geborgenheit sein würde. Krogmann fuhr mich zum nächsten Bahnhof nach Wissen an der Sieg. Einer der scheußlichsten Bahnhöfe Deutschlands, warnte er. Der Zug aber war pünktlich.

In den Wäldern der Erinnerung
Begegnungen in Deutschostbelgien

Morgens um halb neun traf Bundespräsident Roman Herzog, auf Staatsbesuch in Belgien, in der Königlichen Akademie der Künste und Literatur in Brüssel einige Schriftsteller und erbat Auskunft über ihr Land. Jacques De Decker war dabei, Georges Thinès und Bruno Kartheuser, der Herausgeber der in Neundorf bei St. Vith redigierten deutschsprachigen belgischen Literaturzeitschrift *Krautgarten*. Man unterhielt sich großenteils auf deutsch, und der Bundespräsident hörte aufmerksam zu, als Kartheuser über die Situation in Deutschostbelgien sprach, wo 70000 Einwohner, als »bestgeschützte Minderheit der Welt« hochgelobt und von einem Ministerpräsidenten, drei Ministern und einem Rat aus 25 Mitgliedern regiert, neben den fünfeinhalb Millionen Flamen und den viereinhalb Millionen Wallonen jüngst ihre 25jährige politische und kulturelle Autonomie feierten. Ob Deutschostbelgien aber nicht nur ein Operettenstaat und ein Staatsapparat für 70000 Seelen eine hilfreiche Wegweisung für Europa oder die Weltpolitik sei, gab Kartheuser zu bedenken. Ohne deutsche Sprache gebe es natürlich keine deutschsprachige Autonomie in Belgien, aber längst nicht alle hätten begriffen, daß die Konjunktur der »subversiven völkischen Deutschtumspflege im alten Geist« vorbei sei. Da war Roman Herzog, wie jeder, der in die Wälder Belgiens reist, in den Wäldern der Erinnerung angekommen.

Belgien ist ein Name – für was? Viele, wie Jürgen Becker von den poetischen Küsten des Exils träumend, fühlen sich erst nach nächtlicher Durchfahrt in Belgien angekommen, in Ostende, am Meer. Freddy Derwahl, der bekannteste deutschsprachige Schriftsteller Belgiens, hat diese Vorstellung in seinem Gedicht *köln-ostende* beschrieben:

»noch immer die züge
durch höfe und hallen
und schritte die fallen
geräusche gerichte
der lebenslüge.

diese stationen
der ankunftslosen
delvaux auf den gleisen
mit nackten und rosen
ihr nächtliches reisen
wird uns nicht schonen.
überall ist ostende
die rasenden bäume
die breughelstädte
und schneeweiße räume
wie hoffnungsglätte
daß sich etwas wende.«

Belgien ist für viele aber auch der Name für etwas ganz anderes. Dietmar Sous, der in Belgien, in Hergenrath hinter der Grenze bei Aachen lebende deutsche Schriftsteller, karikiert dieses andere Bild so: Samstags keine Post, dafür frische Brötchen sonntags. Das Männecken Piß müsse man gesehen haben, Brügge und vielleicht den Lütticher Flohmarkt, allerdings müsse man beide Augen zudrücken, denn dort sei alles sehr heruntergekommen. Die Belgier leisteten sich eine Monarchie, obwohl sie kein Geld hätten. Sie könnten nicht mal eigene Autos bauen, ihre Straßen erinnerten jeden Deutschen an den Balkan. Belgier hätten die Arbeit nicht erfunden, möglicherweise aber den Rost. Belgisches Bier könne ein Deutscher einfach nicht trinken – allein der Gedanke, daß es in Belgien keine deutschen Braugesetze gibt, bereite Kopfschmerzen. Belgier sprächen schlecht deutsch, das gelte auch für die deutschsprachigen Belgier in Eupen und St. Vith. Auch Flamen und Wallonen verstünden sich nicht gut. Die Belgier hätten ganz gute Radrennfahrer und Fußballer, aber keinen Beethoven, Beckenbauer oder Goethe. Belgische Filme kenne kein Mensch, von Nobelpreisträgern ganz zu schweigen. »Hier«, folgert Dietmar Sous, »möchte ich für immer bleiben.«

Von Hergenrath aus ist man bald in Eupen, der nächsten größeren belgischen Stadt hinter der Grenze, die zugleich Hauptstadt der kleinen deutschsprachigen Gemeinschaft ist und noch zum alten Limburger Land in der Drei-Länder-Ecke Deutschland, Holland und Belgien gehört.

Eine alte, 1213 erstmals schriftlich erwähnte Stadt, gebunden an die wechselvolle Geschichte des Herzogtums Limburg, einst ein bedeutendes Handelszentrum mit Eisen- und Tuchindustrie; einige alte Patrizierhäuser zeugen noch von der reichen Vergangenheit. Der kleine Tabak- und Zeitschriftenladen nahe der Hauptstraße ist voll gestopft mit vorwiegend deutschen Zeitungen, Illustrierten und Fernsehprogrammzeitschriften, und das deutsche Touristenehepaar muß sich vor dem Schaufenster der Metzgerei denn auch erst einmal einreden, man sei in Belgien und der Ardenner Schinken in der Auslage sehe »doch anders aus als daheim«. Daß man eine Grenze überschritten hat, erfährt man aber spätestens im Café, wo zur Erdbeertorte Gabel und Messer gereicht werden und auf dem beiliegenden Zettel der Preis in belgischer Währung notiert ist.

Das kleine alte Grenzland ist selber von vielen inneren Grenzen durchzogen. Hinter Eupen beginnt die kurvenreiche Strecke hinauf ins Hohe Venn, das immer schon, wie Freddy Derwahl erzählt, nicht nur eine klimatische, sondern auch eine historische Barriere war. »Einmal das

Herzogtum Limburg, ich nenne das immer den Checkpoint Charlie des Mittelalters, weil es tatsächlich hier im kleinen Limburg an der Vestre oberhalb von Dolhain immer eine Grenze gegeben hat, eine Sprach- und Kulturgrenze, die wegen der Uneinnehmbarkeit der Festung Limburg eine solche wichtige strategische Bedeutung hatte. Und bei einer der großen Schlachten des Mittelalters, der von Worringen, ging's dann auch mit Mann und Maus um diesen Checkpoint Charlie, um die Macht am Übergang, wo sich der Erzbischof von Köln mit seinen Verbündeten und die Brabanter gegenüberstanden, und dann sind wir schließlich zu Brabant gekommen. Im St. Vither Land waren die Dinge völlig anders, man gehörte zu Luxemburg oder zu Kurtrier und war im Grunde genommen so etwas wie der verlängerte Klostergarten der Abtei Stavelot-Malmédy. Das hat zur Folge, daß es erhebliche Unterschiede gibt, zwar nicht in der Sprache, aber es fängt im Dialekt schon an und in der Mentalität, bis zum heutigen Tag, was die Dinge in diesem kleinen Ländchen nicht einfacher macht.«

Schöne Fahrt durchs Hohe Venn, diese alte legendenumwobene Moorlandschaft, zugleich in Europa eines der letzten Abbilder des

schwarzen Märchenwaldes voller Traulichkeit und Schrecken – wer sich darin verirrt, kann immer noch umkommen. Die überall aufgestellten Kreuze sind Mahnmale, und mancher sieht in den Wäldern auch immer noch ein Geisterheer gefallener Soldaten umherirren. »Das Vergangene ist nie tot; es ist nicht einmal vergangen« – der Wahrheit dieses Faulkner-Satzes, den Alfred Andersch seinem Roman *Winterspelt* über die Ardennen-Schlacht 1944 vorangestellt hat, begegnet man in Deutschostbelgien auf Schritt und Tritt. Hat man die scheußliche Modernität des Landes hinter sich gelassen, diese von Neonlichtreklamen beleuchteten riesigen Industrie- und Einkaufszentren am Rande der Städte, hat man die flirrende Leere der Gegenwart, die manchmal sogar ganz Belgien lahmzulegen und das Land in ein inneres Chaos zu stürzen droht, abgestreift und ist in den Wäldern angekommen, umgibt einen eine merkwürdige Stille. Landschaft pur, schön anzusehen, und doch könnte sie im nächsten Moment in Flammen stehen, wie die Feuerwarnschilder im Hohen Venn signalisieren. Aber dann vertreibt der Wind die Türme des Gewitters, die sich am weiten Horizont aufgebaut hatten. In der Ferne einige abgelegene Gehöfte, wie verlassen. Man fährt über meist leere Landstraßen, hügelauf, hügelab, manchmal Kühe auf den Wiesen, Menschen sind nicht zu sehen, auch in den Dörfern nicht, die man passiert. Als ob die Zeit stehengeblieben und die Kulisse eine einzige melancholische Spielzeuglandschaft sei. In dem 1994 im Verlag der Zeitung *Grenz-Echo* erschienenen Buch *Grünes Land* hat Freddy Derwahl seinem »Ländchen« einen poetischen Text gewidmet, der diese Melancholie geradezu hervortreibt – und die dem Buch beigegebenen Fotos von Gerrit Op de Beeck verstärken diesen Eindruck noch. Derwahl beschreibt das Land, wo die uralte Sage der Haimondskinder entstand, wo Kaiser Karl der Große zur Jagd aufbrach und wo die mysteriöse Burg der Metternichs steht. Er zitiert den heiligen Bernhard von Clairvaux, der in Malmédy vom »köstlichsten Tal der Ardennen« schwärmte, während Ernest Hemingway in den dortigen Wäldern die Drachen vermutete. Er beschreibt die Burgen, Schlösser und Herrenhäuser, die alten Klosteranlagen und Bauernhöfe und Parks und Friedhöfe und geschlossenen Bahnhöfe in immer etwas verschlafenen Orten, die Eynatten heißen oder Kettenis, Hauset, Raeren, Lontzen, Walhorn, Wavreumont, Büllingen, Manderfeld, Herbesthal oder Bütgenbach, und er liest in alten Urkunden die Geschichte des

Grenzlands nach, das immer auch Kriegsland war, »wo sich die sensible Hoheitslinie durchs Matze- und Plotzevenn schlängelt, wo sich die Läufe von Our und Warche in Richtung Maas und Rhein scheiden, wo alte Römerstraßen und die Pilgerwege nach Trier und Aachen hier und da noch einmal ihre Grabenspuren aufblitzen lassen«. Die Trauer Guillaume Apollinaires, der im Hohen Venn seine ersten Gedichte schrieb, überfällt auch Derwahl manchmal, wenn er durch die dunklen Wälder streift und auf einsamen Wegen die Toten trifft, die seine Reisebegleiter werden. Er entdeckt dramatische Züge einer Landschaft, die für ihn mit dem anheimelnden Begriff »Butterländchen« allzu oft verharmlost wird. »Die alten Höfe und Güter, die, weit verstreut, hinter Hecken und Baumreihen liegen, wirken immer noch, als gingen sie in Deckung. Die Tore der massiven Blau- und Bruchsteinbauten verstecken sich vor der Wetterseite. Trotzige Steinleisten rahmen die kleinen Fenster ein, die nicht selten ein Eisengitter schützt. Wie Inseln stehen sie geduckt im Weideland, und die Bauerngassen, die sich an Tümpeln, an traurigen Stümpfen knorriger Weiden und verwitterter Bildstöckchen vorbeidrücken, führen alle in die sichere Zone eines noch größeren Hofes oder Herrenhauses, das sich wie ein Klotz aus der grünen Ebene erhebt.« Nichts als Ereignislosigkeit entdeckt Derwahl manchmal, oder nur einen Hauch Schwermut, der über dem kleinen Ländchen liegt, und er faßt seine Eindrücke in dem Bild zusammen, hier, wo – und da zitiert er Bruno Kartheuser – »der Himmel sich färbt vom Klang der Glocke«, sei ein verschwiegenes Lebensgefühl zu Hause.

Ja, ja, schmunzelt Bruno Kartheuser, die Gegend sei wirklich sehr schön und es kämen auch immer mehr Touristen, aber die Gegend sei auch sehr klein, und wenn man genauer hinschaue, dann erfahre man – und er schmunzelt nun nicht mehr –, daß die Kleinheit das schrille Gegenteil sei von Idylle und von Gutmütigkeit und sich sogar »ungeheuer bösartig« auswirken könne. Und dann liest er mir zur Begrüßung erst einmal ein Gedicht vor, es heißt *Weiter im Halbschlaf*:

»Alles meinem Gott zu Ehren
Und das heißt Pause Erika
Deutschostbelgien du mein Heimatland
Als Eupen noch bei Preußen war

Papst in Köln: Miß OK in Weywertz
Der Schyns und der Paasch
wern das schon machen
Die geht jetzt auch stempeln
Wo ist bloß der Lottoschein
Das Brot schlägt auf
Und ein besoffener
Gendarm macht Verkehrskontrolle
Weiter im Halbschlaf
zwischen Bild und der
National- und Soldatenzeitung
Noch ein Konkurs. Wallonie
nie. In X hat sich einer erhängt
Chaoten sollte man vergasen
Warst du zum Fußball?
Die Lehrer
hört man wollen wieder streiken
Samstag tuckern
friedlich
die Rasenmäher
jeder streckt sich
nach seiner Decke
'S ist Friede.«

Es ist Krieg. Erklärt wurde er von der gemeinnützigen Niermann-Stiftung in Düsseldorf, die gegen die Zeitschrift *Krautgarten* und ihren Herausgeber Kartheuser vor den Kadi in Eupen zog und 25000 DM Schmerzensgeld haben wollte wegen Beleidigung. Die Niermann-Stiftung, die laut Entschluß ihres Stifters, des verstorbenen Multimillionärs Hermann Niermann, »die Lage der ethnischen Minderheiten« verbessern soll und die, wie im *Krautgarten* zu lesen stand, »auf dem Hintergrund der europaweiten Vernetzung der rechten und rechtsradikalen Szene« operiere, war in den letzten Jahren besonders im deutschsprachigen Ostbelgien sehr aktiv. »Wir halten dagegen«, meint Kartheuser, »daß unsere Region sich auf keinen Fall – auch nicht auf der hohen offiziellen Ebene – die tolerierende Kumpanei mit nationalistisch und rechtsextrem inspirierten Kreisen erlauben darf. Da stünde doch einiger Kredit auf dem Spiel. Gegen Faschismus hilft nur das Wissen darüber, wie er zustande kommt und sich ausbreitet. Wer sich diese Wahrheit versagt, ist auch bereit, den Brandstiftern erneut die Zündhölzer zu reichen. Es fügt sich nach unserem Dafürhalten nicht zusammen: sich vor dem König zu verneigen und gleichzeitig anrüchige Zuwendungen anzunehmen oder zur Annahme zu ermuntern.«

Die Vorwürfe gegen die Niermann-Stiftung sind mittlerweile durch Recherchen von *Spiegel* und *Zeit* erhärtet worden. *Der Spiegel* nannte als engsten Berater Niermanns bei Gründung der Stiftung den österreichischen Rechtsextremisten Hermann Burger, der in den 60er Jahren an Bombenanschlägen in Oberitalien beteiligt gewesen sei und 1970 von einem italienischem Gericht in Abwesenheit zu lebenslanger Haft verurteilt worden war. Nach Niermanns Tod im Jahr 1985, so schrieb *Der Spiegel*, habe eine »rechtsradikale Clique noch ungenierter sich aus der Hinterlassenschaft« Niermanns bedienen können: »Sie ließ völkisches Gedankengut in Südtirol, Ostbelgien und im Elsaß pflegen. Wundertätig wollten Burger und seine Freunde überall wirken, wo deutsche Minderheiten leben – auch wenn sie längst Frieden mit ihren Mehrheitsnachbarn geschlossen hatten. Südtirol war für Burger überall.« Kein Wunder, daß angesichts dieser Aktivitäten der Niermann-Stiftung in Ostbelgien Unruhe aufkam. Eupens Bürgermeister Alfred Evers schrieb einen Brief an den damaligen Bonner Bundesaußenminister Klaus Kinkel und klagte über »Schattenspiele mit dubiosem Geld und radikalem völkischen Hintergrund«. Ein Bonner Beamter habe »Außenpolitik auf eigene Faust« betrieben – ob das denn ohne Folgen bleiben solle, fragte Evers Kinkel. Die Hamburger Wochenzeitung *Die Zeit* listete dann auch die genauen Summen auf, die die Niermann-Stiftung nach Ostbelgien transferierte – von 1978 bis 1986 jährlich zwischen 130000 und 300000 Mark, seit 1987 über fünf Millionen Mark; mit einem großen Teil des Geldes sei die Partei der deutschsprachigen Belgier illegal finanziert worden. *Die Zeit* zitierte den christlich-sozialen Ministerpräsidenten der deutschsprachigen Gemeinschaft, Joseph Maraite, mit den Worten, daß »die Stiftungsherren gegen das sie bindende Recht verstießen, indem sie im deutschsprachigen Belgien unter dem irreführenden Begriff ›Autonomiekampagnen‹ Wahlkämpfe einer politischen Partei mitfinanzierten und dazu eine Einrichtung aus der Erwachsenenbildung als ›Geldwaschanlage‹ mißbrauchten«.

Die Stiftung wehrte sich, indem sie aber nur den schwächsten Gegner, die kleine Literaturzeitschrift *Krautgarten* mit einer Auflage von 1300 Exemplaren und ihren Herausgeber Kartheuser, aufs Korn nahm und in Eupen verklagte. Das Gericht verurteilte die Zeitschrift und ihren Herausgeber in erster Instanz auch zur Zahlung eines symbolischen Frankens – das sind ungefähr fünfzig Pfennig. Das Urteil löste bei einigen zwar heftige Kritik aus – das belgische *Journal des procès* sprach von Zensur seitens des Eupener Gerichts –, gleichwohl vollstreckten, ohne jeden Anlaß, die Politiker sofort das Urteil, indem sie Kartheuser als Literaturbeauftragten der deutschsprachigen Gemeinschaft entließen – dieses Amt erlaubte ihm auch den hohen Einsatz für den *Krautgarten*. Infolge des Prozesses ist die wirtschaftliche Basis der Zeitschrift heute völlig ungesichert – ein neues Heft konnte nur erscheinen, weil die Redaktion, am Abgrund kalkulierend, das Layout nach Aachen und den Druck nach Luxemburg vergeben hat. »Glück gehabt, oder was?« fragte Leo Gillessen im *Krautgarten* und schrieb: »Während Presse und Fernsehen im In- und Ausland unbehelligt von Pangermanismus, Faschismus und Neonazismus in Verbindung mit der Stiftung reden, werden *Krautgarten* und sein Herausgeber in Ostbelgien wegen Verleumdung verurteilt ... Sonderbarerweise klopft man uns auf die Schultern und sagt, das sei doch gut ausgegangen. Es sei gestattet, daran zu zweifeln, daß ein Verurteilter allen Grund hat, sich zu freuen. Alle wußten um die Macht des Anklägers, eines Stiftungsunternehmens mit 120 Millionen Mark Kapital ... Wiederholt wurde gesagt, es sei ein Glück, nur zum symbolischen Franken verurteilt worden zu sein. Es ist aber ein Unglück ... Wie ist es möglich, daß die rechtslastigen Tendenzen, die auch und gerade aus Ostbelgien nicht wegzuschweigen sind, im politischen und öffentlichen Diskurs nicht vorkommen? Es ist skandalös und gefährlich, daß hier immer nur abgewunken wird ... Eins zeigt sich: Je mehr geschwiegen und verschwiegen wird, desto peinlicher werden die auftauchenden Fragen.« Es sind Fragen nach der jüngsten Vergangenheit Deutschostbelgiens, die plötzlich für viele auf erschreckende Weise wieder lebendig geworden ist. In einem Gedicht des bei Malmédy wohnenden Robert Schaus heißt es:

»Ich versinke
In den Wogen
Der guten alten Zeit
Und rufe beim Untergehen
Allen die es hören wollen
Noch zu
Daß es sowas
Früher aber nicht gegeben hat.«

»Was für ein wunderbares militärisches Aufmarschgebiet!« soll Wilhelm II. begeistert ausgerufen haben, als er Ende des vorigen Jahrhunderts die südliche Eifel besuchte, die gerade ans deutsche Eisenbahnnetz angeschlossen worden war. Die Eisenbahnstrecke gibt es heute noch. Als dort noch Züge fuhren, habe sie dort oft gespielt, erzählt Gaby Peters, Redaktionsmitglied des *Krautgarten*. Sie ist aufgewachsen in einem Gebiet, in dem die europäischen Herrschaften sich die Klinke in die Hand gaben: die Habsburger, die Luxemburger, die Trierer Kurbischöfe, die Niederländer und die Spanier, die Franzosen unter Napoleon, nach dessen Untergang von 1815 bis 1920 die Preußen. Nach dem Ersten Weltkrieg wurde im Versailler Vertrag festgelegt, daß die alten ›Kantone‹ Eupen – Malmédy – St. Vith vom besiegten Deutschen Reich zu lösen und Belgien anzugliedern seien. In den Zwischenkriegsjahren, erinnert Gaby Peters, »sammelten sich die Gegner der Angliederung in Belgien in der ›Heimattreuen Front‹, die dann zugleich die Betreuung durch jenen sagenhaften ›Verein für das Deutschtum im Ausland‹ erfuhr ... Die Machtergreifung Hitlers wurde von jenen ›Heimattreuen‹ freudig begrüßt, die als erklärte Nationalsozialisten ihre Hoffnung ausschließlich in das Wiedererstarken der deutschen Rechten gesetzt hatten und jetzt ihre ›Befreiung‹ nahen sahen. Andere wenige distanzierten sich in der Folge von der ›Front‹. Sie wollten zwar wieder Deutsche werden, doch nicht unter einer faschistischen Diktatur. Die meisten aber, und mit ihnen ein Großteil der Bevölkerung, haben den Nazitruppen zugejubelt, als sie 1940 in Belgien eindrangen.«

Damals, sagt Freddy Derwahl, gab es aber auch einen wichtigen Einschnitt: »Im Gegensatz zu den Wahlergebnissen aus der Zwischenkriegszeit, also ab 1920, wo es überwältigende Mehrheiten für eine Rückkehr nach Deutschland gab, verliefen die letzten freien belgischen Wahlen hier in den sogenannten Ostkantonen zum ersten Mal anders. Unter dem Einfluß der Nazipropaganda und der sehr antiklerikal gefärbten Maßnahmen mit Aufmärschen der SA und dergleichen mehr, Verhaftung von Priestern etc., gab es damals, vor 1940, zum ersten Mal eine Mehrheit pro Belgien. Allerdings war die Bevölkerung trotzdem gespalten, selbstverständlich gab es auch Freiwillige für die Waffen-SS, aber der Großteil der damals heim ins deutsche Reich geholten jungen belgischen Deutschsprachigen wurde zwangsverpflichtet. Man mußte die Uniform noch einmal wechseln, und man wurde an wichtigen Punkten des Krieges eingesetzt, in Stalingrad etwa, so daß unsere Soldaten, die 1945 nach dem Ende der Katastrophe heimkehrten, nicht nur wieder mal einen Krieg verloren hatten, sondern sich neuen Repressionen der wechselnden Sieger ausgesetzt sahen. Ich selbst gehöre dem Jahrgang 1946 an, bin also als Belgier in Eupen deutschsprachig geboren, als Sohn von kleinen, nicht heroischen Antinazis, und wir haben dann in den 60er Jahren zusammen mit anderen erstmals die Stimme erhoben und so etwas wie Gleichberechtigung, sprachlich-kulturelle vor allen Dingen, gefordert. Allerdings, darauf möchten wir pochen, im belgischen Kontext.«

Auch Bruno Kartheuser, Jahrgang 1947, gehörte zu diesem Kreis: »Wir waren ein bißchen eingebildet darauf, daß wir ja Nachkriegsgeborene waren und man uns diesen Vorwurf der Mitwirkung an der älteren Zeit, und das heißt präzise am Nationalsozialismus in unserer Gegend, auf keinen Fall – auch nicht zum Schimpfen – anhängen konnte. Wir hatten also so ein Gefühl von höherer Unschuld allein schon durch die Geburt. Inzwischen habe ich festgestellt, daß die Implikationen im Nationalsozialismus doch viel tiefer gegriffen haben, als wir uns das damals in unserer Blauäugigkeit von 20jährigen vorgestellt haben. Wir haben in Belgien das Gedenken gehabt: 50 Jahre ... Die Regierung in Brüssel sagt: 50 Jahre Gedenken an die Befreiung, Befreiung vom Faschismus, Befreiung aus den Lagern ... Wenn man heute reden will über Faschismus, Nationalsozialismus, Menschenvernichtung, all diese essentiellen Aspekte der faschistischen Zeit – dann stößt man hier bei der Bevölkerung auf sehr viel Unverständnis und beansprucht man dort immer noch, das alles nicht richtig zur Kenntnis nehmen zu wollen, denn das sei alles eher Politik und man sei ja von Geburt aus apolitisch. Ein Reden über Faschismus ist hier äußerst schwierig, und wenn man es tut, schrecken viele Leute auf und meinen: Da wird aber übel geschimpft, und sie möchten das dann unterbinden und verbieten und verweigern den Diskurs ... Es ist sehr schwer, in einer wortlosen oder wortarmen Gegend diskutieren zu wollen und einen athenischen Marktplatz mit Philosophengesprächen zu errichten.«

Genau das haben die *Krautgarten*-Macher aber versucht. *Krautgarten* – das war 1982 bei Gründung der Zeitschrift zunächst nur ein Juxname, der aber Offenheit für Entwicklungen signalisieren sollte. Mit der Rettung des Besonderen – Parole eines politischen, kulturellen und ökologischen Regionalismus, der lange als Begriff in der Literatur Konjunktur hatte und immer noch hat – wollte man allerdings wenig zu schaffen haben. Zwar stellen die Macher des *Krautgarten* diesen Begriff des Regionalismus ständig zur Diskussion und kundschaften auch in ihrer Nähe aus, was Regionalismus ist und bedeuten könnte, aber sie tun es mit dem Ziel, zu einer »Entgrenzung im Kern Europas« beizutragen. Der Blick geht also über die Region hinaus – nach Deutschland, Österreich, Luxemburg, in die Schweiz –, und inzwischen ist die Zeitschrift auch längst eine gute Anschrift geworden, Forum einer Literatur, die eine überregionale Sprache der Poesie spricht. »Das heißt Fenster und Türen öffnen, also hellhörig, immer aufnahmebereit nach außen sein, anderen Sprachen, Kulturen gegenüber«, sagt Bruno Kartheuser, »aber sie nicht plattwalzen, nicht Mauern einreißen, die man auch zum Schutz seiner Intimität braucht. Die Haut ist ja auch Abgrenzung der Seele. Diesen feinen Unterschied möchten wir schon pflegen. Das heißt, wir sind Vertreter der deutschen Sprache, aber – da haben wir eine heftige Gegenposition zu denen, die uns bedrängen – wir haben nichts am Hut mit deutscher Nation. Da haben wir Empfindlichkeiten entwickelt, die uns ziemlich wertvoll sind.«

Abends im Hotel in St. Vith. Das Zimmer geht zur Hauptstraße, aber es herrscht kein Verkehr mehr. Der einzige belebte Ort in der Stadt scheint eine Imbißstube zu sein. Nach dem Spaziergang noch ein Bier am Hoteltresen, zwei weitere Gäste, schweigend, die Serviererin löst Kreuzworträtsel. Ein Ort wie überall und nirgendwo, und wieder spürt man die flirrende Leere der Gegenwart in diesem kleinen Land. Doch daß die Diskussionen über die Vergangenheit gerade in St. Vith neu ausgelöst wurden, hat etwas für sich. Weihnachten 1944 wurde die Stadt bei alliierten Luftangriffen fast völlig zerstört und mußte neu aufgebaut werden. Die Vergangenheit schien unter den Ruinen mitbegraben zu sein. Derartig abgeschnitten, fand sich die Nachkriegsgeneration plötzlich wieder in einem, wie Freddy Derwahl formuliert, »Niemandsland der Nie-was-Gewesenen und Für-alles-zu-Habenden, wo sich jeder für ein permanentes Opfer der Geschichte hält, deren Verwicklungen man vorzugsweise vom Fenster aus beobachtet«. Dann sich auf die Suche zu begeben nach dem Sinn von etwas, was man Heimat nennt, jenseits der Klischees von Brauchtum, Herkommen und eingebürgerten Sitten, an denen in Ermangelung einer durchgearbeiteten historischen Erfahrung festgehalten worden war, empfanden viele als Verunsicherung und Skandal.

Nach Stavelot, an der Amel gelegen, geprägt von den Ruinen der alten Abtei, die im 7. Jahrhundert vom heiligen Remaklus gegründet wurde, den Überresten der Residenz der ehemaligen Prinz-Äbte, die die Fürstabtei von Stavelot-Malmédy regierten. Früher Morgen, es ist Markttag, aber die wenigen Stände auf dem riesigen Platz lassen ihn seltsam leer erscheinen. Im Kopf die Musik, die die Freunde Raymond Michas, des langjährigen Leiters des Musikfestivals von Stavelot, ihm zu seinem 85. Geburtstag auf eine CD gespielt und gesungen haben. Eine leise Musik, in der viel Trauer um Verlorenes ist. In Stavelot sind in den letzten Kriegstagen noch schreckliche Verbrechen passiert, nachzulesen in verstaubten Aktenbergen der Archive. Diese alten Akten hat die *Krautgarten*-Redaktion noch einmal ans Licht der Öffentlichkeit gebracht und in einer zweisprachigen Ausgabe, im französischen Original und erstmals in deutscher Übersetzung, in ihrer *edition Krautgarten* veröffentlicht. 60 Männer, 27 Frauen und 23 Kinder wurden damals in Stavelot und Umgebung ermordet. Jeden Mord hat eine vom belgischen König 1944 eingesetzte Untersuchungskommission so lückenlos wie möglich zu rekonstruieren versucht. Dem umfangreichen Untersuchungsbericht beigefügt sind, neben den Namen der Täter, genaue Ortsskizzen. Man kann den Weg heute noch nachgehen und findet an einzelnen Stellen kleine Kapellen und Gedenksteine mit Hinweisschildern auf die Verbrechen.

Einer, der damals seinen Vater und seine Mutter bei den Massakern verlor, ist René Rousseaux; er selbst überlebte, weil er sich, 22 Jahre alt,

Antiquités
LIBRAIRIE

dem Widerstand angeschlossen hatte und in der Nähe seiner Heimatstadt im Versteck lebte. Er ist nach dem Krieg in Stavelot geblieben und wohnt auch heute noch dort, an der Place Wibald. Die Erinnerung – was ist mehr als fünfzig Jahre danach aus ihr geworden? Für René Rousseaux ist die Erinnerung vor allem ein Wort, das er zum ersten Mal in der Küche einer Bauernfamilie hörte, bei der er mit seinen Freunden zeitweilig unterkam. »Dieses Wort, als wir die Küche betraten, in der es nach einer großen Pfanne aufgewärmter Kartoffeln duftete, dieses Wort war Anzio. Wir hatten seit unserer Ankunft das Ödland durchstreift und waren ziemlich erschöpft und hungrig, was uns nicht hinderte, vor den Radiogeräuschen zu erschrecken, die aus der guten Stube zu uns herüberdrangen. ›Scheiße‹, sagte Nico Gaspard, ›wir werden noch auffliegen.‹ Die Störungen ließen die Stimme näselnd und zerhackt klingen. Diese Stimme meldete, daß die Amerikaner in Anzio gelandet waren. Auf diese phantastische Nachricht hin genehmigten wir uns die Kartoffeln und den Salat, Gott, was für ein Salat ... Die Bäuerin hatte ihn nicht mit Mayonnaise angemacht, sondern mit Sahne, die sie mit einem Holzlöffel an der Oberfläche ihres Sahnefasses abgeschöpft hatte. Bestimmt hatte sie eine hausgemachte Würze hinzugefügt.«

In den 60er, 70er Jahren sah René Rousseaux am Guillemin-Bahnhof Nico Gaspard wieder. Er hatte seinen Zug verpaßt, und Gaspard lud ihn zu einem Imbiß in einem Hotel gegenüber dem Bahnhof ein. »In der Zeit der Vor-McDonald's-Gastronomie gehörte es zum guten Ton, solche Wirtsstuben aufzusuchen, wo man für einen pauschalen Preis mit dem Teller in der Hand an langen Auslagen vorbeiging, die reichlich mit Eßwaren gefüllt waren«, erinnert sich Rousseaux. »So wie ich voranschritt, füllte sich mein Teller überreichlich, nie würde ich das alles essen können! ›Das ist eine Schande,‹ sagte ich, ›wir sehen nicht aus nach Leuten, die den Gürtel 4 Jahre enger schnallen mußten.‹ ›Das stimmt,‹ sagte Nico, ›erinnerst du dich an den Salat?‹ ›Den Salat? Welchen Salat?‹ ›Nun, den Salat von Anzio, hör mal.‹«

Da überschwemmte René Rousseaux die Erinnerung. »Alles kam kunterbunt zurück: unser Leben als Verfolgte, als Gejagte, der Klang der Stiefel der Feldgendarmerie, die Tage, die wir damit verbrachten, die Baracke herzurichten, die die Eigentümer des Gutes auf einer Insel mitten im Weiher errichtet hatten und die ursprünglich für Schwäne gedacht war. Jede Nacht fanden wir dort Zuflucht, mit Hilfe eines alten Bootes, das wir im Schilf versteckten. Es war sehr eng dort. Man mußte mit dem Kopf auf den angezogenen Knien schlafen. Manchmal regnete es, und wenn es stürmisch war, drang das Wasser zwischen die deckenden Strohgarben und tropfte uns auf den Kopf ... Dann fühlten wir uns wirklich schmutzig und armselig. Doch am anderen Morgen«, und da blühen, von der Erinnerung bewegt, René Rousseaux' Sätze auf, »als im gereinigten Himmel die Sonne die regenbogenfarbene Wasseroberfläche des Weihers mit ihren Strahlen traf und der verängstigte Hase im Ginsterstrauch wartete, bis sie ihn erreichten, um wie ein Pfeil durch das Gestrüpp zu flüchten, während die Vögel, von denen Mallarmé sagte, daß sie trunken von Raum und Licht waren, sich über den geduckten Häusern des Dorfes bewegten, Streifen und taumelnde Haufen formierten, sich wie Tücher zerrissen und sich rauschend neu bildeten, sich entfernten, bis sie nur noch ein Schatten waren, eine Andeutung von Schatten, eine Verspottung des Lebens dort hinten jenseits der Horizontlinie des großen Waldes, um wieder zurückzukehren, von irgendeinem uralten Instinkt getrieben, und sich auf der Spitze des Kirchturms niederzulassen, von dem sie wenige Augenblicke vorher weggestoben waren ... Da dachten wir, langgestreckt auf dem Heideboden, an Apollinaire, seine abgrundtiefe Trauer vor diesem Lande, unserem Land, das wir verteidigen mußten und das wir dank der existentiellen Magie unserer Jugend wiedererobern würden.«

Als am 1. September 1944 die amerikanischen Sherman-Panzer in Eupen einfuhren, habe eine tückische Stille über der Stadt gelegen, erzählt man. Später hätten auf dem Rathausspeicher gefaltete Spruchbänder zur Begrüßung des Führers und der US-Truppen neben verstaubten Akten aus der Franzosenzeit und einem flügellahmen Preußenadler aus den Tagen vor Versailles gelegen. Die tückische Stille hat lange angehalten, bis durch die neuen Diskussionen über die Vergangenheit die Wunden der Erinnerung wieder aufgebrochen sind. Wäre Roman Herzog nach dem Brüsseler Treffen mit den belgischen Autoren nicht nach Lüttich weitergereist, sondern zur Hammerbrücke nach Hergenrath, hätte er dort eine von den bildenden Künstlern Beate Passow und Andreas von Weizsäcker gestaltete Glasplatte besichtigen können, die an diese »Wunden der Erinnerung« erinnert. Freddy Derwahl hätte ihm erklären können, was es mit diesen Wunden auf sich hat. Er hätte bestimmt hingewiesen auf die ringsum stehenden pathetischen Denkmäler karolingischer Macht, die Dome, Kirchen, Kapellen, Burgen, Schlösser und Schatzkammern, »bis zum Rand gefüllt mit den kultischen Spuren schwieriger Geschichte«. Diese Archäologie der »sprudelnden Vielfalt« und des »Grenzenlosen« ist für Derwahl eine unerschöpfliche Fundgrube euroregionaler Festredner. Kaum ein Karlspreis, eine grenzüberschreitende Begegnung, kaum ein Jubiläum, eine Einweihung, ein Sporttreff oder Karnevalsorden, der nicht befrachtet würde mit jener glitzernden Patina historisch-brüderlicher Verbundenheit. »Aber geschichtliche Betrachtungen und Mahnungen«, weiß Derwahl, »tönen schwer und leer, wenn sie sich zugleich der Wirklichkeit versperren und zu einem rührseligen Alibi verkümmern, das bloß aufzählt und keine Schlüsse ziehen möchte.« Wer jedoch in Deutschostbelgien, »in dem Muttersprache und Vaterland sich zu versöhnen gelernt haben«, nicht nur aushalten, sondern leben und zu Hause sein möchte »wie ein Baum, der Wurzeln schlug, den man nicht mehr verpflanzen sollte«, der darf sich nach Derwahls Worten mit Resignation nicht abfinden. »Die Erfahrungen dieses Grenzlandes sind weder Alibi noch Freibrief für die Maskeraden politischer Unmoral, sondern eine Aufforderung zum entschlossenen Engagement. Wer kann schon in den weiten Binnenländern Europas auf einen solchen Schatz an historischer Herausforderung, Anfechtung und unpathetischer Lebensweisheit zurückgreifen? Deshalb gilt es, die Stimme zu erheben, sich ein- und auszusetzen gegen die Gefahren des uns umschleichenden, tödlichen Vergessens.«

Zurück in Neundorf bei St. Vith, im Redaktionsbüro des *Krautgarten*. Generalversammlung der Redaktionsmitglieder. Versuch einer Bestandsaufnahme. Was hat man gelernt aus der langen Auseinandersetzung im Rahmen der Niermann-Klage, im Rahmen der Auseinandersetzung mit der ostbelgischen Vergangenheit? Man habe wahrscheinlich, gibt Gaby Peters zu bedenken, eine bestimmte Naivität verloren und habe eine andere Naivität auch wieder zurückgewonnen. »Die erste Naivität bestand vielleicht darin, daß man doch darauf wartete, daß ein Echo, eine Auseinandersetzung über bestimmte Themen durchaus möglich ist – und da sind wir sehr schnell eines Besseren belehrt worden: daß wir also mit Verhältnissen zu tun haben, die wir aus eigener Kraft nicht ändern können, daß bei uns aber die Naivität, die darin besteht, auf sich selbst, auf die eigene Vorstellung zu vertrauen, wieder zurückgekehrt ist; daß wir uns weniger daran messen, was wir als Echo erwarteten von dieser Gegend, sondern uns doch wieder mehr darauf besonnen haben, was in uns selbst dadurch ausgelöst worden ist. Ich glaube schon, daß man an einer solchen Auseinandersetzung erst recht sich selbst gegenüber darüber im Klaren wird, was man selbst sagen möchte, und weniger darauf achtet, was andere dazu sagen. Insofern sind wir schlauer, vielleicht ein bißchen realistischer, auf jeden Fall freier geworden.«

Er habe, zunächst einmal, das Staunen gelernt, sagt Bruno Kartheuser: »Leute wie Burger, Niermann, das heißt die alten Nazis und die neuen Nazis und diese angebliche Softausgabe mit Schlips und Kragen und viel Geld, das ist ein Universum, das ich nicht vermutet habe und von dem ich auf keinen Fall angenommen hätte, daß es solide etabliert und so wunderbar europaweit vernetzt sein könnte. Ich staune immer wieder, habe dazugelernt vor allem dieses: ›Sie sind da.‹ Ich hatte angenommen, 1945 sei ein Schlußstrich gewesen, da sei ein Konsens universal akzeptiert worden, und das stimmt überhaupt nicht. Das war eine nützliche Belehrung. Der zweite Aspekt: Ich glaubte diese Gegend zu kennen und in ihr verwurzelt zu sein und war in der Erwartung, ich könnte jetzt einige gute Jahre lang kulturschaffend hier Landschaftsgestaltung mitbetreiben. Und stelle heute fest, wie ausgegrenzt und isoliert wir dastehen ... Aber ich habe auch unsere Sperrigkeit ermitteln gelernt. Die Gegenseite ist so stromlinienförmig und paßt so sehr in den Geist der Zeit, während wir versucht haben, uns dieser Stromlinienform nicht anzupassen. Das war auch eine nützliche Entdeckung. Auch wenn affektiv oder sentimental da einige Brüche passiert sind, so meine ich doch, daß wir Gewinner sind in puncto Erkenntnis. Wir haben vielleicht ein wenig an Mief verloren und haben Welt gewonnen.«

Man sei wahrscheinlich erwachsener geworden, wirft Leo Gillessen in die Debatte ein, zögert selber ein bißchen und präzisiert: »Das Erwachsenwerden ist vielleicht nicht unbedingt ein Wachsen, sondern ein Herauswachsen aus einer Befangenheit, die gerade durch das sehr kompakte Umfeld entsteht. Kompaktes Umfeld heißt eine Einengung allein durch die Umstände, die vorgeben sind, vor allen Dingen durch das reine Vorherrschen von Geld, von kapitalistischen Zügen, durch das Vorherrschen von Kultur, die allein auf Erfolg, auf Gefallen und dergleichen ausgerichtet ist und nicht das Ursächliche der Kreativität in sich trägt … Wir haben gelernt, nur auf eigenen Füßen zu stehen, das heißt weniger uns auszurichten an Gegebenheiten und Gepflogenheiten, an dem normalen Ablauf der Dinge, die einfach so ihren Gang gehen, wie sie halt gehen – daß wir das nicht mehr akzeptieren. Man kann sich anders verhalten, man kann sich kreativ verhalten, einfach nach eigenem Ermessen. Und das ist vielleicht auch das Erwachsenwerden: sich so zu verhalten, wie es uns entspricht, und nicht so, wie es paßt oder passen sollte oder wie man uns einreden will, daß es zu passen hätte.«

In einem Gedicht von Leo Gillessen heißt es:

»kalt und ein
verschneiter versauter
März und überhaupt
so ein verbissenes
Überdauern die Zeit
hält nach du weißt
wir sind das gewohnt wie
das böse Kind jetzt aber
eins drüber kriegt dann
von weit her kommend
die dunklen Hügel
über St. Vith dieser
angestochene Himmel«

Der Mond über Münstereifel
Auf der Suche nach dem Geheimnis eines sehr historischen Ortes

Kann ein Ort, der so bekannt und von Touristen überlaufen ist wie Bad Münstereifel, noch ein Geheimnis besitzen? Welcher Verführung durch die Stadt folgte etwa Willy Brandt, wenn er sich während seiner Bundeskanzlerzeit immer wieder dorthin fahren ließ? Nach seiner Wahl zum Bundeskanzler 1969 hatte Brandt in seiner Umgebung von dem Wunsch erzählt, einen ruhigen Ort zu finden, um seine Regierungserklärung vorzubereiten. Den Tip gab ihm Conrad Ahlers: Er kenne in der Eifel, zehn, fünfzehn Spazierminuten von Bad Münstereifel entfernt ein abgeschieden in einem Wald gelegenes, herrschaftlich-geräumiges Haus, Gut Giersberg; nur eine Autostunde von Bonn entfernt, sei der Ort für gewünschte Gesprächspartner auch schnell erreichbar. So kam Brandt nach Münstereifel. Es war Zuneigung auf den ersten Blick. Morgens schlief Brandt lange, erzählt sein Biograph Peter Koch, nachmittags empfing er Besucher oder ging in Kordhose und Windjacke im Wald spazieren, abends saß er, gut versorgt mit Cognac und Zigarillos, am offenen Kamin und sortierte Notizzettel oder besprach sich bis tief in die Nacht mit seinen engsten Beratern.

Gut dreißig Jahre später hat sich die Kulisse nicht verändert. Nur das Haus und vielleicht auch die Erinnerungen an den Ort, wo die Parole »Mehr Demokratie wagen« aufs Papier gebracht wurde, haben noch mehr Patina angesetzt. Ein dichtes Schneegestöber verdunkelt den frühen Nachmittag, so daß in einigen Zimmern des Hauses schon Lichter brennen. Wenn aus dem Innern jetzt noch leise Klaviermusik erklingen würde, hätte das Idyll seinen fast vollkommenen Ausdruck gefunden. Ein Ort wie gemacht, ihn zu beschreiben. Aber merkwürdigerweise hat Brandt, als er später seine Erinnerungen schrieb, sich den von ihm so geliebten Ort nicht noch einmal vor Augen geführt – was verwundert bei seinem Formuliertalent und seiner Fähigkeit und Neigung zur emphatischen Wahrheit der Geste in den großen Augenblicken seines Lebens. Lag es daran, daß für ihn über Münstereifel ein Schatten gefallen war?

Das Interieur von Gut Giersberg, fotografiert 1969 von J. H. Darchinger.

Denn hier begann nicht nur Brandts Kanzlerschaft mit der Ausarbeitung der Regierungserklärung, hier endete sie auch, als in der bis heute legendenumwobenen Nacht des 4. Mai 1974 in Brandt der Entschluß zum Rücktritt reifte, den er zwei Tage später handschriftlich gegenüber dem Bundespräsidenten erklärte mit dem Hinweis, er übernehme »die politische Verantwortung für Fahrlässigkeiten im Zusammenhang mit der Agentenaffäre Guillaume«.

Der Ort dieses Entschlusses war nicht mehr Gut Giersberg. Da Brandt das Anwesen nicht erwerben konnte – es gehörte und gehört der Industriellenfamilie von Schnitzler –, andererseits Brandts Vorliebe für Münstereifel in der SPD bekannt war, kaufte die der Partei nahestehende Friedrich-Ebert-Stiftung ein auf einem Berg am anderen Ende des Ortes gelegenes altes Kurhotel und verwandelte es in ein Akademiehaus, das Brandt von 1971 bis 1974 als Klausurstätte diente – dank Brandts Sympathie für Münstereifel und da Akademien von politischen Parteistiftungen in auffälliger Gemeinsamkeit mit anderen Klausurstätten, Klöstern zum Beispiel, immer an landschaftlich herausragenden Stellen mit herrlicher Aussicht liegen, hat Helmut Mörchen, der Direktor der Akademie, heute einen der schönsten Arbeitsplätze in der gesamten Eifel. Was in jener Nacht des 4. Mai 1974 in der Akademie passiert ist, weiß auch Mörchen nicht. Am 24. April 1974 hatte Brandt nach Rückkehr von einem Besuch in Kairo erfahren, daß sein für Partei- und Gewerkschaftskontakte zuständiger Referent Günter Guillaume als DDR-Spion enttarnt worden war und sich auch sofort als »Offizier der DDR« zu erkennen gegeben hatte. Das für den 4. Mai 1974 schon lange verabredete Treffen mit Gewerkschaftsführern in Münstereifel sollte eigentlich wirtschaftspolitischen Fragen gelten, geriet aber bald zu einer SPD-Krisensitzung. Helmut Schmidt versuchte Brandt von seinem Entschluß zum Rücktritt abzubringen. Der war höchst alarmiert durch Berichte, gewisse Leute machten einen Ersatzkriegsschauplatz auf und nähmen sich sein Privatleben vor. »Überforderte Sicherheitsleute«, notierte Brandt später rückblikkend, »unter ihnen politische Widersacher und seltsame Tugendwächter, produzierten ein Machwerk, das sich verselbständigte und dem gegenüber ich mich rat- und machtlos fühlte.« Dieses »Machwerk« war ein Bericht des Verfassungsschutzes, den dessen Präsident Günther Nollau seinem Freund und Mentor, dem SPD-Fraktionsvorsitzenden Herbert

Willy Brandt, nach seiner Wahl zum Bundeskanzler 1969 begrüßt in Münstereifel vom damaligen Bürgermeister Theodor Heuel. Foto: Archiv der Stadt Bad Münstereifel.

Wehner ausgehändigt hatte. Wehner war an diesem 4. Mai 1974 auch in Münstereifel, und die Gerüchte sind bis heute nicht verstummt, er habe Brandt nachts mit dem Argument, dieser sei durch bekanntgewordene Frauengeschichten erpreßbar geworden, zum Rücktritt gedrängt. »Die Nacht von Münstereifel« nannte Heinrich Breloer in seinem zweiteiligen Dokumentarfernsehfilm über Wehner das Kapitel, das sich mit Brandts Rücktritt beschäftigt, ohne allerdings zur Aufklärung beitragen zu können. Wehner, der natürlich nicht als Königsmörder erscheinen wollte, hat über die Nacht von Münstereifel immer beharrlich geschwiegen, und Brandt selber äußerte sich in seinem Erinnerungsbuch seltsam ungenau. »Die Nacht des 4. Mai 1974 in Münstereifel wird immer eine Black Box bleiben«, meint Helmut Mörchen.

Das alles ist lange her. Kaum ein Tourist wird noch wissen, welche dramatischen Ereignisse sich damals in dem Eifelstädtchen abspielten. Wer durch eines der vier Stadttore Münstereifel betritt und die zur Fußgängerzone gestaltete kleine Hauptstraße durch meist dichtes Gedränge einmal zehn Minuten hinauf- und zehn Minuten wieder hinabflaniert, begleitet von dem leisen Rauschen der Erft, die parallel zur Fußgängerzone fließt und über die einige Brücken auf kleine Plätze führen, bewegt sich in einer anderen, zwar entfernteren, aber anschaulicheren Vergangenheit und wird zunächst nur staunen, wie unversehrt der mittelalterliche Charakter der Stadt erhalten scheint, in deren kleinem Kern, von einer mit achtzehn Türmen bewehrten Ringmauer umschlossen, gerade mal viertausendachthundert Leute wohnen, während die seit der kommunalen Neugliederung im Jahr 1969 zur Stadt gehörenden zweiundfünfzig umliegenden Orte eine Fläche von der Größe Wuppertals bilden, auf der es aber mehr Bäume als Einwohner gibt; die Bäume hat natürlich niemand gezählt, die Einwohnerzahl für die Gesamtstadt gibt die letzte Statistik mit 18803 an. Der Charme der »alten und ehemals frommen Stadt« rühre aber nicht nur von ihrer »fast intakten Stadtmauer und ihrem auf kelto-römischen Fundamenten errichteten Straßenbild«, sondern auch von ihrer Lage »im Flair der (ehemaligen) Hauptstadt Bonn ... Irgendein Minister wohnte immer in der Nähe«, schreibt Heinz Küpper in seinem Roman *Zweikampf mit Rotwild*, in dem er die fiktive Stadt Nonnenbach nach Münstereifel modelliert hat und die Erft »die Baach« nennt, ein »fast namenloses Wasser, als hätte nur gerade einmal ein betrunkener früherer Heidengott nachdenklich an seinem Ufer gestanden und hineingepißt«. Auf ihren fünfzig verwinkelten Kilometern »hatte die Baach das ihre getan, Schwemmland bereitgestellt für Weiden und Äcker und Ortschaften, hatte zwei Dutzend Mühlen getrieben, und noch an ihrem Oberlauf hatte sie sogar ihre eigene Stadt hervorgebracht, eben Nonnenbach mit seinen vom Wasser früher abhängigen Gewerben, Tuchmacherei, Gerberei, Brauerei«, heißt es in dem Roman. »Die Baach floß mitten durch die Stadt, war so breit wie die Hauptstraße, neben der sie herlief.

So hatte man sie eingefaßt vor vierhundert Jahren schon in hohen, kostenträchtigen Bruchsteinmauern zu beiden Seiten ... Zugegeben, eine intelligente Lösung, die Lösung reicher, selbstbewußter und geschmackssicherer Gewerbebürger in windstillen frühbürgerlichen Zeiten.« In diesem mittelalterlichen Stadtkern, »dessen patrizische Bauten bäurisch aussahen mit Fachwerk und grobschlächtigen gotischen und barocken Zutaten, die sowieso entwertet wurden durch das auf Sandalen latschende Tagestouristenpublikum, das über offenem Hemd die Minox baumeln ließ oder die japanische Kamera im Anschlag hatte«, bewegen sich Küppers Romanfiguren, während im Hintergrund der Geschichte die deutsche Wiedervereinigung im Fernsehen übertragen wird. Heimatkunde als Weltkunde, geschrieben in Kenntnis der Eingeweide dieser kleinen Stadt. »Alles, was in der Welt passieren kann und passiert ist«, wird Küpper, einen Satz von Günter Grass variierend, mir später sagen, »kann ebenso in Münstereifel passieren und ist dort auch passiert.« Nach Lektüre war ich neugierig auf den Autor, der – Jahrgang 1930 – achtundzwanzig Jahre in Münstereifel am Gymnasium unterrichtet und nebenbei Fernsehdrehbücher und erstaunliche Romane geschrieben hat, die, relativ unbekannt geblieben und teilweise seit langem vergriffen, durch Neuauflagen im rührigen Weilerswister »Landpresse Verlag« jetzt vielleicht doch noch einem größeren Publikum bekannt werden. Vor dem Nachmittagskaffee bei Heinz Küpper stand aber noch ein langer Vormittag, und vor dem Schnee am frühen Nachmittag kam der Regen, und ich flüchtete erst einmal in eines der zahlreichen Cafés, das um diese Zeit schon gut besucht war, denn nicht jeder ist jeden Tag in der Stimmung, bei strömendem Regen in einer fremden Stadt, und sei sie noch so pittoresk, oder den sie umgebenden Wäldern spazierenzugehen.

Die Lokalzeitung war schnell ausgelesen. Der Aufmacher berichtete vom ältesten Bürger Josef Jenniches, 104 Jahre alt und seit 80 Jahren Schützenbruder, wofür er mit einer Ehrennadel geehrt wurde, die erst angefertigt werden mußte, weil 80jährige Schützenbrudermitgliedschaften bisher nicht vorkamen – seit 1955 als ehemaliger Postbeamter pensioniert, hat er nun fast so viel Zeit im Ruhestand verbracht wie im Berufsleben, was nachzueifern trotz der heute praktizierten Frühpensionierungen schwierig zu gelingen sein dürfte. Eine lustige Geschichte, aber kein Zeugnis für eine aufregende Gegenwart. Ein leeres Warten schien sich vielmehr in der Stadt ausgebreitet und auch die Touristen ergriffen zu haben, als suche man in dieser flirrenden Vergangenheit einen elektrisierenden Gegenwartsbezug, der einen spüren läßt, daß man sich in der Welt befindet und das Geschehen in der Welt etwas mit einem zu tun hat und man sich zu diesem Geschehen auch in eine Beziehung setzen kann. Als ob man in dieser kleinen alten Stadt auf dem Weg von der Vergangenheit in die Gegenwart irgendwann den Faden verloren und sich in einer Identität wiedergefunden hätte, die vollkommen unsicher ist. Früher eine handfeste Gewerbe- und Handelsstadt und jetzt in der Hand von Tagestouristen, die die mittelalterliche Kernstadt mit flüchtigem Blick durchstreifen, ohne zu wissen, was sie mit ihren Blicken suchen, und die die Stadt so enteignen und zum Objekt einer beliebigen Aufmerksamkeit machen – ist das das furchtbare Schicksal, das die Stadt trotz ihrer malerischen Pracht so entstellt?

Dabei fehlte es nie an Versuchen, eine anspruchsvolle Identität aufzubauen, die das Alte mit dem Neuen verbinden sollte. Seit 1926 Kneippkurort und seit 1967 mit dem Recht ausgestattet, sich Bad nennen zu dürfen, lassen viele Alteingesessene, aber auch nicht angepaßte Zugezogene den Titel »Bad« weg und sprechen nur von Münstereifel, weil das »Bad« – obwohl die Stadt als Kurort überleben muß – für sie etwas Aufgesetztes hat und die ruhmreiche lange Geschichte Münstereifels ein wenig unter den Teppich kehrt. Nach dem alten Spruch »Es gibt gute Eifler, schlechte Eifler und Münstereifler« war die Stadt ja wirklich einmal etwas Besonderes, eine der vier Hauptstädte des Herzogtums Jülich, 830 gegründet durch den Abt Marquard von Prüm, der hier ein Tochterkloster errichten ließ, das »monasterium in eiflia«, aus dem im Laufe der Zeit Munstre in Eiflen, Munsteren-eyflen, Muinstereifel und dann Münstereifel wurde. Mit dem Mönchsleben begann der Aufstieg zum Wallfahrtsort – Abt Marquard hatte 844 in Rom die Reliquien der Heiligen Chrysanthus und Daria erbeten und nach Münstereifel gebracht –, bald erhielt der Ort auch Markt-, Münz- und Zollrechte und entwickelte sich zu einem wirtschaftlichen Zentrum der Eifel. Mit dem Zuzug von Kapuzinern, Jesuiten und Karmeliterinnen breitete er sich weiter als geistiges Zentrum aus – zeitweilig existierten sechs Klöster –, mit Ausstrahlung in die gesamte Eifel – das von den Jesuiten erbaute und 1727 fertiggestellte Gymnasium, dessen imposant wirkenden Bau man beim Flanieren durch die Fußgängerzone passiert, war bis Ende des 19. Jahrhunderts das einzige Gymnasium in der Eifel weit und breit; sogar aus Köln kamen Schüler. Mit der Franzosenzeit ab 1794 begann aber der Niedergang und die Armut des Ortes: Er verlor seinen Status als eine der Hauptstädte des Herzogtums Jülich und als Gerichtsort, und nachdem die industrielle Revolution an Münstereifel vorbeigegangen war, verblaßte mit der Auflösung der Klöster auch der intellektuelle Standard des Lebens in der kleinen Stadt. Was ihr blieb, waren nur die architektonischen Zeugnisse ihres alten farbigen Glanzes, der noch in die Gegenwart strahlt und heute so viele Touristen anzieht.

Draußen regnete es immer noch. Es gab die Möglichkeit, in den Ortsteil Mutscheid zu fahren, wohin sich einer der bekanntesten Galeristen Deutschlands, der früher in Bonn ansässige Erhard Klein, zurückgezogen hat; in dieser ungewohnten Umgebung, inmitten der Eifelwälder, vielleicht einem neuen Bild von Sigmar Polke zu begegnen, könnte vielleicht den Blick für das Fremde erweitern und einem die eigene Fremdheit nehmen. Mehr lockte dann aber ein anderes Projekt in dem nahen Ort

Kuchenheim, wo als neue große Attraktion der Eifel nach zehnjähriger Vorbereitungszeit das Rheinische Industriemuseum eine ungewöhnliche Zweigstelle eröffnen wird: eine ehemalige Tuchfabrik, die nach Schließung im Jahr 1961 auf wundersame Weise im Originalzustand erhalten blieb. Denn ihr Besitzer, ein Herr Kurt Müller, war ein etwas eigensinniger Mensch, der, statt die schon bei der Schließung völlig veralteten Maschinen zu verschrotten und das Gebäude zu verkaufen, weiterhin in seine Firma ging und die Maschinen pflegte in der Hoffnung, den Betrieb doch noch einmal eröffnen zu können. Nun wird er auch noch einmal geöffnet: als Museum, das neues Anschauungsmaterial liefert, wie man vielleicht mit der Vergangenheit eines Ortes umgehen

kann. »Ist es nicht eine Wunderstätte?« fragt Museumsleiter Detlef Stender begeistert, als er in einer privaten Vorbesichtigung durch die Museumsfabrik führt. Es ist eine Wunderstätte. Vor vierzig Jahren haben die Arbeiter die Fabrik verlassen, aber der Ort sieht an diesem Samstagmorgen so aus, als würden sie Montagmorgen wieder erscheinen. Alle Dinge befinden sich noch an ihrem alten Platz. Die Sammlung der Ausstellungsstücke und ihre Anordnung habe gewissermaßen die Geschichte selbst vorgenommen, meint Stender. Da finden sich Butterbrotpapier und eine *Bildzeitung* von 1959, Zigarettenschachteln und Seife und viele andere Relikte des sozialen Betriebslebens. Und da sind vor allem die Maschinen mit Aufschriften wie »Görlitz 1894«, gereinigt, entrostet und konserviert. Einige Maschinen, die riesige alte Dampfmaschine etwa sowie vier Webstühle, sind für einen Demonstrationsbetrieb auch reaktiviert worden. Man habe aber keineswegs wiederherstellen wollen, was einmal war und nicht mehr ist, sagt Stender mit dem Zusatz, jeder Versuch, Arbeitsalltag naturalistisch nachzuempfinden, würde »die besondere, melancholische Stimmung der verlassenen und stillgelegten Tuchfabrik zerstören«. Das Museumskonzept greift statt dessen die Idee eines Musée sentimental auf, in dem die Gegenstände ihre Bedeutung gerade auch durch das erhalten, was die Besucher mit ihnen verbindet: Die Dinge sind, und da zitiert Stender Wulf Herzogenrath, »an sich nicht mit dem Gefühl behaftet, aber sie leben aus dem subjektiven Gefühl, das der Betrachter gleichsam als Biograph ihnen zukommen läßt – durch Erinnerungen an eigene Erlebnisse, Erfahrungen, Empfindungen, seine Entdeckungen am Objekt«. Den »seltsamen Stillstand der Zeit in der verlassenen Fabrik«, den das Museum vorführen möchte, erlebe ich am deutlichsten in der sogenannten Krempelei – »der Zweck des Krempelns ist«, erklärt ein altes Handbuch, »die durch den Wolf ... aufgelockerten Wollhaare gerade und parallel auszustrecken, dann zu einer gleichförmigen Masse umzuwandeln, in welcher die Haare nicht mehr flockenweise, sondern dichter beisammenliegen.« Krempel – was für ein wunderschönes altes Wort, und wenn man durch diese stille, nicht aufgeräumte Fabrik geht, denkt man natürlich nicht nur an die Vergangenheit des Ortes, sondern auch an die eigene Vergangenheit, all den Krempel, den jeder auf seiner Lebensreise mit sich schleppt und den sogar die größten Aufräumer unter den Aufklärern geachtet und geliebt haben, zum Beispiel jemand wie Jean-Paul Sartre mit seiner Bewunderung für Leute mit dem Willen, »inmitten des Wechsels sich gleichzubleiben, Erinnerungen zu bewahren, bis in den Tod eine Puppe aus der Kinderzeit, einen Milchzahn, eine erste Liebe mitzuschleppen«.

Auf der Rückfahrt nach Münstereifel sah ich anderen Krempel: Da hat jemand doch tatsächlich mitten in der Eifel ein riesiges Stück der Berliner Mauer aufgestellt. Als die Mauer fiel, gab ein Eifler Unternehmensberater dem damaligen DDR-Ministerpräsidenten Hans Modrow den Rat, die Mauer als einzelne Bruchstücke zu verkaufen, und zum Dank erhielt er dieses riesige Mauerstück, das nun in dem Ort Kreuzweingarten steht, umzäunt, mit ebenso riesigen Hinweistafeln. Helmut

Mörchen erinnert sich an einen Anruf aus dem Büro des ehemaligen Berliner Bürgermeister Walter Momper: Da habe jemand aus der Eifel angefragt, ob er ein Schild mit einem Momper-Spruch aufstellen dürfe – was es denn damit auf sich habe? Auf dem Schild steht: »Berlin ist Freiheit. Walter Momper.« Nicht weniger amüsant die Hinweisschilder, die Samstagmittag inzwischen in Münstereifel aufgestellt worden waren, um den Autoverkehr aus der Stadt zu bannen. Merkwürdigerweise hielt sich kaum ein Autofahrer daran, denn auf den Schildern war zu lesen, daß nicht nur »Anwohner, Taxis, Arzt- und Pflegedienste und Gehbehinderte mit Parkausweis«, sondern auch »Gottesdienstbesucher, Notfallpatienten und Hotelgäste« von dem Verbot ausgenommen seien – und Gottesdienstbesucher oder Notfallpatient oder beides ist im Zweifelsfall natürlich jeder.

Die Hauptstraße war um diese Zeit überfüllt. Wie magisch angezogen pilgerten die meisten Touristen zum Café am Rathaus, das Münstereifels prominentestem Bürger gehört: dem Sänger Heino. Einen gigantisch kitschigen Privataltar hat er sich in dem Café eingerichtet, kaum ein freier Platz an den Wänden, wo nicht eine Schallplattenhülle oder eine Urkunde oder ein Foto hängt, das Heino mit anderen Prominenten zeigt. »Heino singt auf der Toilette«, rief plötzlich jemand in eine Runde. Er sang natürlich auch im Café schon die ganze Zeit, nur hatte man wegen des Gesprächslärms die im Hintergrund laufende Lautsprechermusik überhört. Jetzt hörte man ihn aber auch im Café singen. Er sang »Kein schöner Land in dieser Zeit« und dann »Blau blüht der Enzian.« Die Tischrunde brach unter lautem Lachen auf. Hartgesottene Fans waren das nicht. »Und sie lieben mich doch«, rief Heino ihnen mit dem trotzigen Titel seiner Autobiographie hinterher, die im »Geschenkpaket« im Café zu kaufen ist, darin eingeschlossen neben dem Buch eine Heino-CD, eine Tafel Heino-Schokolade, eine Heino-Originalhaselnußtorte, 100 Gramm schwarzer Heino-Tee und eine Heino-Ansichtskarte. Ich ließ mir das »Superangebot für 35 Mark« entgehen und ging in die gegenüberliegende Stiftskirche, im 12. und 13. Jahrhundert gebaut auf den Fundamenten der Klosterkapelle, die Abt Marquard von Prüm hier 830 gründete. In einem goldenen Schrein in der Krypta die Gebeine der beiden Schutzpatrone der Kirche, der heiligen Märtyrer Chrysanthus und Daria. »Ist diese heilige Legende nicht das Dämlichste, was man sich vorstellen kann?«

fragt später Heinz Küpper. »Da wird Chrysanthus gegen den Willen seiner Familie Christ, der Vater schickt ihm daraufhin ein loses Mädchen, also eine Hure, Daria, die Chrysanthus aber ebenfalls zum Christentum bekehrt, die beiden heiraten unter Keuschheitsgelübde, und ihr Martyrium gipfelt dann darin, daß beide in Rom lebendig in einer Kiesgrube begraben werden.« Die Geschichte sei natürlich wirklich grotesk, bestätigt Helmut Mörchen lachend und wendet aber noch lauter lachend ein, für ihn als Agnostiker evangelischer Herkunft sei Münstereifel »die Widerlegung meines Unglaubens an Reliquien. Reliquien bewirken doch etwas. Wenn nicht Abt Marquard die Reliquien von Rom hierhin gekarrt hätte, wären wir alle jetzt nicht hier und dieses Gemeinwesen wäre nicht so, wie es ist.«

Heinz Küpper wohnt im Hubertusweg, in einer früheren Forstschule, mit hohen Zimmern und einem Blick über die Dächer der Stadt. Was für ein wunderbarer Hochsitz, schwärme ich. Ach ja, sagt Küpper, »wenn ich abends im Bett liege, sehe ich aber Gottseidank nur den Mond.« »Attrapolis«, schimpft er die Stadt. Die ganze Eifel sei ihm inzwischen etwas verleidet, wegen des falschen Kults, den man seit einiger Zeit mit ihr betreibe. »Man will jetzt im Eiltempo aus der Eifel eine zweite Art Bayern machen, mit Bodenständigkeit und alten Sitten und Trachten, und imitiert auf diese Weise intaktere Gegenden«, sagt er. »Die Eifel ist aber nicht intakt. Sie hat ein ganz verrücktes Schicksal. Die ganze Erde verbrannt, nur ein paar Burgen sind heil geblieben, Burg Eltz oder Schloß Bürresheim. Dann der Niedergang der Industrie, und dann war Schluß. Als die Preußen die Eifel übernahmen, war die Eifel wirklich, ohne Verschulden der Einwohner, die erbärmlichste Gegend Deutschlands. Leute abgehauen, Böden versaut, die Wälder abgeschlagen. Ich bin zwar kein großer Freund der Preußen, aber sie haben sich Mühe gegeben und zum Beispiel erst wieder einmal aufgeforstet. Als Münstereifel zu Beginn der Preußenzeit einmal im Hochwasser unterging, kam extra ein Staatsreferendar aus Berlin und schrieb ein Gutachten. ›No future, keine Zukunft,‹ hieß es darin über die Eifel. Den neuen Aufschwung brachte erst der Bau des Westwalls, der die folgende Zerstörung aber schon wieder in sich trug, denn dieses Wirtschaftswunder in der Eifel mußte man bezahlen mit dem Krieg. Statt einen falschen Kult zu betreiben, müßte man sich zu solchen Brüchen in der Geschichte bekennen, wenn man sie erzählen wollte. Ich weiß wirklich nicht, ob in dieser Stadt, die so sehr dem Tagestourismus ausgeliefert ist, noch ein intaktes Heimatgefühl, was immer das auch sein könnte, vorhanden ist oder gedeihen kann.«

»Aber trotz des Tagestourismus, den ich genauso negativ sehe«, gibt Helmut Mörchen zu bedenken, »hat man doch die Chance, alles fußläufig zu erreichen: die Post, den Bäcker und den ›Spar‹-Markt und das Kino und die Kneipe. Ich könnte nie auf einem Dorf leben und empfinde das Leben hier schon als städtisch. Selten hat man einen so kleinen Ort mit nur knapp fünftausend Einwohnern und gleichzeitig ein städtisches Umfeld. Für mich gilt: entweder Münstereifel oder das ganz andere, also Berlin.« Ja, Berlin sei einmal ernsthaft für ihn die Alternative gewesen, erzählt Küpper, der Wechsel habe kurz bevorgestanden, aber dann sei er doch hiergeblieben und heute ja auch gar nicht traurig darüber. »Also doch: Münstereifel«, entscheidet Mörchen.

Zum Abendessen in die »Höhle«, »en de Höll«, ein gediegenes Weinlokal im Haus von 1618. Wenige Gäste, die meisten Tagestouristen schon abgereist. Hier saßen einst Willy Brandt, Helmut Schmidt und Herbert

Wehner und beratschlagten bei einigen Flaschen Wein über die Strategie eines bevorstehenden Parteitages, während Günter Guillaume am Nebentisch saß – in seinem Memoirenbuch *Die Aussage* hat Guillaume den Verlauf des Abends im Weinlokal erzählt. Was mag Willy Brandt empfunden haben, als er in Münstereifel einen seiner Lebensbrüche erlebte und sich zum Rücktritt als Bundeskanzler entschloß, weil, wie er später notierte, »ein paar besonders abwegige Frauennamen« in einem Bericht des Verfassungsschutzes standen – was waren das für Zeiten, als jemand die politische Verantwortung für »Fahrlässigkeiten« anderer übernahm, während heute noch nicht einmal jeder die Verantwortung für das eigene Tun übernimmt! Ich dachte auch an die Brüche in der Geschichte des Ortes, schön anzuschauen, aber wie ein steckengebliebener Ausdruck in einer Vergangenheit verhaftet, die als Kulisse dient, in der die Touristen spazierengehen, von einem Café ins andere, auf der Suche nach einem Sinn, der in den Kulissen der Stadt aber nicht zu finden ist, weil es ihn vielleicht auch gar nicht gibt, wobei in der Wahrnehmung des »seltsamen Stillstands der Zeit« im Ort oder auch in dem Fabrikmuseum sich natürlich immer auch die Einsicht bemerkbar macht, daß das Leben in dieser wie eine Idylle wirkenden Kulisse alles andere als idyllisch war und ist, ein Leben aufgebröselt, vielleicht sogar zerbröselt. Kann man dieses manchmal geheimnisvolle Vergehen von Zeit, das Erlebnis der Brüche in einem Wort fassen? Was heißt das überhaupt: ein Leben fristen? In Heinz Küppers Buch *Hermann Rohr und andere, Erzählungen vom Rand der Biographie* findet sich ein Porträt Heinrich Bölls, mit dem Küpper lange befreundet war. Für Bölls »doch überfülltes, vollgequalmtes Leben« fällt ihm der Begriff »Short Story« ein. »Etwas fängt an mitten im Ersten Weltkrieg und endet ohne Abschluß mitten im Kalten Krieg«, schreibt Küpper. »Das ist heute noch die Floskel in Lebensberichten: Verließ das Gymnasium ohne Abschluß, studierte Volkswirtschaft ohne Abschluß, ging aus der Welt ohne Abschluß. Das trifft nicht nur auf die Lebensfrist von Heinrich Böll zu. Die Zeit der Entwicklungsromane scheint, wenn es sie denn je gegeben hat, vorbei zu sein. Wem gelingt es schon noch, sein Leben synchron verlaufen zu lassen zu den nationalen, religiösen oder beliebig anderen allgemeinen Tendenzen? Wer im 20. Jahrhundert in Deutschland zum Beispiel an einem 10. November geboren ist, dem helfen weder Martin Luther noch Friedrich Schiller vom Eis, die wie ich an diesem Tag ihren Geburtstag feiern. Denn an dessen Vorabend bietet das Jahrhundert historische Gedenktage im Fünferpack an: russische Oktoberrevolution; Ausrufung der Republik in Deutschland gleich zweimal 1918; Hitlerputsch 1923; Judenpogrom alias Reichskristallnacht 1938, Öffnung der Berliner Mauer 1989. Wie soll in Zeiten des wie auch immer verursachten öffentlichen Chaos ein Entwicklungsroman verlaufen? Jeder reißt seine Short Story herunter und versucht, wenn er die Chance bekommt, innerhalb ihrer ein paar Sachen mit Hand und Fuß, Leute mit Hand und Fuß, Geschichten mit Anfang und Ende unterzubringen. Wenn er Glück hat, kriegt er auch Szenen und Augenblicke ins Haus geliefert oder den einen Augenblick, mächtig wie das Säculum oder wie die Ewigkeit selbst.«

Nach dem Abendessen entdeckte ich noch den anspruchsvollsten Ort des Wartens in Münstereifel: das Café »T«, das man mit seiner Einrichtung und Atmosphäre auch in Berlin-Friedenau oder in der Kölner Südstadt finden könnte. Viele junge Leute, Einheimische, die einem als Fremden sofort einen noch freien Stuhl an einem besetzten Tisch in dem überfüllten schlauchartigen Raum anbieten, offene Gespräche, es ist wohl »der« Treffpunkt an einem Samstagabend in der kleinen Stadt für Leute, die sich auch mit dem Leben in ihrer Stadt auseinandersetzen wollen. Die Kritik gilt zum Beispiel einem geplanten Hotelhochbau am Stadtrand, im schönsten Spazier- und Wandergebiet. »Noch ist die Stadt – in einer Tallage einmalig – nur in drei Himmelsrichtungen aus ihrem mittelalterlichen Mauerkorsett herausgewachsen«, hatte tagsüber Helmut Mörchen diese Kritik schon zusammengefaßt. »Wo noch ist man nach Verlassen der Stadt durch ein Tor gleich auf bewaldeter Höhe? Wo noch ist das städtische ›Innen‹ vom klassischen Außenbereich mit Fliehburg und Judenfriedhof so schön und fürwahr denkmalschutzwürdig geschieden?« Inzwischen hatte sich eine junge Frau an meinen Tisch gesetzt, die von einem Vorübergehenden als »Schneewittchen« angesprochen wurde; eigentlich habe sie ins Kino gehen wollen, erzählte sie ihm, das leider an diesem Abend geschlossen sei. Sie holte ein Buch aus der Tasche und ließ sich von den Gesprächen drum herum nicht mehr ablenken. Es war schon eine Verführung, diese junge Frau zu beobachten, die auf den mir nach der ersten Überraschung sofort einleuchtenden Namen »Schneewittchen« hörte und an einem Samstagabend in Münstereifel ihre Zeit damit verbrachte, konzentriert in einem Buch zu lesen, das Ryszard Kapuściński *Afrikanisches Fieber* war. Als sie bemerkte, daß ich sie beobachtete, versuchte ich mich herauszureden mit dem Hinweis, jedes Buch habe einen, manchmal auch zwei Schlüsselsätze, die man finden müsse. Ob ich ihr die Sätze verraten dürfe? Herzlich lachend lehnte sie ab. Sie wird die Sätze auch von alleine gefunden haben. Sie lauten: »Irgendwo in der Welt kreist und fließt eine geheimnisvolle Energie, die uns, wenn sie näher kommt und uns erfüllt, die nötige Kraft verleiht, um die Zeit in Bewegung zu setzen – etwas nimmt seinen Anfang. Solange aber das nicht der Fall ist, sind wir gezwungen zu warten – jedes andere Verhalten wäre müßig und eine Donquichotterie.«

In dem kleinen Landhaushotel, gleich neben Heinz Küppers Haus gelegen, der Blick auf die beleuchtete Stadt. Dort unten in einem Haus an der Erft, der »Baach«, wohnt Küppers Romanfigur Brigitte Emilie Rouanet in *Zweikampf mit Rotwild*. Über fließendem Wasser zu wohnen, »so schlecht war das nicht«, schreibt Küpper. Und das konnte ich mir in dem Moment gut vorstellen, dort unten in der kleinen, überschaubaren Stadt zu leben, in einem Fachwerkhaus mit dem Rauschen der Erft im Ohr und den Dingen im Kopf, die Bertolt Brecht unter »Vergnügungen« einreihte: »Der erste Blick aus dem Fenster am Morgen, das wiedergefundene alte Buch, begeisterte Gesichter, Schnee, der Wechsel der Jahreszeiten, die Zeitung, der Hund, die Dialektik, Duschen, Schwimmen, alte Musik, bequeme Schuhe, Begreifen, neue Musik, Schreiben, Pflanzen, Reisen, Sin-

gen, freundlich sein.« Vor dem ersten Blick aus dem Fenster am nächsten Morgen zeigte mir der letzte Blick in dieser Nacht den Mond. Langsam schob er sich ins Fensterbild. Es war aber nicht der Mond von Matthias Claudius. Es war, ich kann es bezeugen, der Mond von Heinz Küpper, der über Münstereifel aufgegangen war.

Wie die Zeit aus dem Wasser emporsteigt
Ein Neujahrsspaziergang um den Laacher See

Gibt es eine bessere Gelegenheit als einen glitzernden, als Aufbruch ins nächste Jahrtausend gefeierten Jahreswechsel, um allen Verführungen zum Trotz die Welt wieder einmal draußen zu halten und die Zeit in Ruhe zu Hause vergehen zu lassen? Auch sind die Bedenken ja nicht ganz abwegig, die Gottfried Benn in einem späten Gedicht zu Protokoll gegeben hat: daß Zürich zum Beispiel keine tiefere Stadt ist, »wo man Wunder und Weihen immer als Inhalt hat«, daß auch aus Habana, »weiß und hibiskusrot«, kein »ewiges Manna für unsere Wüstennot« bricht und daß einen nicht nur in Bahnhofstraßen und Rues, auf Boulevards, Lidos und Laans, sondern »selbst auf den Fifth Avenuen« die Leere anfällt. »Ach, vergeblich das Fahren«, resümierte Benn. »Spät erst erfahren Sie sich: Bleiben und Stille bewahren das sich umgrenzende Ich.« Vor Benn hatte Blaise Pascal sich noch kürzer gefaßt: Alles Unglück der Welt rühre daher, daß die Menschen nicht ruhig in ihrem Zimmer sitzen bleiben könnten.

Aber wer möchte wie in seinem eigenen Grab leben? Am Neujahrsmorgen lockte die Welt schon wieder hinaus. Unter den tausend Gründen für einen Spaziergang ist der banalste das Bedürfnis, sich auszulüften. Einen anderen Grund lieferte die alte Idee, daß man sich zum Beginn eines Jahres am Wasser aufhalten soll, um zu beobachten, wie eine neue Gabe der Welt- und Lebenszeit aus dem Wasser emporsteigt. Denn wenn, wie geschrieben steht, »die Erde wüst und leer« und »es finster auf der Tiefe« war »und der Geist Gottes über dem Wasser schwebte«, dann muß das Wasser Gottes Geist gespiegelt haben, folgerte Joseph Brodsky, der als Anhänger der Vorstellung, daß Gott oder zumindest sein Geist die Zeit ist, diese alte Idee in seinem Werk zu bergen und festzuhalten versuchte. Von daher erklärte er unsere Empfänglichkeit für das Wasser, seine Falten, Runzeln und Kräuselungen. Die Zeit, die bei einem Jahreswechsel als neue Zuteilung aus dem Wasser emporsteigt, das war für Brodsky eine Schaumkrone, die ans Ufer schlägt, und er blickte »auf das einem Spitzengewirk ähnliche Muster, das sie auf den Strand legt, nicht mit zigeunerischem Wissen, sondern mit Zärtlichkeit und voller Dank«.

Es ergab sich, daß am ersten Tag des neuen Jahres der Laacher See nahe war. Hinter Bad Breisig verläßt man das Rheintal und fährt durch das Brohltal hinauf in die Eifelberge. Die kurvenreiche Landstraße kreuzen manchmal die Gleise des Vulkanexpreß, einer historischen Schmalspureisenbahn, deren Diesel- und auch restaurierte Dampflocks die auf vierhundert Meter ansteigende Strecke von achtzehn Kilometern mit einer Geschwindigkeit von zwanzig Stundenkilometern bewältigen. In der Ferne gelegentlich einige Gehöfte, ansonsten nur Wälder sowie Basaltkegel und Tuffsteinbrüche, die neben Hinweisen auf heilende Mineralquellen in dem Örtchen Bad Tönnisstein daran erinnern, daß man in eine Landschaft fährt, die durch Vulkanisches geprägt ist. Erblickt man von der Eifelhöhe zum ersten Mal den Laacher See, ist man allerdings erstaunt, denn alles hatte man in dieser Vulkanlandschaft erwartet, nur nicht ein weit hingestrecktes, idyllisches Seetal, das keineswegs wie eine erregte Melodie komponiert wirkt, eher wie eine leichte Tafelmusik, aus einem Spiel entstanden, das nichts bedeuten soll, sondern sich selbst genügt. Das Erstaunen ist um so größer, wenn man weiß, daß die Land-

schaft entstanden ist durch einen Vulkanausbruch, der mit der Gewalt von dreihundert Hiroshima-Atombomben das Gestein über den Rhein bis in den Westerwald schleuderte. Für Vulkanologen geschah das eben erst, vor dreizehntausend Jahren, und sie weisen darauf hin, daß allein der jüngere Vulkanismus in dieser Gegend »gerade mal nur« eine halbe Million Jahre dauerte. »Die Pausen zwischen den einzelnen Akten des vulkanischen Geschehens«, erklärt der Landschaftsökologe Bruno P. Kremer, »waren wohl oft deutlich länger als die rund dreizehntausend Jahre, die seit der Laacher Eruption vergangen sind. Deshalb ist es wahrscheinlich, daß der Vulkanismus der Eifel noch nicht abgeschlossen ist und wir uns gegenwärtig allenfalls in einer ruhigen Zwischenphase befinden.«

Manchen wird Kremers Zusatz beruhigen, »daß es allerdings keine akuten Zeichen dafür gibt, daß hier schon bald ein neuer Vulkanausbruch bevorsteht«, während andere es als beruhigend empfinden mögen, daß man in einer von Machbarkeitsideologie geprägten Gesellschaft gleichwohl immer wieder am Rand der menschlichen Gewißheiten le-

ben muß. Daß es andere Rechnungsarten für die Zeit und für das Leben gibt als das kleine oder große Einmaleins, davon erzählt die Geschichte der Landschaft, und davon erzählt auch das sie prägende Kloster Maria Laach, dessen Grundstein 1093 gelegt wurde und das somit fast so alt ist wie das auslaufende Jahrtausend, gebaut als Symbol für etwas, das in die Welt scheint, aber nicht von dieser Welt ist und doch in diese Welt kommen soll. »Abbatia S. Mariae ad lacum«, Abtei der heiligen Maria am See, hieß das Kloster früher, und aus lacum entstand Laach, bis sich – allerdings erst im 19. Jahrhundert – der Name Maria Laach durchsetzte. Erreicht man den See vom Brohltal aus, liegt das Kloster am anderen Seeufer, wo sich der von Ernst Moritz Arndt im 19. Jahrhundert noch als »schauerlich dunkel« empfundene Waldkessel weit öffnet. Wegen ständiger Hochwassergefahr senkten die Mönche 1164 den Spiegel des über keinen natürlichen Abfluß verfügenden Sees durch den Bau eines Stollen um circa fünf Meter – eine für die damalige Zeit grandiose technische Leistung –, so daß das Kloster etwas erhöht liegt und von Ferne wie eine Burg wirkt. Die Mönche scheuen nicht einen anderen Vergleich: Da aus der Ferne gesehen die Türme »zusammenrücken und wie das gedrängte Beziehungsgeflecht einer mittelalterlichen Stadt wirken« und die Stadt »für die Menschen früher ein Lebensideal gewesen ist, gleichsam ein natürlicher Ausdruck für menschliche Natur und ewiges Heil«, erinnern die Benediktiner an die himmlische Stadt, die Johannes gesehen und in seiner Geheimen Offenbarung beschrieben hat: »Ich sah die heilige Stadt, das neue Jerusalem, von Gott her aus dem Himmel herabkommen; sie war bereit wie eine Braut, die sich für ihren Mann geschmückt hat.« So wirke auch das Laacher Gotteshaus »in seiner Geschlossenheit und der gedrängten Fülle von Dächern, Türmen und Gewänden wie eine Stadt des Heils, ja wie der geheime Thron des Herrn der gesamten Schöpfung«, meinen die Mönche. Der Fernblick auf die Klosteranlage läßt den Vergleich so abwegig nicht erscheinen. Auch werden die über zwei Millionen Touristen, die jährlich an den Laacher See kommen, die Klosteranlage nicht in erster Linie zu Studienzwecken besuchen, wegen ihres Ruhms als »klassisches Hauptwerk der abendländischen Romanik«, sondern wegen der Magie des Ortes.

Leider hatte es in der Silvesternacht nicht mehr geschneit. Hinter dem Traum von einer zugedeckten, unbegangenen Schneelandschaft, vergleichbar mit einem unbeschriebenen weißen Blatt Papier, verbirgt sich sicher der Wunsch, einen Ort zu finden und notfalls zu erfinden, an dem man nicht auf Spuren stößt, die andere schon hinterlassen haben und über die man möglicherweise stolpern kann. Es ist die alte Sehnsucht nach Schneebildern unter einem blauen Himmel bei klirrender Kälte, als ergebe dieser Kontrast genau das richtige Hintergrundbild für eine Phantasmagorie über Schneefall, Vergessen und Erinnern. Kalt war es zwar an diesem Neujahrsmorgen, hier und dort lagen auch noch kümmerliche, schmutzige Schneereste, auf einem Baumstamm saß sogar ein Schneemann und grüßte – vor einigen Tagen sicher noch von imposanter Gestalt, jetzt auf Handtellergröße zusammengeschmolzen –, aber der Himmel war nicht blau, sondern eine eintönig grausilbern schimmernde Fläche, wolkenlos, ein geschlossenes Zelt; dicke Nebelschwaden stiegen aus den umliegenden Tälern und über dem See auf, und ihr Emporsteigen als einzig zu beobachtende Bewegung in der Landschaft ließ wenigstens den Eindruck entstehen, daß an diesem Neujahrsmorgen am ruhig daliegenden, etwas schwermütig wirkenden Laacher See die Zeit nicht stehengeblieben, sondern vergangen war und weiter verging. Ein stilles Bild, wobei die Stille, durch das Geräusch der Schritte auf dem gefrorenen, rissigen Waldboden und manchmal durch das Schreien einiger Nebelkrähen um so deutlicher wahrnehmbar, dann doch eine besondere Erwartung weckte. Gut drei Stunden führt der Weg um den 2310 mal 1920 Meter großen und bis zu 51 Meter tiefen See, durch eine Bilderbuchlandschaft, die eifrige Geologen, Archäologen, Biologen, Naturschützer und Touristenverbände zugleich als Lehrbuchlandschaft eingerichtet haben, man spaziert quer durch die Geschichte und kann in einem hinter dem Kloster gelegenen Naturkundemuseum sich auch alle erwünschten Auskünfte besorgen. Ich wollte an diesem Neujahrsmorgen allerdings nichts lernen. Einfach laufen, um eine sinnliche Gewißheit von der Welt zu bekommen. Normalerweise hat man das ichzentrierte Gefühl, dort, wo man sich aufhält, befinde sich der Mittelpunkt der Welt. An diesem Neujahrsmorgen in der Nebellandschaft am stillen Laacher See war es eher das Gefühl, sich am Rand der Welt aufzuhalten. Dann brachen aber einige helle Lichtstrahlen durch das grausilberne Himmelszelt und verrieten, daß die unsichtbare Sonne wie seit Milliarden von Jahren auch diesen Tag wieder einsam am Himmel stand. Je höher die Nebelschwaden

über dem See emporstiegen, um so deutlicher nahmen sie die Gestalt von Wolken an, die eine Geschichte zu erzählen schienen, die Himmel und Wasser verband. Keine besondere Geschichte. Nur die Geschichte einer melancholischen Stimmung als Spiegelbild. Als ob Himmel und See eine ruhige Übereinstimmung ausdrücken wollten. Als wollten sie einen davon überzeugen, wie schön es ist, einfach zu sein, ohne etwas bedeuten zu wollen. Der See fläzte sich geradezu in seiner Trägheit und Selbstgenügsamkeit. Nur der Wind schien plötzlich auch lautlos bei der Arbeit und brachte neue Bewegungen in die Landschaft, ein feines Kräuseln des Wassers, das leichte Schaukeln der am Ufer festgemachten Boote, manchmal auch ein Rascheln im Schilf. An einigen Stellen, besonders am Ostufer, schäumte das Wasser geradezu auf, wie in einem Sektglas. Da war aber nicht der Wind bei der Arbeit, sondern tief in der Erde arbeitete noch der Vulkan, dessen erkaltende Magma Kohlendioxid als Gas nach oben trieb und das Wasser an diesen Stellen perlen ließ. Einen »Wundersee« hat Dorothea Schlegel, die Frau des Philosophen Friedrich Schlegel, den Laacher See genannt, in dem sich »Klarheit und Tiefe vereinigen, ohne sich zu vermischen«, wie sie ihrem Mann in einem Brief schrieb. So unberührt wie sie im Jahr 1808 die Seelandschaft erlebt hat, so kann man ihren Bericht am Neujahrstag des Jahres 2000 noch als authentisch nachempfinden. »Die waldbewachsenen hohen Felsen um den See ... und der dichte Wald, die uralten Stämme« erschienen ihr so, »daß alle Vergangenheit, die mir bekannt ward und die ich mir denken kann, mir wie heute und gestern dagegen vorkam. Dann mitten auf dem See die Tiefe, die den Augen ganz entschwindet, und die Sage, die hier einen ganz unergründlichen Grund angibt, der nie eine Beute wieder an das Licht des Tages sendet ... Dann die Abtei am Ufer mit der alten Kirche, die Menschenspur und die Kunst, die uns wieder Beruhigung gibt und Staunen und Erschrecken von der Seele löst ...«

In der Nähe des Klosters, nun auf Asphaltwegen, waren andere Spaziergänger mittlerweile unterwegs, unter Regenschirmen, denn es hatte zu fieseln begonnen. An einer Bootsanlegestelle ein kleiner Auflauf; dort hatten sich, zu Wasser und zu Land, hundert, vielleicht zweihundert En-

ten um zwei Schwäne versammelt, und zahlreiche Spaziergänger stellten sich zum Gruppenbild hinzu. Der Regen fiel so fein, daß die Tropfen auf dem See keine Abdrücke hinterließen. Aber er füllte an diesem Neujahrstag den See auf. Siebzig Jahre, ein Menschenleben, wird das Wasser benötigen, um sich im See, der nach wie vor keinen natürlichen Abfluß besitzt, zu erneuern, wußte jemand zu erzählen. In dem Moment schien an diesem Neujahrsmorgen aus dem Wasser des Laacher Sees die Zeit emporzusteigen. Wenn die äußere Zeit in der Nebellandschaft des träge daliegenden Sees langsamer als gewöhnlich zu vergehen scheint, beginnt natürlich die innere Lebenszeit zu rasen. Das war die Zuteilung der Zeit, die aus dem Wasser emporstieg, und manchen Spaziergängern sah man an, daß sie es schon immer geahnt hatten, der Gedanke aber nie bis zur Wahrnehmung durchgedrungen war und es nun ein Erkennen als ein Erlebnis war: daß siebzig Jahre auch nur siebzig Geburtstage bedeuten, siebzig Weihnachtsfeste, siebzig Jahreswechsel, eine relativ kurze Zeitspanne, in der in einem Menschenleben alles passieren muß.

In den Augenblick schweigenden Nachdenkens läuteten die Glocken von Maria Laach. Über den gegen Mittag schon gut, sogar mit zwei Bussen aus Hamburg und Göttingen besetzten Parkplatz betritt man die kleine heilige Stadt. »Wenn die Mönche mir die Erlaubnis gäben, auf diesem Parkplatz eine Imbißbude aufzustellen, wäre ich nach einem Jahr Millionär«, sagte jemand. Seit Karl Baedeker einen seiner ersten Reiseführer dem Laacher See widmete, reißt der Touristenstrom nicht mehr ab; für viele ist ein Besuch in Maria Laach fast schon Pflichtprogramm. Und die Kirche ist natürlich ein Ereignis von europäischem Rang, wegen der einzigartigen Stimmung, die der kunstvolle, bis in die letzten ästhetischen Abstraktionen hinein beschriebene und analysierte Bau innen und außen vermittelt. Für Kunsthistoriker wie Wilhelm Pinder stellt der Außenbau »das reinste Zeugnis« dar, »das Deutschland vom Wollen der Salier hinterlassen hat. Weil aber Maria Laach schon ein verspätetes Zeugnis des Salischen ist, melden sich auch staufische Züge.« Zwei Chöre, zwei Querschiffe, dazu zwei mittlere, zwei östliche, zwei westliche Türme, dazu noch ein in reichsten staufischen Spätformen angelegter Vorhof, das sogenannte »Paradies« – selbst der Speyrer Dom, notierte Pinder, war vor der Zerstörung durch die Franzosen »nicht von dieser Feinheit des Auswiegens bei solcher Kraft und Wucht ... Im Ganzen eine

feinfühlige Berechnung der Übergreifungen, eine Muskeldehnkraft an allen entscheidenden Stellen, die in den Lisenen und ihren Abständen, noch mehr aber in der Form der Türme, namentlich jener der westlichen Seitentürme, zugleich eine plastische Kraft genannt werden darf ... Nicht ein Atom dürfte geändert werden in diesem durchdachten Netz freier Entsprechungen. Ein vollendetes Beispiel von gespannter Kraft.«

Im Innern, hat man sich an das Dämmerlicht gewöhnt, fällt der Blick sofort auf das links hinter dem Eingang gelegene Hochgrab des Pfalzgrafen Heinrich II., des Stifters des Klosters Maria Laach; der Steinsarkophag aus der zweiten Hälfte des 13. Jahrhunderts birgt seine sterblichen Reste, während die holzgeschnitzte, lebensgroße, fürstlich gekleidete und idealisierte Nachbildung seiner Gestalt unter Glas auf einem ebenfalls holzgeschnitzten Deckel ruht. Heinrich II. konnte den Bau des ältesten Teils der Basilika, der Krypta, noch erleben. Dort ruht, unter der Kopie einer Mosaikplatte, deren Original im Bonner Landesmuseum zu sehen ist, der erste Abt von Maria Laach, Gilbert. Beide Grabstätten, die des Pfalzgrafen und die des Abtes, stehen in einer spannungsvollen Beziehung zueinander. Überhaupt ist der Reichtum der Anspielungen in den Innenräumen der Kirche unvergleichlich. Und da findet sich, in der Gestaltung einiger Fenster, auch wieder der Hinweis auf die himmlische Stadt, wie sie Johannes in seiner Geheimen Offenbarung beschrieben hat.

Maria Laach ist aber nicht nur eine heilige Stadt; es geht dort auch sehr weltlich zu. Die Mönche regieren ein Wirtschaftsimperium mit auf Landwirtschaft und Gartenbau spezialisierten Handwerksbetrieben, mit einem Kunstverlag, einer Buchhandlung und Werkstätten der bildenden Kunst – und, was verwundert bei dem bescheidenen Leben, das die Benediktinermönche selber führen, mit einem Luxushotel, dem Seehotel Maria Laach. Umgeben von seinem Komfort und der Ruhe, die spätestens um 19 Uhr, nach Abreise der letzten Tagesbesucher in der kleinen Stadt herrscht, könnte man während eines Urlaubs auf dieser Zeitinsel sich einmal den inneren, psychischen Luxus leisten, alle ungelebten Erzählungen des eigenen Lebens zu bedenken. An diesem Neujahrstag war im Seehotel beim Brunch allerdings eine andere Parole ausgegeben: »Außer Boris Jelzin machen alle weiter«, lautete sie, »die Politiker, die Müllabfuhr, die Amtsrichter, die Versorgungsämter, die Lehrer, die Lyriker, die Mönche, die Nachrichtensprecher, die Postboten, die Literaturkritiker, die Wetterforscher, die Arbeiter, die Parkplatzwächter, die Köche, die Zugführer, alle machen weiter.« Einem älteren Herrn, vielleicht achtzig, der in der Ecke des Speiseraums mit Blick auf den See allein an einem Tisch saß, schien diese Parole gründlich zu mißfallen. »Ich persönlich glaube nicht an Restauration«, rief er plötzlich in den Saal. »Die geistigen Dinge sind irreversibel, sie gehn den Weg weiter bis ans Ende, bis ans Ende der Nacht, sie haben eine Vehemenz, die die der physikalischen Dinge übertrifft. Darum müssen Sie Ihre Gedanken auf das rücksichtsloseste formulieren, immer wieder die Äste absägen, auf denen Sie nisten, immer wieder des Messers Schneide zur Hand halten, um die Tischtücher alle zu zerfetzen, dann fallen die anderen über Sie her, die, die sich von den Ästen auf den Stamm retteten, und die von den mit

Tischtüchern beflaggten Tafeln – sie fallen über Sie her, aber auch das ist eine Vereinigung, aus der das Weitere hervorgeht, indem Sie dann vertreten sind nach Maßgabe Ihrer Sätze. Aber was Sie nicht aussprechen, das ist nicht da, denken Sie also ruhig alles aus sich heraus – Sie machen sich Feinde, Sie werden allein sein, eine Nußschale auf dem Meer, eine Nußschale, aus der es zirpt mit fragwürdigen Lauten, klappert vor Kälte, zittert von Ihren eigenen Schauern vor sich selber. Aber geben Sie nicht SOS – erstens hört Sie keiner, und zweitens wird Ihr Ende sanft sein nach so viel Fahrten.«

Ich saß erstarrt von diesem verbalen Hieb, der durch alle Paraden ging. Offenbar hatte außer mir aber niemand etwas gehört, denn überraschenderweise beschäftigten sich alle weiter mit ihren Saltimboccas von der Putenbrust auf Gemüsesauce oder gebeizten Laacher Silberfellchen. Ich signalisierte dem Mann mit einem zustimmenden Kopfnicken, daß wenigstens ich ihn vernommen hatte. Erstaunt schaute er zurück und lächelte dann ein wenig, als ahne er, was ich in ihn hineingedacht hatte. Ja, ja, so muß man leben, nicht wahr, Herr Doktor Gottfried Benn?

Selbstvergessenheit
Bei den Trappisten des Klosters Mariawald

Am Anfang war das Nichts. Die Welt leer, kalt und unerreichbar. Aber wenn man in den Häusern der Kindheit am Fenster stand und in der Ferne die Lichter sah, dann war das zwar ein Rückzug von der Welt, wie wir sie nicht gemocht haben und nicht mit ihr zurecht gekommen sind, zugleich vermittelte dieses stille Bild doch auch ein Stück Geborgenheit. Die Stille ist immer eines unserer großen Ideale gewesen, aber auch eines unserer Verstecke. Mir fiel das ein, als ich nachts kurz vor halbdrei die Kirche des Klosters Mariawald in der Eifel betrat. Vom Gästehaus führt ein Gang direkt auf die Empore. Einige lange Augenblicke mußte ich stehenbleiben, um mich an die Dunkelheit zu gewöhnen. Weit unter mir, vielleicht dreißig Meter entfernt, brannte im Altarraum eine Kerze. Das Licht zu sehen, vermittelte aber keinen Trost; das Bild war eher unheimlich. Normalerweise können wir uns trösten mit der Illusion, daß immer nur die anderen sterben und das eigene Grab leer bleibt; aber jetzt, nachts um halbdrei in der stockdunklen stillen Klosterkirche, dachte ich plötzlich an die Kälte des eigenen Grabs. Das Bild stand mir noch vor Augen, als die Lampen angeknipst wurden und im selben Moment die Mönche erschienen zu ihrem nächtlichen Gebet, den Vigilien.

Das Geheimnis der Nacht ist für die Mönche das Geheimnis Gottes. »Gott ist zwar Licht, aber dieses Licht ist für Menschen so hell, daß wir davon geblendet werden und das Licht für uns zum Dunkel wird. Die Nacht ist der Bereich Gottes, und wer Gott finden will, muß deshalb das Helle, den Tag, hinter sich lassen und in die Nacht gehen. Gott bedeutet für den Verstand Nacht. Jeder Glaubensakt hat deshalb etwas von der Nacht an sich. Das Dunkel ist dem Glauben wesentlich. Weil die Nacht in besonderer Weise der Bereich Gottes ist, hat Gott auch von jeher nachts zu den Menschen im Traum gesprochen. In der Nacht hat er die größten Heilsereignisse vollbracht«, sagen die Mönche und erinnern an den frommen Glauben, daß Christus nachts auf die Welt kam; daß Gott nachts sein Volk aus Ägypten und durchs Rote Meer führte; daß er uns in der Nacht vor Gethsemane erlöste. In der Erwartung, daß Gott auch in der Nacht wiederkommen wird, stehen die Mönche nachts um viertelnachzwei auf und versammeln sich um halbdrei zu den Vigilien. Ich war in dieser Nacht der einzige Besucher, der ihrem Gebetsgesang zuhörte.

Willkommen, ein Zimmer sei reserviert; ich solle nur einen Wecker mitbringen und warme Kleidung, hatte mir Pater Robert, der die Gäste des Klosters betreut, in einer zierlichen Handschrift auf einer Ansichtskarte mitgeteilt. Es war ein Sonntagnachmittag, als ich in die Eifel fuhr. Die Landschaft blühte in spätherbstlichen Farben, und im Kopf hatte ich die Musik des Officiums, gesungen vom Hilliard Ensemble, begleitet von Jan Garbarek auf seinem Saxophon. Ruhe und Stille hatte ich erwartet, aber an solch schönen Sonntagen findet man kaum noch einen freien Parkplatz in Mariawald. Die meisten kommen wegen der von den Mönchen gekochten Erbsensuppe, und eine Mutter sagte dann auch zu ihrem Kind: »Jetzt gehen wir erst mal Erbsensuppe essen und anschließend Mönche gucken.« Die Mönche bekommen die meisten aber nicht zu Gesicht. Für Besucher geöffnet ist nur die Gaststätte, während das Innere der Klosteranlage mit den übrigen Gebäuden und den umliegenden Wiesen und Weiden und Wäldern gesperrtes Gebiet ist; im buchstäblichen Sinne des lateinischen »claustrum« ein ver- und abgeschlossenes Dorf, durch eine hohe Mauer von der Außenwelt abgeriegelt. Je mehr ein Mensch sich selbst, die Welt und Gott finden wolle, sagen die Mönche, desto mehr und öfters müsse er sein Tor schließen. Deshalb haben sie für den Betrieb der Gastwirtschaft auch Personal angestellt, und an solchen Rummeltagen verziehen sich viele der zwanzig Mönche in die Katakomben des Klosters, wohin kein Außenlärm dringt. Zu sehen sind sie nur bei ihren über die Nacht und den Tag verstreuten sieben Gebetsauftritten, aber da die meisten Besucher sich von der im Innern spartanisch ausgestatteten Kirche sofort enttäuscht abwenden, sind die Mönche während ihrer Gebetsgesänge großenteils unter sich. Es wird ihnen recht sein, da sie als Trappisten ein Schweigegelübde abgelegt haben und keine Seelsorger sein und niemanden etwas lehren wollen. Sie leben ihre Berufung allerdings »nicht der eigenen seligen Ruhe, der Tröstung und des inneren Friedens wegen«, vielmehr soll ihr Leben »nichts anderes sein als das Mühen um vollkommenes Selbstvergessen im Gehorsam gegen Gott«. Erst am späten Nachmittag leerte sich der Parkplatz, aber auch

jetzt wurde es nicht richtig still, denn nun lärmte die Natur, die Vögel erzählten sich ihre Gutenacht-Geschichten. Um neunzehn Uhr dreißig versammelten sich die Mönche noch einmal in der Kirche, zur Komplet, und um zwanzig Uhr war es dann wirklich still geworden in Mariawald, für die Mönche Beginn der Nachtruhe – bis halbdrei, bis zu den Vigilien.

Natürlich bin ich es nicht gewohnt, abends um acht zu Bett zu gehen, und als ich in meinem Zimmer saß, hatte ich deutlich das Gespür, wie ich da mit mir selber herumsaß. Das Zimmer wie von Carlo Carrà gemalt: ein Bett, ein Tisch, ein Fenster, eine Wand – sonst nichts. Die Zeit steht still. Aber hatte ich mich nicht für einige Zeit ins Kloster zurückgezogen, um diesen Stillstand der Zeit zu erleben und auf das Schweigen der Stille zu hören? Hatte ich nicht das Bedürfnis, auf wenig zurückgreifen zu können? Um diese abendliche Zeit war das Kloster wirklich ein abgeschiedener Ort, uneinnehmbar, auf dem Höhenzug des Kermeters, hoch über dem Rursee in der Nordeifel gelegen, bis zum nächsten Ort, Heimbach, waren es drei Kilometer; aber die Anwesenheit in meinem Klosterzimmer empfand ich in dem Moment auch als Abwesenheit in der Welt und Abgeschnittensein von ihrer Wirklichkeit, die Situation hatte etwas Irreales, und deshalb hätte ich gern geraucht, Rauchen als Einatmen von Möglichkeiten, als spirituelles Konsumieren von Imaginärem. Rauchen sei aber nicht erwünscht, hatte mir Gastpater Robert gesagt. In dem Moment, in dem kahlen Quartier auf mich selbst verwiesen, schlaflos, war ich gerührt, als mich ein toter Philosoph besuchte und mich über die Weisheit der Zelle unterrichtete. In ihr verliere man seine Zeit und gewinne seinen Raum. Im tiefsten Kern der Zelle stecke aber auch der Selbstbetrug, der zur Einsamkeit gehöre. Der Einsame denke und spreche mit sich selbst, und im Selbstgespräch sprächen wir bekanntlich mit einem gefährlichen Schmeichler. Ich aber wolle doch sicher mich selbst und vielleicht noch mehr meine wirkliche Lage erkennen. Dafür gebe es einen guten Prüfstein. Ich solle darauf achten, welche von den tausend Definitionen des Menschen mir unmittelbar einleuchte.

Ich fragte zurück, ob es denn überhaupt noch Sinn mache, nach dem Wesen des Menschen zu fragen und zu versuchen, ihn als arbeitendes Individuum oder sprechendes Subjekt zu definieren. Habe nicht ein anderer Philosoph prophezeit, daß der Mensch als »Riß in der Ordnung« verschwinden werde »wie am Meeresufer ein Gesicht im Sand«?

Ach was, wischte der Philosoph meine Fragen mit einer heftigen Bewegung beiseite. Die erste Definition des Menschen, die unmittelbar einleuchte, besage, daß der Mensch nackt sei. Ich säße bekleidet in den wüsten Weiten meiner engen Zelle. Ob mir bewußt sei, daß die Kleidungsstücke nur die objektive Nacktheit bestätigten? Der Philosoph schaute mich herausfordernd an. Ob ich den Satz kenne: »Einzig erbt' ich den eigenen Leib, lebend zehr' ich ihn auf.« Richard Wagners Siegfried singe ihn zu einem wunderbar auf- und abstürzenden Intervall. Ob ich wisse, auf wen der Satz zurückgehe? Über mein Schweigen empört, schrie mich der Philosoph geradezu an: Ob ich denn bloß auf diese seltsame Mode hereingefallen sei, im Kloster Ferien vom Ich zu machen und mich in Selbst- und Weltvergessenheit zu üben? Oder ob ich mich auf den Klosteraufenthalt vorbereitet und zum Beispiel die Tiefen des europäischen Gedankenganges von 1830 bis 1848 studiert hätte? Diesmal schien der Philosoph mein verblüfftes Schweigen zu genießen und fuhr nach einer Weile fort: »Es gibt gewisse Uranbergwerke der Geistesgeschichte. Dazu gehören die Vorsokratiker, einige Kirchenväter und auch einige Schriften aus der Zeit vor 1848.« Der Philosoph genoß weiter mein Schweigen und belehrte mich, daß zu diesen Schriften durchaus auch die von Max Stirner gehörten. Von ihm stamme der Satz, den Wagners Siegfried singe. Ob ich Stirner kenne? »Im ganzen genommen ist er scheußlich, lümmelhaft, angeberisch, renommistisch, ein Pennalist, ein verkommener Studiker, ein Knote, ein Ich-Verrückter, offenbar ein schwerer Psychopath. Er hat mit lauter, unangenehmer Stimme gekräht: ›Ich bin Ich. Mir geht nichts über mich.‹ Seine Wort-Sophismen sind unerträglich. Das Zazou seiner zigarrenrauchenden Stammtisch-Bohème ist eklig. Aber Max hat etwas sehr Wichtiges gewußt. Er hat gewußt, daß das Ich kein Denkobjekt ist. So hat er den schönsten, jedenfalls deutschesten Buchtitel der ganzen deutschen Literatur gefunden: *Der Einzige und sein Eigentum*.« Der Blick des Philosophen wurde immer herausfordernder. Ob ich denn ins Kloster gegangen sei, um darin die innere Weite meiner Einzigartigkeit zu spüren und mein vermeintliches inneres Eigentum zusammenzukratzen und zu sortieren? Eingeschüchtert schwieg ich weiter. Daraufhin fuhr er fort: »Seinen letzten Antrieb hatte Max in einem Brief ausgesprochen, in dem er sagt: ›Dann werden wir wieder wie die Tiere des Waldes und die Blumen des Feldes‹. Das ist die wahre Sehnsucht dieses Ich-Verrückten. Das ist das neue Paradies. Das ist die Natur und das Naturrecht, die Aufhebung der Selbstentfremdung und der Selbstentäußerung in einer problemlosen Leibhaftigkeit. Das adamitische Glück des Gartens der Lüste, den Hieronymus Bosch in weißer Nacktheit auf eine Tafel geworfen hat. Dazu aber noch die Tiere des Waldes und die Blumen des Feldes. Der Mückenflug im Sonnenstrahl. Die ganz natürliche Natur und das Naturrecht der tiefsten Sphäre tellurischen Daseins. Das völlig unbelastete Gezwitscher von Rossinis diebischer Elster. Die reine Identität mit sich selbst im Glücksgefühl eines selig beschleunigten Blutkreislaufs. Der Pan erwacht und tritt nun auf im erdbewußten Kreis. Max ist einer der ersten Panisken, die später das Feld der deutschen Literatur und die Paradiese ihrer Entproblematisierungen bevölkert haben.« Der Philosoph hatte sich richtig in Rage geredet, und da ich weiter schwieg, fuhr er fort: »Aber diese arme Pan war der modernen Naturwissenschaft nicht gewachsen. Sein Glück ist heute nicht einmal mehr Illusion. Es ist das Glücksgefühl des armen Großstadturlaubers auf dem Lande, das flüchtige Erwachen heiterer Gefühle im Ferienkind, meinetwegen auch die Seligkeit eines Lyrik-Preisträgers. Seine Lust will gar nicht mehr Ewigkeit. Sie bewegt sich im Rahmen des Rechts auf Urlaub. Sie schmeckt natürlich immer noch nach mehr, aber sie unterwirft sich resigniert der Tatsache, daß der Urlaub nicht ewig sein kann. Dieses arme Ich kann sich nur noch mit seinem eigenen Echo vermählen, und in dieser unfruchtbaren, selbstgenießerischen Ehe ist es nicht mehr vereinsamt, sondern längst organisatorisch vereinnahmt. Die Planung hat es längst vereinnahmt. Der Plan erscheint, und Pan hört auf zu schmunzeln. Der Pan versinkt, und Plan tritt auf den Plan.« Mit der Frage, ob das nicht ein schönes Beispiel der immanenten Orakelhaftigkeit unserer deutschen Sprache sei, verabschiedete sich der Philosoph. Ich blieb in dieser ersten Nacht auf und ging kurz vor halbdrei in die stockdunkle, stille, kalte Kirche, zu den Vigilien.

Ferien vom Ich und Suche nach Selbstvergessenheit – darauf war ich nun wirklich nicht aus. Pater Robert hatte ich mitgeteilt, daß ich ein Notebook dabei habe und während meines Aufenthaltes ein Journal führen wolle, und ihn gebeten, ob er mir nicht wenigstens tagsüber ein Zimmer zur Verfügung stellen könne, in dem ich auch rauchen dürfe. Zum Frühstück erfreut er mich mit der Mitteilung, daß er meine Bitte erhört hat. Das Schreibzimmer ist noch winziger als mein Nachtquartier im Kloster, es liegt unterm Dach des Traktes, in dem sich die Gastwirtschaft befindet, aber jetzt, in der Woche, ist es ruhiger als sonntags, nur einige Wanderer machen Rast. Zwar hat das Kloster ein »scriptorium«, ein Schreibzimmer, aber ich habe gar nicht erst gefragt, ob es auch für mich zugänglich sei, nachdem Pater Robert auf meine Bitte, die Bibliothek des

Klosters mit ihren angeblich 30.000 Bänden sehen zu dürfen, mich geradezu fassungslos angesehen hatte. Dazu bedürfe es der Erlaubnis des Abtes. Am besten, wenn ich dem Abt einen Brief schriebe. Strenge Sitten und Verkehrsformen. Nicht nur für touristische Besucher, auch für Gäste ist das Innere des Klosters verschlossenes Terrain, und man kann sich nur auf kleinem Raum bewegen, innerhalb des Gästehauses; dort nimmt man auch die Mahlzeiten ein, und der Kontakt zu den Mönchen wird dann über Lautsprecher hergestellt: Aus dem Eßsaal der Mönche wird in den Speiseraum des Gästehauses eine geistliche Lesung übertragen, manchmal ertönt zum gutbürgerlichen Mittagessen mit Fleisch, Kartoffeln, Soße und Gemüse auch das Adagio von Albinoni.

Oft habe ich gedacht, daß die Mönche um die Mittagszeit schon gut zehn Stunden auf den Beinen und wahrscheinlich müde und erschöpft sind. Das, was ihre Vorfahren Akedie nannten, eine Verfaßtheit aus Langeweile, Hoffnungslosigkeit und Überdruß zugleich, mag sie dann überfallen. Aber »dies ist auch die Zeit«, sagen die Mönche, »da Christus am Kreuze hing. Wenn man beides in Zusammenhang bringt, die Akedie und das Hängen am Kreuz, kann einem eine Ahnung kommen, warum er gerade um diese Zeit am Kreuz hing. Er hat das Aushalten zum Instrument der Rettung gemacht. In der Schrift heißt es: Wer aushält bis ans Ende, wird gerettet werden. Und: In Geduld werdet ihr eure Seelen besitzen.«

Selbstvergessenheit ist ein großes Wort. Franz Kafka hat es in die Literatur eingeführt. Nicht Wachheit, sondern Selbstvergessenheit sei die erste Voraussetzung des Schreibens. Aber jeder Künstler, ob Schriftsteller, Maler oder Komponist, vergißt sich selbst im Schaffensprozeß, seine eigene Person ist in dem Moment verdunkelt, und er ist fern von dem Gedanken, daß er sich mit sich selber beschäftigen, also sein eigenes Problem-Selbst in die Arbeit einbringen muß. Wenn er sich gleichwohl in dieser selbstvergessenen Arbeit mit sich selbst beschäftigt, dann unterläuft ihm das einfach nur. Aber kann man deshalb sagen, daß das größere Selbst in der Selbstvergessenheit zu suchen ist? Eine solche Behauptung klingt doch ein wenig apart, wenn auch wahrscheinlich jeder schon einmal, lesend, Bilder schauend, Musik hörend, dem uralten Traum der Kunst nachgegangen ist, von dem Paul Celan gesprochen hat, nämlich Welt zu gewinnen, um weltfrei zu werden, frei von Kontingenz. Nun meinen die Trappisten mit Selbstvergessenheit aber nicht, daß man die Welt hinter sich läßt und, wie der Buddhist, die absolute Leere sucht. Für sie gibt es keine Welt- und schon gar keine Gotteserkenntnis ohne Selbsterkenntnis des Menschen. Selbsterkenntnis wiederum ist für sie nicht möglich, ohne daß der Mensch versucht, eine Ordnung in seinem Leben herzustellen und so sein Leben in den Blick zu bekommen und die Gesetzmäßigkeiten der Natur und des eigenen Körpers zu sehen, dessen Lebensäußerungen nach festem Glauben der Mönche davon zeugen, daß in ihm eine Seele wohnt. Dabei dürfe man nichts dem Zufall überlassen, auch das Gebet nicht. So wie man das Erlernen eines Handwerk oder einer Wissenschaft nicht dem Zufall überlassen dürfe, so verlange auch das Gebet – wie das ganze Leben – Ordnung. Und da das Leben nach Auffassung der Trappisten eine Einheit ist, die Inneres und Äußeres zusammenfaßt und folglich alles umfaßt, »das Schweigen, das Sprechen, die Einsamkeit, die Gemeinschaft, die Klausur, das Essen, das Schlafen, die Arbeit, das Lesen, die Gelübde«, verlangt für sie das Gebet die Ordnung des ganzen Menschen. Aber welche Ordnung? Wie stellt man sie her? Und wie geht man mit den gleichwohl existierenden Zufälligkeiten um, damit, daß die Ausgangsbedingungen nie gleich sind? Nun kann man Gott sei Dank auch mit schlechten Karten, die sich zufällig bei der Mischung ergeben haben, ein gutes Spiel machen, daß man also nicht einfach bloß einen Salat von Karten hinschmeißt, sondern eine einsehbare Ordnung herstellt und die Karten nachher ein Bild ergeben. Ein Lebensbild. Insofern ist alles Individuelle Teil des Variantenreichtums des Gesamtlebens, und man hat unendlich viele individuelle Versuche zu leben, weil es so viele Lebensspiele gibt und jedes wieder anders ist und jeder versucht, einen Sinn in seine Zufälligkeiten zu bringen. Die Evolution des Lebens ist aber bereit, jedes einzelne Spiel aufzugeben, und jedes einzelne wird ja auch gelöscht durch den Tod, der dazu da ist, Platz zu machen für neue Versuche, die vollgeschriebene Tafel wird leer gewischt, und ein Neuer kann etwas aufschreiben. Aus dieser Perspektive sind alle individuellen Fähigkeiten zu leben vergebliche Versuche, dem Tod ein Schnippchen zu schlagen. Der Tod stellt aus all diesen unglaublich interessanten Differenzierungen nichts anderes wieder her als gleichmäßige Materie. Er löscht die Differenz zur Umwelt, er ist die Einebnung in das Umgebende. Die Null-Variante. So würden die Trappisten natürlich nie reden. Sie würden vom Geheimnis der göttlichen Herkunft des Menschen sprechen und davon, daß alle Erkenntnis im Geheimnis endet. »Die Sehnsucht schwindet«, sagen sie mit ihren Vorfahren, »wo nur noch Wissen ist. Sehnsucht schwindet, wo kein Geheimnis mehr ist.«

Die festliegende Wahrheit einer Person kann es nicht geben; diese Wahrheit kann nur eine Vollzugsform sein. Ignacio de Loyola hat dieser Vollzugsform in seinen Exerzitien eine äußerliche Ordnung gegeben allein dadurch, daß er seine geistlichen Übungen durchnumeriert hat. Unter geistlichen Übungen verstand er jede Art »Gewissenserforschung, Betrachtung, Beschauung, mündliches und innerliches Beten«. »Denn gleichwie Gehen, Vorwärtsschreiten und Laufen körperliche Übungen sind«, schreibt Loyola, »so nennt man auch geistliche Übungen eine jede Weise, welche die Seele vorbereitet und in die rechte Verfassung bringt, alle ungeordneten Neigungen von sich zu entfernen und, nachdem man sie entfernt hat, den göttlichen Willen zu suchen und zu finden in der

Durchbildung des eigenen Lebens zum Heil der Seele. Wer einem anderen die Weise und Ordnung des Betrachtens und Beschauens vermittelt, der soll die Geschichte, welche dieser Betrachtung oder Beschauung zugrunde liegt, treu erzählen und sie nur Punkt für Punkt, in Kürze und dem Wesentlichen nach erläutern. Denn wenn der Betrachtende den wahren Grundtatbestand der Erzählung nimmt und durch Sinnen und Nachdenken aus sich selbst heraus etwas findet, was den Gegenstand für ihn etwas klarer oder eindrucksvoller macht, sei es, daß er dahin durch eigene geistige Tätigkeit gelangt oder daß sein Verstand durch göttliche Kraft erleuchtet wird, so sind geistiger Genuß und geistige Frucht größer, als wenn der, welcher die Übungen lehrt, den Sinn der Geschichte

ausführlich erläutert und erklärt hätte. Denn nicht die Überfülle des Wissens sättigt und befriedigt die Seele, sondern das Spüren und Verkosten der Wahrheit selbst im Innern.«

So sitze ich in meiner Zelle und horche auf das, was in mir sprechen will, jenes verdunkelte, vergessene Selbst, das jeder in sich trägt und aus dem die Phantasie sich nährt. Ich begreife, daß der Mensch mitten in der Wüste seines Lebens einen eigenen Wasserhaushalt hat – das meinte sicher der Philosoph mit dem Hinweis auf das Glücksgefühl, das sich in dem Satz ausdrückt, den Wagners Siegfried singt, daß wir einzig den eigenen Körper erben und ihn lebend aufzehren. Seit Tagen abgeschnitten von allen Nachrichten, weil ohne Fernseher, Radio und Zeitungen, wird aber auch die Differenz zwischen mir und meiner Situation in der Zelle und der draußen existierenden Umgebung größer. Die Welt draußen? Über die Art der Loyolaschen »Gewissenserforschung« und seine Vorschläge zur »Durchbildung des eigenen Lebens zum Heil der Seele« werden die meisten in höhnisches Gelächter ausbrechen. Auf mich selbst zurückgezogen, um von mir abzusehen, kommt mir vor allem diese merkwürdige Machbarkeitsideologie fremd vor, die sich in der Gesellschaft ausgebreitet hat, daß man sogar von inneren Mechanismen spricht und das Prinzip des Organischen heute fast schon vergessen hat. Von immer weniger immer mehr zu wissen, jedes Detail zu isolieren und zu erforschen und von diesem Detail dann wieder ein weiteres Detail sich vorzunehmen und zu erkunden, um am Ende aber über keinen Zusammenhang mehr Bescheid zu wissen – das ist die fortschreitende Entwicklung. Früher hat sich jede Kultur nach einer geistigen Wirklichkeit ausgerichtet, die in der äußeren Wirklichkeit zunächst nicht vorhanden ist, sondern durch die Menschen hineingetragen wird, durch die Ordnung der Jahresfeste etwa oder bestimmte Wertvorstellungen. Der Mensch als Hebräer – und das alte Wort für Hebräer heißt wörtlich übersetzt: der von jenseits. Das ist noch einmal die Geschichte von der Distanz. Früher gingen die Menschen in die Wüste oder Wildnis, erzählen die Mönche, um diese Distanz zu bekommen, wobei der letzte Sinn dieser Distanz ihrer Ansicht nach aber nicht die Distanz selber ist, und sie verweisen auf den Markus-Spruch »Du sollst deinen Nächsten lieben wie dich selbst«. Liebe, sagen die Mönche, »schließt, weil sie auf Einheit zielt, notwendig Distanz ein. Sie besagt in erster Linie, daß sich der Liebende von Eigenliebe frei machen muß, um so den anderen wirklich als anderen anzunehmen, nicht so, wie er ihn will, sondern so, wie er in sich ist. Wer keine Distanz zu sich selbst und zum anderen hat, kann nicht in rechter Weise lieben.« Man begreift diesen Hinweis der Mönche vielleicht um so deutlicher, wenn man weiß, daß der Markus-Spruch unglücklich übersetzt ist und in einer wörtlichen, richtigen Übersetzung lautet: »Liebe deinen anderen als dein Selbst.« Es geht immer um dieses Andere, darum, das Fremde im Eigenen wahrzunehmen. Sich selber fremd gehen ist aber eine hohe Phantasie-, Emotions- und Erkenntnisleistung, die die meisten verlernt haben. Das ist wieder die Vorstellung, daß nur jemand, der einmal das Andere kennengelernt hat und in der Wildnis und fast Tier war, ein zivilisierter Mensch ist, der bei Rückkehr aus der Wildnis den Wert der Zivilisation erkennen kann. Und diese verborgene Welt, diesen Bereich im Menschen, wo er nicht zivilisiert ist, sichtbar zu machen, war einmal das Thema der Kultur. Wenn man sich vorstellt, es gebe eine neue Kultur, die ein neues Einverständnis, ein Ausgleich mit der Welt und der Natur wäre, mit einer neuen humaneren Technik, wenn man zurückkehren könnte zu einem organischen Denken, das die letzte Stufe der geistigen Repräsentanz von Wirklichkeit ist – und man müßte hoffen, daß das die Philosophie der Zukunft ist –, dann sollte in dieser modernen Versicherungsgesellschaft vielleicht auch etwas von dieser nicht berechenbaren, risikobereiten Individualität und Persönlichkeit gerettet werden, denn nur für Versorgungseinheiten zu leben lohnt vielleicht doch nicht. Aber daß diese alte Form von Leben schon seit längerem auf dem Abschreibeetat steht, bei dem Gedanken ertappt sich heute mancher, auch wenn er sich ihn verbieten mag.

Außer mir weilen noch drei andere Gäste im Kloster, und nachdem sich einer von ihnen meiner Bitte angeschlossen hat, die Bibliothek sehen zu dürfen, hat Pater Robert beim Abt die Erlaubnis eingeholt, uns nicht nur die Bibliothek, sondern die gesamte Klosteranlage zeigen zu dürfen. Mariawald ist das einzige Trappistenkloster in Deutschland. Gegründet 1486 als Priorat des Zisterzienserordens, sind die Trappisten ein Zweig des Ordens, und zwar derjenige der strengeren Observanz nicht zuletzt aufgrund ihres monastischen Lebens und ihres Schweigegelübdes. Das Schweigen, so schwer es fallen mag, war früher leichter. Da drückte ein Mönch dem anderen eine Mistgabel in die Hand, und dann wußte der, was zu tun war. Heute ist das Kloster vollautomatisiert, selbst in den Kuhställen stehen Computer – da können sich die Mönche während ihrer Arbeit nicht mehr so ohne weiteres wortlos verständigen. Das Kloster ist ein kleines, sich selbst versorgendes Dorf, die Mönche besitzen ein geheimes Rezept zur Herstellung von Likör, den sie, neben der Erbsensuppe, in der Gastwirtschaft verkaufen, und sie betreiben Forst- und Viehwirtschaft – die Viehwirtschaft mutet schon ein wenig merkwürdig an, weil die Mönche selber kein Fleisch essen. Pater Robert erzählt von der wechselvollen Geschichte des Klosters, das mehrmals zerstört wurde, so 1804 auf Beschluß der Französischen Revolutionsregierung und während des Preußischen Kulturkampfs von 1875 bis 1887. 1941 wurden die Mönche von den Nazis vertrieben, und 1945 war das Kloster erneut zerstört und mußte wieder aufgebaut werden. Nur einige Teile des Klosters wurden nie zerstört, etwa der im spätgotischen Stil erbaute Kapitelsaal. Auch eine alte Eichentür von 1713 blieb erhalten. Die Bibliothek hingegen wurde mehrmals geplündert, einige alte Bände aus dem Mariawalder Bestand

tauchten später in der ganzen Welt wieder auf, ein Atlas wurde in London für eine Million Mark versteigert. Wie die Mönche heute mit der Bibliothek als ihrem intellektuellen »Waffenlager« umgehen, steht auf einem an der Tür angehefteten Zettel zu lesen: »Verbo crescente verba deficiunt – Wenn das Wort zu wachsen beginnt, verschwinden die Wörter.«

Das Refektorium, der Speisesaal der Mönche. Auf schlichten Holztischen stehen Aluminiumteller, die Stühle sind ohne Lehne – die Trappisten, erzählt Pater Robert, wollen keinen Komfort, sie fühlen sich im Kloster wie in der Gegenwart nur zur Gast, und so werden sie nach dem Tod auf dem Klosterfriedhof auch ohne Sarg beerdigt, einfach in der ausgehobenen Erde. Der Friedhof ist mittlerweile eng geworden, und wenn man heute Tote beerdigt und beim Ausgraben auf Gebeine stößt, werden die einfach zur Seite gelegt – wessen Gebeine da zu wem gehören, ist

folglich nicht mehr festzustellen; aber, sagt Pater Robert, wenn das Wunder der Auferstehung gelingen werde, werde sicher auch wieder zusammenwachsen, was zusammengehöre. Pater Robert ist ein sehr eloquenter Mann und entspricht so gar nicht der Vorstellung des schweigenden Mönches. Ja, lacht er, wahrscheinlich betrachteten seine Mitbrüder ihn als schwarzes Schaf und hätten ihn deshalb an die Pforte gesetzt, um den Verkehr mit der Außenwelt zu regeln. Das Schweigen bleibt aber das große Ideal, und Pater Robert erzählt die Geschichte von den Wüstenvätern, zu denen die Jünger kamen und sie mit Fragen bedrängten. Je mehr diese schwiegen, um so drängender wurden die Fragen, bis einer der Wüstenväter sich erbarmte und die Jünger zurückfragte, wie sie denn ihre Worte verstehen wollten, wenn sie noch nicht einmal ihr Schweigen verstünden. Die Welt ist zwar im Wort erschaffen, sagen die Mönche, »aber wie alle wahre Erkenntnis des Menschen im Schweigen endet, endet alles wahre Reden im Schweigen. Denn alles menschliche Erkennen ist ein Maßnehmen und Messen am schon Bekannten. Wo wir aber vor die Einmaligkeit jedes Geschöpfes treten, und erst recht vor die Einmaligkeit Gottes, da gibt es kein Vergleichen und Maßnehmen mehr: da hört alles vergleichende Erkennen und Reden auf. Da kann man nur noch bejahen oder verneinen, aber nicht mehr mit dem Mund, sondern mit unserem ganzen Sein. Solches Verstummen, das zugleich ein Reden ist, ist gleichsam ein substantielles Reden und Schweigen. In ihm kommen wir dem substantiellen Wort und Schweigen, das Christus ist, am nächsten. Es ist kein Sprechen und Schweigen mit dem Mund, sondern mit dem ganzen Wesen, wie man es zuweilen unter Menschen finden kann, die im Guten miteinander alt geworden sind und verstehen, ohne viel miteinander zu reden, oder wie wir es am Ostermorgen sehen, als Jesus Maria Magdalena erschien. Er sagte Maria, und sie sagte Rabbuni. Das war alles.«

Durch den Kreuzgang führt Pater Robert in den Innenhof des Klosters, das Quadrum, einen von den vier Außenmauern des Kreuzgangs umgebenen, ein Viereck bildenden Ort, der zum Himmel hin geöffnet ist; hier haben die Mönche direkten Zugang zum »Chef«. In der Mitte des Quadrums ein Brunnen. Ich solle mal in den Brunnen hinabschauen, fordert mich Pater Robert auf. Ich schaue hinab und sehe zunächst gar nichts. Dann erkenne ich im Wasser, verwischt, mein eigenes Spiegelbild, bis ich im Hintergrund meines dunklen Schattens den Himmel erkenne.

Mein erster Gedanke: Es ist ein falscher Spiegel. Woher kam in dem Moment die Irritation? War ich irritiert, daß ich selber in dem Spiegelbild vorkam und das Ganze deshalb für eine Spiegelfechterei hielt und nicht für die Welt an sich? Warum kam ich auf die Idee, daß das ein falscher Spiegel ist?

Der falsche Spiegel ist der Titel eines Bildes von René Magritte. Es zeigt ein Auge ohne Wimpern, und darin gespiegelt Himmel und Wolken. Man denkt vielleicht an den eigenen Wunsch, sich selber in die Augen schauen zu können – was erwartete man in seinen Augen zu sehen, Himmel und Wolken? Und dann ist in dem Bild des Auges eine schwarze Scheibe zu sehen, von der man nicht weiß, was es mit ihr auf sich hat. Eine schwarze Sonne, denkt man vielleicht, oder nur ein dunkles Loch, in dem etwas verborgen ist, oder einfach die Pupille, die nicht spiegelt. Und dann kommt einem der Einfall, daß die Pupille auf die Lichtverhältnisse reagiert und nachts, bei vollkommener Dunkelheit, ganz groß wird und man im Auge nichts mehr sehen könnte, dann wäre nur noch dieses schwarze Loch da, dann wäre das Objekt der Begierde verschwunden. Und jetzt starrt man auf dieses Objekt, und wie ein richtiger Voyeur sieht man gar nichts mehr zum Schluß. Man muß mühsam noch einmal anfangen. Man sieht im Vordergrund die Wolken und begreift: Wenn man die Wolken nicht sehen könnte, wüßte man nicht, daß im Hintergrund der Himmel zu sehen ist, dann wäre da nur eine große, leere, undefinierbare Fläche. Aber da ist jetzt noch eine andere Störung der Wahrnehmung, die sich bemerkbar macht. Irritiert einen, daß der Blick nur nach oben gelenkt wird, in den Himmel, nicht auf andere Menschen, Bäume, Straßen, die ganze Umgebung? Ein Kern von Dunkelheit bleibt immer, eben die schwarze Scheibe, die Sonne, die nicht strahlt. Wer oder was spiegelt sich darin oder wird gespiegelt, und warum ist es ein falscher Spiegel? Wenn man so ein objektives Bild wie dieses Auge vor dem Himmel liefern könnte, dann wäre das ein falsches Bild? Nun kann man, fällt einem weiter ein, niemanden so ausschnitthaft darstellen und sagen: Das ist er, das ist es, was er darstellt. Das ist ein Objekt unserer Sehnsucht vielleicht, aber das ist zunächst einmal die Welt, die man sieht, wenn man den Kopf zurücklegt und schaut: Es ist ein Herbsttag zum Beispiel in Mariawald, Wolken am Himmel, und den Himmel kann man nur erkennen, weil die Wolken da sind, den schwarzen Punkt allerdings sieht man nicht, wenn man den Kopf zurücklegt und in den Himmel starrt. Doch beides, fällt einem jetzt noch ein, Himmel und Wolken, kann man überhaupt erst als etwas Faszinierendes, Rätselhaftes und einfach Interessantes verstehen, wenn man diesen fraglichen schwarzen Punkt berücksichtigt. So wie die Wolken den Himmel, so bestimmt dieser Punkt eigentlich erst den Ausschnitt, der da wahrgenommen wird. Und damit hört das Bild zunächst auch auf. Denn wissen wir, was der Himmel ist? Wissen wir, was die Wolken sind und dieser schwarze Punkt für uns bedeutet?

Doch, wir wissen etwas darüber. Normalerweise bewegen wir uns mit einer einstudierten Selbstverständlichkeit vom Punkt A zum Punkt B, verwöhnt auch durch einen bestimmten Komfort und nicht zuletzt gestützt durch eine Phantasieleistung des Unterbewußten, das so tut, als könne unterwegs nichts passieren. Nun aber, in den Brunnen im Quadrum des Klosters Mariawald schauend und dort meine Spiegelung vor dem Himmel wahrnehmend, stieg eine leise anschwellende Melodie in mir auf, eine Musik mit einer großen inneren Weite, durch die sich aber auch ein dunkler Ton hindurchzog, und es schien mir, als ob diese Musik meinen unsichtbaren Weg beleuchtete. Irgendwann kann jeder die Melodie seines Lebens hören. Gottfried Benn hat diese Melodie, wie immer forciert, als kaltes Wehen beschrieben. Andere, die sich der Fremdheit der Welt ausgesetzt und sie erforscht haben, um ihre eigene Fremdheit zu durchschauen, haben diese Melodie bis in die feinsten ästhetischen und inhaltlichen Nuancen hinein zu entziffern versucht. Für Claude Lévi-Strauss war diese Melodie, als er im Mato Grasso den Überresten fremder Völker nachjagte, die Etude No. 3, op. 10 von Chopin, eine bis zum Überdruß bekannte und in der Erinnerung verarmte Melodie. Warum verfolgte ihn in den brasilianischen Urwäldern ausgerechnet Chopin und sein banalstes Werk, das, um ihn zu verhöhnen, alles zu enthalten schien, was er hinter sich gelassen hatte – Frankreich mit seiner alten Zivilisation, Bruchstücke von Musik und Poesie, konventionellster Ausdruck einer Kultur, gegen die entschieden zu haben er keinen Zweifel hegen durfte, wollte er nicht den Sinn bestreiten, den er seinem Leben gegeben hatte, indem er seine normale Lebensbahn verlassen hatte und als Ethnologe nach Brasilien gegangen war, um dort durch Gegenden zu streifen, die die wenigsten Menschen je zu Gesicht bekommen hatten.

»Während mich die Lösung dieses Problems weit mehr beschäftigte als die (ethnologischen) Beobachtungen, die mein Hiersein gerechtfertigt hätten«, schreibt Lévi-Strauss in seinem Buch *Traurige Tropen*, »überlegte ich, daß der Fortschritt, der im Übergang von Chopin zu Debussy besteht, vielleicht um so größer ist, wenn er sich in umgekehrter Richtung vollzieht. Die Genüsse, um deretwillen ich Debussy vorgezogen hatte, fand ich nun bei Chopin wieder, allerdings in Andeutungen, unsicher und verhalten, so daß mir schien, als hätte ich sie früher nicht bemerkt ... Meile um Meile erklang in meinem Innern dieselbe Melodie und offenbarte mir ihre Schönheit. Die zunächst lockere Folge der Klänge schien sich immer mehr zu verwickeln, als wollte sie ihr eigenes Ende verheimlichen; die Verknüpfung wurde so unentwirrbar, daß man sich keine Lösung mehr vorstellen konnte, bis sich mit einem Schlag in einer einzigen Note alles klärte, so daß die Auflösung noch kühner erschien, als was ihr vorangegangen, was sie gefordert und ermöglicht hatte. Dank dieser Lösung erhielten die Variationen einen neuen Sinn, sie waren nicht Willkür, sondern Vorbereitung auf dieses unerwartete Ende. Sollten die Rei-

sen vielleicht eine ähnliche Aufgabe vollbringen? Sollten sie mich dazu zwingen, die Wüste meiner Erinnerung an Stelle der Wüste meiner Umgebung zu erforschen?«

Heute roch es in der Eifel nach Schnee, und als ich nach dem Mittagessen vom Gästehaus wieder in meine kleine Schreibklause unterm Dach des Wirtschaftstraktes ging, blickte ich wirklich in ein dichtes Schneegestöber – da ich mein Notebook nicht ausgeschaltet hatte, hatte sich der Bildschirmschoner eingeschaltet, und auf dem Bildschirm wehten mir dichte weiße Flocken entgegen. Ein vertrautes Bild, und dann meinte ich auch das Geräusch meiner Schritte im knirschenden Schnee zu hören, und das war zugleich der Blick zurück auf Spuren im Schnee, der Weg durch kleine Straßen, und Gaslaternen tauchten das Bild in ein mattes Licht; 50er Jahre. Die Welt kalt, leer und unerreichbar, aber erträglich. Ein stilles Bild, und in der Ferne waren die Lichter zu sehen. Und ich stand dort und schaute dem dichten Schneetreiben zu, alles war weiß, zugedeckt, konturlos, eine leere Wüste, die Entwirklichung der Welt. Lange habe ich dem Schneetreiben zugeschaut und auf das Schweigen der Stille gelauscht. Aber wer spricht da jetzt? »Er war allein fortgegangen, um sich niemandem anvertrauen zu müssen. Unter den Bäumen versteckt, konnte er das Schloß sehen und die schneebedeckten Berge. Er wartete, bis es vollkommene Nacht war; jetzt konnte er handeln. Mit äußerster Vorsicht schlich er auf das Schloß zu und trat durch das schadhafte Tor ... Behutsam schritt er die stillen Flure entlang und ertastete sich mit den Fingern an den Wänden den Weg. Plötzlich schlug ihm ein warmer Luftzug ins Gesicht. Er trat näher ... Vor dem Eingang des Wachraums, der nur wenige Meter von ihm entfernt lag, hatte man eine Tür aus Brettern gestellt. Da seine Augen an die Dunkelheit gewöhnt waren, konnte er sie erkennen. Er schlich auf die Tür zu und löste behutsam seinen Mantel, um ihn um seinen linken Arm zu wickeln; dann stieß er mit dem Fuß die Tür auf. Schwer fiel sie auf den Boden und wirbelte eine Staubwolke auf, die sich plötzlich legte. Er trat ein. Der unermeßlich große Saal war leer.«

Dieser Text René Magrittes, einer seiner wenigen, fiel mir ein an diesem Nachmittag. Indem er mir einfiel, wollte ich sagen, daß der Mensch eine leere Festung ist? Eingebrochen und dann bemerkt: der unermeßlich große Saal ist leer? Überall, wohin wir kommen, sind die Säle immer leer für uns? Wir sind also sowohl die Leere als auch der Saal selbst? Wie hatte der Philosoph die erste Definition des Menschen benannt: er sei nackt? Mir fiel dann noch ein als weitere Bezeichnung für nackt das Wort »bloß«, und damit verband sich sofort die Assoziation »Schande«, aber der Mensch ist natürlich nicht nackt und bloß, sondern angezogen und in den Augen der anderen »erzogen«, hat sich eine Wohnung eingerichtet, um sich vor den Blicken der anderen zu schützen, hat bestimmte Verhaltensweisen erlernt und verteidigt, was er sich als Gewohnheitspanzer und Existenzumbauung zugelegt hat. Wahrscheinlich hat der Mensch wie jedes Tier einen natürlichen Instinkt, seinen Platz zu behaupten. Er hat zudem die Möglichkeit, sich immer noch mehr aufzuputschen, durch Phantasien zum Beispiel, bis er sich nicht mehr vorstellen kann, den Platz, auf dem er sich gerade befindet, jemals wieder verlassen zu können, und es fällt ihm auch immer schwerer; aber käme es nicht darauf an, diesen Platz zu verlassen, weil er diesen Platz gar nicht braucht und außerhalb dieses kleinen Fleckchens ein viel interessanteres, befriedigenderes Leben stattfindet, als er es sich auf diesem Platz jemals vorstellen kann? Hatte das der Philosoph gemeint mit der Prophezeiung, ich würde in der Zelle meinen Raum gewinnen? Draußen schneite es immer noch. Ich sah die Welt wie durch einen feinen weißen Schleier, der alles Schweigen, Verschwiegene und Nicht-Gesagte verbarg. Die Welt übte zwar einen Sog auf mich aus, andererseits empfand und wußte ich, daß sie mir unentwegt etwas vorenthielt. Aber kann man das die Leere der Welt nennen? Gibt es diese Leere überhaupt? Es gibt sie vielleicht als Bild, als Phantasie, als Erwartung, aber in der Realität gibt es sie sicher nicht. Das Nichts oder die Leere ist meistens nur ein Wort, das wir gebrauchen, um die Welt dafür zu bestrafen, daß das von uns Erwartete nicht da ist. Und dann ist die Leere auch nur ein Ausdruck für unsere eigene Abwesenheit in der Welt. Jeder hat zwar ein Bild von der Welt und hat auch eine Bezeichnung dafür, doch es fällt meistens schwer, aus diesem Bild herauszutreten in die Welt. Natürlich ist so eine weiße Schneefläche eine wunderbare Projektionsfläche für das Auge, aber solange man in dem Bild drin ist, kann man es gar nicht erkennen als das, was es ist: ein Versteck, das wir uns in und vor der Welt eingerichtet haben. War das kahle Quartier im Kloster Mariawald auch so ein Versteck,

war dieser freiwillig aufgesuchte Ort vielleicht sogar ein Gefängnis? Es gibt Lebensträume, die für Menschen zum Gefängnis werden können, in dem sie zwar nicht in Strafhaft, aber in Schutzhaft sitzen, um sich vor den anderen zu schützen. So wie manche Vögel in ihrem Käfig bleiben, auch wenn man ihn ihnen öffnet, weil die Freiheit umgeben ist mit Katzen und Hunden, also gefährlich ist, so bleiben manche Menschen lebenslang in ihrem selbstgebauten Gefängnis und verteidigen diesen kleinen Platz, den sie vielleicht in ihrer Phantasie als einen unermeßlich großen Innenraum erleben, gebaut als Luftschloß auf einem imaginären Berg; aber was passiert, wenn die Ahnung durchdringt bis zur Wahrnehmung, daß dieser unermeßlich große Innenraum ein leerer Saal ist und in Wirklichkeit nur ein kleiner Käfig, wenn auch als Luxuszelle für Einzelhaft eingerichtet? Einige trösten sich dann mit der Vorstellung, die ganze Welt sei ein Gefängnis und Käfig. Wenn wir den Lebensraum der Welt, die Stratosphäre, alles, was dazugehört, als einen Käfig betrachten, dann müßten wir uns wirklich in irgendwelche himmlischen Welten versetzen und daraus fliehen, um überhaupt aus dem Gefängnis herauszukommen. Aber ist das Ganze wirklich ein Gefängnis? Ist nicht allein der Innenraum gewaltig groß – obwohl es eigentlich kein Innenraum ist, denn wenn man die Astronomen beim Wort nimmt, dann sehen wir zwar eine Kuppel über uns, nachts mit Sternen besetzt, aber wir bekommen versichert, daß das Ganze kein Käfig ist, und wenn es einer ist, dann ein unvorstellbarer, ein gedrehter oder geschraubter oder was auch immer und wie auch immer man heute etwas über diese merkwürdigen Dimensionen zu sagen weiß. Wenn das so ist, dann geht es folglich nur darum, inwieweit der gewaltige Innenraum des Gefängnisses ein Käfig ist – und wie man da heraustreten kann, und was man dann vielleicht sieht, und wie man damit umgeht, Stellung bezieht, zu sich allein und zu sich im Zusammenhang mit den anderen, wie man sich durch die Welt bewegt.

Draußen schneite es immer noch, vor meinen Augen war immer noch der weiße Schleier. Dieser hungrige Blick, um zu sehen, was dahinter war. Woher kommt dieser Ausdruck »hungriger Blick«? Die Augen, sagt man, seien der Spiegel der Seele, und wer hat sich nicht einmal gewünscht, zu sehen, was in den eigenen Augen zu lesen steht? Auge um Auge. Projektionsfläche des Auges. Das ist ein richtiger Spiegel, natür-

lich, aber dann könnte sich ja immer nur der andere, das Gegenüber darin spiegeln, nicht das Innere, weil sonst das Auge nach innen gewandt sein müßte? Früher wurde einem alles von den Augen abgelesen, da wurde man erkannt am hungrigen Blick, mit dem man die Welt betrachtete. Aber dann wurde einem nicht mehr alles von den Augen abgelesen, und man mußte selbständig werden. Das war verbunden mit dem Erlebnis des Alleinegemacht-Werdens. Komm allein zurecht. Da, ich gebe dir was, die Sprache, damit kannst du dann mit vielen anderen auskommen. Es ist zugleich ein Stück Abschiedsbrief, der in der Sprache enthalten ist. Wie ein Dichter gesagt hat: »Mit den Worten beginnt die Vertreibungsgeschichte.« Und in dem alten Protest gegen diesen Abschiedsbrief ist noch enthalten das Verlangen nach paradiesischer Versorgung, es ist die alte Lust, auf dem Schoße Abrahams zu sitzen und sich die Welt anzuschauen, also in der Welt und geborgen zu sein, und dann herauszugehen und sich mit einem selbstvergessenen Blick umzuschauen und wieder zurückzukommen und sich wiederzufinden in jenem Schweigen, das eine Art Nach-innen-Stülpen ist. Das ganze Erlösungsbedürfnis in einem einzigen schweigenden Blick. Der Mensch, sagen die Mönche, sei zum Schauen geboren, im Schauen erfülle sich sein Sinn, aber viele hätten das richtige Schauen verlernt, den Blick nach innen, das Sehen mit geschlossenen Augen, weshalb sie auch ihren Glauben verloren hätten – und zwischen Sehen und Glauben besteht für die Mönche ein steter Kreislauf. »Die Welt«, sagen sie, »ist ein Fenster, durch das eine ganz andere Welt in unsere Welt hereinschaut und durch das wir zugleich jene Welt schauen sollen. Unser ganzes Leben ist eine Schule des Sehens. Alles in unserem Leben hat Einfluß auf das Sehen: Essen, Schlafen, Arbeiten und so fort. Sehenlernen ist keine einfache Sache, sondern nimmt das ganze Leben in Anspruch. Es ist ein ganz langer und langsamer Prozeß. Im geistlichen Leben gibt es kein Auto. Man bleibt ein Leben lang Fußgänger.«

Ein ganzes Leben ist eine kurze Zeitspanne und ein langer Augen-Blick, um sich hervorzubringen und seinen geheimen Namen zu entziffern. Moses hat Gott einmal nach seinem geheimen Namen gefragt, und der hat geantwortet: »Ich bin, der ich bin.« Das gewaltige Echo dieses Namens durchzieht die Literatur. Arthur Rimbaud hat diesen geheimnisvollen Namen in die Parole gefaßt: »Ich ist ein anderer.« Vorher hatte

Shakespeare verkündet: »Ich bin nicht, der ich bin.« Wir kennen die Szene – Jorge Luis Borges hat sie erfunden –, als Shakespeare kurz vor oder nach seinem Tod sich im Angesicht Gottes wußte und zu ihm sprach: »Ich, der ich so viele Menschen gewesen bin, will nur einer und Ich sein.« Die Stimme Gottes antwortete ihm aus einem Wirbelsturm: »Auch ich bin nicht; ich habe die Welt geträumt, wie du dein Werk geträumt hast, und unter den Gebilden meines Traums bist du, der du wie ich viele bist und niemand.«

Personenverzeichnis

Notizen

Dank an die *Photographische Sammlung / SK Stiftung Kultur*, Köln, die mir bei Recherchen für den August-Sander-Text sehr geholfen hat. Eine Veröffentlichung der bisher ungedruckten Rundfunkvorträge Sanders wird vom Archiv vorbereitet. Die zitierten Auszüge sind entnommen Olivier Lugons Beitrag zu dem von der *Photographischen Sammlung / SK Stiftung Kultur* herausgegebenen Band *August Sander, Landschaften*, erschienen 1999 im Verlag Schirmer/Mosel.

Radiofassungen einiger Texte wurden gesendet im Deutschlandfunk, im Süddeutschen Rundfunk, im Westdeutschen Rundfunk und in Radio Bremen. Für dieses Buch überarbeitet und ergänzt, erschienen die Texte zuerst in:

Die Burg in den Wolken. Frankfurter Allgemeine Zeitung, 28. Oktober 1999.
Der tote Friedhof von Drove. Frankfurter Allgemeine Zeitung, 24. Juni 1999.
Vom Geheimnis der Stille in dieser lärmenden Welt. Frankfurter Allgemeine Zeitung, 23. September 1999.
»Ich saß am grünen Strand von Rolandseck …« Frankfurter Allgemeine Zeitung, 6. März 1997.
Wo man nicht ankommen kann. Neue Zürcher Zeitung, 13. November 2000.
Alles, was geschieht, geht dich an. Frankfurter Allgemeine Zeitung, 5. Oktober 2000.
Das drohende Ende einer alten Herrlichkeit. Frankfurter Allgemeine Zeitung, 19. August 1999.
Was heißt da schon Provinz? Frankfurter Allgemeine Zeitung, 5. Juni 1997.
Früher, als man noch von früher gesprochen hat. Frankfurter Allgemeine Zeitung, 1. März 2001.
In den Wäldern der Erinnerung. Frankfurter Allgemeine Zeitung, 6. Mai 1999.
Der Mond über Münstereifel. Frankfurter Allgemeine Zeitung, 23. März 2000.
Wie die Zeit aus dem Wasser emporsteigt. Frankfurter Allgemeine Zeitung, 6. Januar 2000.
Selbstvergessenheit. Frankfurter Allgemeine Zeitung, 12. November 1998.

Foto- und Copyright-Hinweise:

Kempen
CREFELD
Kaiserswerth
Kaldenkirchen
Süchteln
Dülken
Brüggen
Viersen
Gladbach
Rheydt
Roermond
Dahlen
Wassenbg
Erkelens
Heinsberg
Baal
Hünshofen
Jülich
Aldenhoven
Alsdorf
Eschweiler
Langerwehe
Düren
AACHEN
Burtscheid
Stollberg
Rötgen
Eupen
RVIERS
Montjoie
Botranche
Malmedy
St Vith
Prüm
Gerolstein
Daun
Cochem
(Kochheim)
Lützerath
Falkenlei
Hillesheim
Dockweiler
Kell B.
Kellbg
Hohe Acht
Abt. Laach
Adenau
Ahrweiler
Altenahr
Neuenahr
Sinzig
Rheineck
Münstereifel
Rheinbach
Euskirchen
Zülpich
Nideggen
Gemünd
Call
Schleiden
Lechenich
Sechtem
Bonn
Poppelsdf
Godesberg
Buir
Horrem
Bergheim
Bedburg
COELN
Deutz
Urbach
Wahn
Troisdorf
Grevenbroich
Worringen
Horrem
Wevelinghoven
Wickrath
Norf
Neuss
Kleinenbroich
Wald
Solingen
Höhscheid
Leichlingen
Küppersteg
Aprath
Erft
Swist